왕초보
NEW PLUS
중한 단어왕

지은이 HD어학교재연구회

외국어 초보자를 위한 단어&어휘 분야, 회화 입문서 등의 어학교재를 개발하고 기획 편집, 집필하였다. 주요 저서로는 <왕초보 핵심 best 중국어회화> <Let's go 유쾌한 여행중국어> <니하오! 생활중국어 100> <365일 Let's talk! 상황중국어 핵심표현> <우리말처럼 바로바로 써먹는 중한 한중 필수단어왕> 등이 있다.

왕초보 New Plus 중한 단어왕

지 은 이 HD어학교재연구회
본 문 편 집 김현우

펴 낸 날 2012년 6월 11일 초판 1쇄 인쇄
         2012년 6월 15일 초판 1쇄 발행
펴 낸 이 천재민
펴 낸 곳 하다북스
출 판 등 록 2003년 11월 4일 제9-124호
주   소 (142-802) 서울시 강북구 송중동 5-21 경남상가 201호
전   화 영업부 (02)6221-3020 • 편집부 (02)6221-3021
팩   스 (02)6221-3040
홈 페 이 지 www.hadabook.com

copyright ⓒ 2012 by Hadabooks
ISBN 978-89-92018-65-4 13720

* 가격은 뒤표지에 있습니다.
* 잘못 만들어진 책은 구입하신 서점에서 교환해 드립니다.

HD어학교재연구회

하다북스

이 책의 구성 ○ ○

외국어를 익힐 때 가장 기본이 되는 것은 바로 어휘입니다. 어휘력은 곧 중국어 실력이라고 할 수 있습니다. 우리가 중국어회화 표현을 익히고 생활 중국어 실력을 향상시키기 위해서는 기본적인 중국어 단어를 알고 있어야 합니다.
이 책은 별도의 중국어 사전 없이도 중국어 학습과 일상적인 중국어회화를 구사할 수 있도록 가장 많이 쓰이는 기본적인 활용 중심의 어휘만을 엄선하였습니다.
이 책은 7차 교육과정 수능 필수단어와 HSK 초급·중급 필수단어 및 기초어휘 등을 포함해서 모두 약 6,000여 단어를 수록하였습니다.
이 책에 수록된 중국어 어휘들은 실제적으로 중국어 표현을 구성하는 핵심 단어를 선별하여 집필한 것입니다.
초보자부터 중급자까지 이 정도의 어휘만 활용한다면 중국어 학습의 기초를 다지고 일상회화를 자연스럽게 구사할 수 있습니다.
또한, 간편하고 휴대하기 좋은 포켓형 사전으로 구성하여 언제 어디서든 항상 들고 다니면서 쉽게 활용할 수 있도록 하였습니다.

이 책의 특징 ○ ○

Point 1
중국어 초보자를 위한 실용적인 포켓형 단어사전!

수많은 중국어 관련 학습서가 출간되었지만 많은 사람들이 자신의 중국어 수준이나 필요한 용도와는 무관하게 크고 무거운 사전을 사용하고 있습니다. 이 책은 수능을 준비하는 학생과 초급 중국어 학습자에게 꼭 필요한 필수 어휘만을 엄선하여 수록하였고, 일상적인 중국어회화를 구사할 수 있도록 실생활에 가장 많이 쓰이는 기본적인 활용 중심의 어휘를 선별하여 실용성을 높였습니다.
또한, 중국어를 공부하는 사람은 물론 중국을 여행할 때 등 언제 어디서든지 쉽게 휴대할 수 있는 포켓형 사전으로 구성하여 항상 들고 다니면서 쉽게 활용할 수 있도록 하였습니다.

Point 2
중국어 학습에 꼭 필요한 핵심 6,000여 단어 완벽 수록!

앞으로 중국어회화 능력이나 HSK 자격증 취득 등 중국어의 필요성은 갈수록 증대될 것입니다.

이 책에 수록된 중국어 어휘들은 실제적으로 중국어 표현을 구성하는 핵심 단어를 선별하여 집필한 것입니다. 특히, 교육인적자원부에서 선정한 7차 교육과정 수능 필수단어와 HSK 초급·중급 공략 핵심 필수단어를 포함하여 학습 효과를 높였습니다.

단어의 풀이는 직역을 기준으로 중국어에 대응하는 우리말로 옮겼으며 그 의미가 전혀 통하지 않는 경우에는 전용된 뜻을 제시하였습니다. 품사는 우리말 풀이의 품사가 다른 경우 중국어 품사를 따랐고 주로 많이 쓰이는 순으로 배열하였습니다.

Point 3
필요할 때 찾기 쉽도록 '한어병음자모' 순으로 구성!

중국에서는 뜻글자인 한자의 발음을 로마자로 표기하여 쉽고 정확하게 발음을 익힐 수 있도록 하였습니다. 중국어 발음부호라고 할 수 있는 '한어병음(漢語拼音)'은 한어병음방안(漢語拼音方案)에 따라 표음부호로서 공식 제정되어 표준말의 보급에 절대적인 공헌을 하고 있습니다.

이 책에 수록된 단어의 발음은 '한어병음자모(漢語拼音字母)'로 표기하였습니다. 또한, 원하는 단어를 쉽고 빠르게 찾아볼 수 있도록 한어병음방안의 자모순(字母順)·성조순(聲調順)으로 배열한 사전식 구성으로 실용성을 높였습니다. 아울러 중국어를 잘 모르는 초보자들도 쉽게 읽고 학습할 수 있도록 한어병음자모와 함께 원어민 표준발음을 살린 한글 발음을 표기하였습니다.

Point 4
책속의 책-필수 중국어 상용한자 2500자!

이 책에서는 현대 중국어 빈도순 필수 중국어 상용한자 2,500자를 수록하여 중국어회화 학습의 기틀을 다지도록 하였습니다. 한자는 최대 8, 9만 자에 이르지만, 여기서는 '중국언어문자공작위원회'와 '국가교육위원회' 등에서 선정한 최신 자료를 참고하여, 현대 중국어에서 가장 사용 빈도가 높은 2,500한자를 선정하였습니다. 이 정도의 한자만 익힌다면 기초 중국어는 물론 중급 수준 이상의 중국어 실력을 갖출 수 있습니다.

이 책의 활용법 ○ ○ ○

1. 중단어는 이렇게 찾자!

(1) 단어를 찾을 때
단어는 '한어병음자모' 순으로 구성되어 있습니다. 그리고 각 페이지의 가장자리에는 ABCD…가 인쇄되어 있으므로 원하는 단어를 쉽게 찾을 수 있습니다.

(2) 단어 앞의 「■」표시
교육인적자원부에서 권장 제시한 7차 교육과정 수능 필수 어휘를 바탕으로 반드시 익혀 두어야 할 중요 단어를 「■」로 표시하여 중국어 학습에 도움이 되도록 하였습니다.

2. 중국어 발음은 이렇게 공부하자!

(1) '한어병음자모(漢語拼音字母)'와 한글 발음 표기
발음은 '한어병음자모(漢語拼音字母)'로 표기하고 동시에 한글로 표기하여 중국어에 약한 초보자들도 쉽게 발음할 수 있도록 하였습니다. 하지만 이 한글 발음 표기는 중국어 학습을 위한 참고 수단에 지나지 않으므로, 정확한 중국어 발음을 위해서는 각각의 한어병음과 성조를 확인하면서 익혀야 합니다.

(2) 경성 발음과 '儿化'의 경우

경성으로 발음되는 경우에는 해당 발음 앞에 ' · '으로 표시하고 원래의 성조를 표시하지 않았습니다. 경성과 원래의 성조로 모두 발음되는 경우에는 경성과 원래의 성조를 함께 표시하였습니다. 또, '儿化'되어 쓰이기도 하는 단어는 해당 단어와 발음에 각각 '(儿)', '(r)'로 표시하였습니다.

(3) 그 밖의 발음 표기

동사의 중간에 다른 성분이 들어갈 수 있는 경우에는 '//'로 표기하였습니다. 단어의 발음 중에서 첫 음절을 제외한 음절이 모음으로 시작할 경우, ' ' '로 표기하여 음절의 혼동을 피하도록 구분하였습니다.

3. 단어의 품사는 이렇게 찾자!

단어의 품사는 각 단어의 뜻 앞부분에 아래처럼 표시하였습니다.

명 ····· 명 사	대 ····· 대명사	개 ······· 개 사
형 ····· 형용사	부 ····· 부 사	수량 ····· 수량사
수 ····· 수 사	동 ····· 동 사	조동 ····· 조동사
접 ····· 접속사	조 ····· 조 사	접미 ····· 접미사
감 ····· 감탄사	양 ····· 양 사	접두 ····· 접두사
의 의성어 · 의태어	〈문어〉 서면어(書面語)	〈구어〉 구어(口語)

| CHINESE KOREAN WORDS **DICTIONARY** | **차례**

A · · · · · · 11
B · · · · · · 15
C · · · · · · 35
D · · · · · · 59
E · · · · · · 81
F · · · · · · 85
G · · · · · · 99
H · · · · · · 199
J · · · · · · 135
K · · · · · · 163
L · · · · · · 175
M · · · · · · 189

N · · · · · · 201
O · · · · · · 209
P · · · · · · 213
Q · · · · · · 223
R · · · · · · 239
S · · · · · · 245
T · · · · · · 273
W · · · · · · 287
X · · · · · · 297
Y · · · · · · 319
Z · · · · · · 343

부록-책속의 책 369

CHINESE
KOREAN
WORDS
DICTIONARY

A

A

□ 阿
[ā 아]
접두 이름·아명·성(姓) 앞에 쓰여 친근함을 나타냄 조 의문문의 어기 강조

■ 啊
[·a 아]
조 문장 끝에 쓰여 감탄·긍정·의문을 나타냄 감 (ā) 아, 야, 앗, 아이고

□ 癌症
[ái zhèng 아이 쩡]
명 〈의학〉 암

■ 矮
[ǎi 아이]
형 키가 작다, (높이가) 낮다, 낮추다, (등급·지위 등이) 낮다

■ 爱
[ài 아이]
동 사랑하다, …하기 좋아하다, 소중히 여기다, 걸핏하면[곧잘] …하다

□ 爱戴
[ài dài 아이 따이]
동 추대하다, 받들어[우러러] 모시다
명 추대

□ 爱好
[ài hào 아이 하오]
동 즐기다, 애호하다, 좋아하다
명 취미, 기호

□ 爱护
[ài hù 아이 후]
동 애호하다, 아끼다

□ 爱面子
[ài miàn·zi 아이 미앤 즈]
체면 차리다, 체면을 중시하다

□ 爱惜 [ài xī 아이 씨]	동 아끼다, 소중하게 여기다, 매우 귀여워하다
□ 安定 [ān dìng 안 띵]	형 (생활·마음 등이) 안정되다 동 안정시키다, 진정시키다
□ 安静 [ān jìng 안 찡]	형 조용하다, 안정되다, 평온[편안]하다, (성격·태도가) 침착하다
□ 安乐死 [ān lè sǐ 안 러 스]	명 〈법학〉 안락사
□ 安全 [ān quán 안 취앤]	명 안전 형 안전하다 동 위로하다, 안심시키다, 위안하다
□ 安慰 [ān wèi 안 웨이]	형 마음이 편하다 동 위로하다, 위안하다
□ 安装 [ān zhuāng 안 쭈앙]	동 설치[장치]하다, 〈전자〉 프로그램을 설치하다, 셋업하다
□ 按 [àn 안]	동 (손으로) 누르다, (감정을) 억누르다, 고찰하다, 생각건대 개 …대로
□ 按时 [àn shí 안 스]	부 제시간에, 제때에, 규정된 시간에
□ 按照 [àn zhào 안 짜오]	동 …에 따르다[근거하다] 개 …에 근거하여[비추어], …에 따라

| 暗淡
[àn dàn 안 딴] | 형 (빛·색 등이) 어둡다, 선명하지 않다, 〈비유〉암담하다, 참담하다 |

| 暗示
[àn shì 안 쓰] | 명 암시
동 암시하다 |

| 肮脏
[āng·zang 앙 장] | 형 더럽다, 불결하다, 지저분하다, 〈비유〉(행동·생각 등이) 추악하다 |

| 熬夜
[áo//yè 아오 예] | 동 밤새하다, 철야하다 |

| 奥秘
[ào mì 아오 미] | 명 오의(奥義), 신비, 매우 깊은 뜻
형 깊고 신비하다 |

CHINESE
KOREAN
WORDS
DICTIONARY

B

B

- **八**
  [bā 빠]
  - ㊤ 여덟, 8

- **把**
  [bǎ 바]
  - 동 (손으로) 잡다, 지키다 양 자루, 움큼 개 …를[을], …에 대해

- **把握**
  [bǎ wò 바 워]
  - 동 쥐다, 잡다, 파악하다, 이해하다
  - 명 자신, 가망, (성공의) 가능성

- **爸爸**
  [bà·ba 빠 바]
  - 명 〈구어〉 아빠, 아버지

- **吧**
  [·ba 바]
  - 조 명령(…해라), 건의·재촉(…하자), 추측(…이지?)의 어기를 나타냄

- **白**
  [bái 바이]
  - 형 희다, 하얗다, 순수하다
  - 부 공짜로, 무료로, 헛되이, 공연히

- **白菜**
  [bái cài 바이 차이]
  - 명 〈식물〉 배추

- **白酒**
  [bái jiǔ 바이 지우]
  - 명 백주, 고량주

- **白兰地**
  [bái lán dì 바이 란 띠]
  - 명 〈음역어〉 브랜디(brandy)

■ 白天 [bái tiān 바이 티앤]	명 주간, 낮, 대낮
■ 百 [bǎi 바이]	수 백, 100, 〈비유〉 매우 많은 수, 온갖
□ 百货商店 [bǎi huò shāng diàn 바이 훠 쌍 띠앤]	명 백화점, (주택가에 위치한) 슈퍼마켓
□ 摆脱 [bǎi tuō 바이 투오]	동 (속박·곤경에서) 벗어나다, 빠져나오다, 이탈하다, 떨쳐버리다
■ 班 [bān 빤]	명 반, 클래스, 조(組), 단체, 그룹(group) 양 무리, 조, 단(團)
■ 搬 [bān 빤]	동 (위치를) 옮기다, 운반하다, 이사하다, 그대로 인용해 쓰다
□ 搬家 [bān//jiā 빤 찌아]	동 이사하다, 이전하다, (장소나 위치를) 옮기다
■ 办 [bàn 빤]	동 처리하다, 경영하다, 준비하다 명 사무실(办公室)의 준말
■ 办法 [bàn fǎ 빤 파]	명 수단, 방법, 방식, 조치, 방책, 술책
□ 办理 [bàn lǐ 빤 리]	동 (사무를) 처리하다, 취급하다, 해결하다

半 [bàn 빤]	㊀ 반, 절반, 2분의 1 ⑱ 한가운데의, 중간의 ㈜ 반쯤
拌饭 [bàn fàn 빤 판]	⑲ 비빔밥
帮 [bāng 빵]	⑧ 돕다, 거들어주다, 재물로 돕다 ⑲ (물체의) 옆부분, 가장자리, 집단
帮忙 [bāng//máng 빵 망]	⑧ 일(손)을 돕다, 일을 거들어주다 ⑲ 원조, 조력, 도움
帮助 [bāng zhù 빵 쭈]	⑧ 돕다, 원조하다, 지원하다, 보좌하다 ⑲ 도움, 원조, 보조
绑 [bǎng 방]	⑧ (끈·줄 등으로) 감다, 묶다, 동이다, 포박하다, 납치하다
棒球 [bàng qiú 빵 치우]	⑲ 〈체육〉 야구, 야구공
包 [bāo 빠오]	⑧ 물건을 싸다, 보장하다, 포위하다 ⑲ 보자기, 꾸러미, 가방 ㊍ 포, 봉지
包袱 [bāo·fu 빠오 푸]	⑲ 보(자기), (보자기로 싼) 꾸러미, 〈비유〉 부담, 압력
包裹 [bāo guǒ 빠오 구오]	⑲ 소포, 보따리 ⑧ 싸다, 포장하다

包含 [bāo hán 빠오 한]	동 포함하다, 참다
包涵 [bāo·han 빠오 한]	동 〈상투어〉 양해를 구합니다, (너그럽게) 용서해 주십시오
包括 [bāo kuò 빠오 쿼]	동 포괄하다, 포함하다, 일괄하다
包子 [bāo·zi 빠오 즈]	명 (소가 든) 만두
宝贵 [bǎo guì 바오 꾸이]	형 귀중하다, 보배롭다 동 중시하다, 보물처럼 여기다
■ 饱 [bǎo 바오]	형 배부르다, 속이 꽉 차다, 옹골지다 동 만족시키다 부 충분히, 족히
保持 [bǎo chí 바오 츠]	동 (어떤 상태를) 유지하다, 지키다
保存 [bǎo cún 바오 춘]	동 보존하다
保管 [bǎo guǎn 바오 구안]	동 보관하다 명 (창고) 관리인 부 꼭, 확실히, 틀림없이, 어김없이
保护 [bǎo hù 바오 후]	명 보호 동 보호하다

□ 保龄球 [bǎo líng qiú 바오 링 치우]	몡 〈음역어〉 볼링(bowling), 볼링공
□ 保留 [bǎo liú 바오 리우]	동 보류하다, 남겨놓다, 보존하다, 간직하다
□ 保密 [bǎo//mì 바오 미]	동 비밀을 지키다
□ 保卫 [bǎo wèi 바오 웨이]	동 보위하다, 지키다
□ 保险 [bǎo xiǎn 바오 시앤]	명 보험 형 안전하다 부 틀림없이, 반드시
□ 保障 [bǎo zhàng 바오 짱]	명 보장, 보증 동 보장하다, 보증하다, 확보하다
□ 保证 [bǎo zhèng 바오 쩡]	명 보증, 담보(물), 확보 동 보증하다, 책임지다, 담보하다
■ 报 [bào 빠오]	명 신문, 간행물, 대가 동 알리다, 응답하다, 보답[사례]하다, 복수하다
□ 报仇 [bào//chóu 빠오 초우]	동 복수하다, 원수를 갚다
□ 报酬 [bào·chou 빠오 초우]	명 급여, 보수, 사례금

□ 报到 [bào//dào 빠오 따오]	동 도착 보고[신고]를 하다, 도착[참석] 등록하다, 출석하다, 출두하다
□ 报道 [bào dào 빠오 따오]	명 보도 동 보도하다
□ 报复 [bào·fù 빠오 푸]	명 보복, 설욕 동 보복하다, 앙갚음하다, 응대하다
■ 报告 [bào gào 빠오 까오]	명 보고(서), 리포트, 진술, 훈시 동 보고하다, 진술하다, 훈시하다
□ 报名 [bào//míng 빠오 밍]	동 등록하다, 신청하다, 지원하다, 이름을 올리다
■ 抱 [bào 빠오]	동 안다, 포옹하다, (생각·의견 등을) 품다, 간직하다, 〈방언〉 뭉치다
□ 抱怨 [bào·yuàn 빠오 위앤]	동 원망하다, 원망을 품다, 한스러워하다
□ 暴风雨 [bào fēng yǔ 빠오 펑 위]	명 폭풍우, 〈비유〉 급격한 변화, 혼란
□ 暴露 [bào lù 빠오 루]	동 폭로하다, 드러내다
■ 杯 [bēi 뻬이]	명 잔, 컵, 우승컵, 트로피(trophy) 양 잔 [잔에 담긴 액체를 셀 때]

□ 卑 [bēi 뻬이]	형 (위치·지위 등이) 낮다, 저질이다, 열등하다, 〈문어〉 겸손하다, 비굴하다
□ 卑贱 [bēi jiàn 뻬이 찌앤]	형 (신분·지위가) 비천하다, 비열하다, 천박하다
□ 悲哀 [bēi' āi 뻬이 아이]	동 슬퍼하다, 상심하다, 애통해하다 명 비애, 슬픔 형 슬프다, 비참하다
□ 悲惨 [bēi cǎn 뻬이 찬]	형 비참하다
□ 悲观 [bēi guān 뻬이 꾸안]	명 비관 형 비관적이다
□ 悲伤 [bēi shāng 뻬이 쌍]	형 슬프고 마음이 쓰리다[아프다] 동 몹시 슬퍼하다
□ 悲痛 [bēi tòng 뻬이 통]	명 비통 형 비통하다, 슬프다
■ 北 [bēi 베이]	명 북, 북쪽, 북녘, 북방, 패배자 동 패배하다
□ 贝 [bèi 뻬이]	명 〈해양생물〉 조개, 고대의 패화(貝货), 진귀한 물건, 보배
□ 备份 [bèi fèn 뻬이 펀]	동 〈컴퓨터〉 백업(backup)하다, (숫자 등을) 채우다 명 예비(분)

□ 背 [bèi 뻬이]	명 등, (물체의) 뒷면 형 외지다 동 등지다, 떠나다, 숨기다
□ 背后 [bèi hòu 뻬이 호우]	명 배후, 뒤쪽, 뒷면 부 암암리에, 남몰래, 뒤에서
■ 被 [bèi 뻬이]	동 덮다, 당하다, 걸치다 명 이불 개 …당하다, …에게 …당하다
□ 被动 [bèi dòng 뻬이 똥]	형 피동적이다, 수동적이다
□ 被迫 [bèi pò 뻬이 포]	동 강요당하다, 할 수 없이 …하다
□ 被子 [bèi·zi 뻬이 즈]	명 이불
■ 倍 [bèi 뻬이]	양 배, 곱(절) 부 더욱, 훨씬 동 배가하다, 갑절로 늘다
■ 本 [běn 번]	명 근본, 기초 형 부 본래(의), 원래(의) 대 자기의, 이(것), 이번
■ 本来 [běn lái 번 라이]	명 본래, 원래 부 본래(부터), 원래, 응당, 당연히
□ 本领 [běn lǐng 번 링]	명 재능, 기량, 수완, 능력

□ 本身 [běn shēn 번 썬]	명 (사람이나 물건·일의) 그 자신, 그 자체
□ 本事 [běn·shi 번 스]	명 능력, 기량, 재량, 재능, 재주
■ 本月 [běn yuè 번 위에]	명 이번달
□ 本质 [běn zhì 번 쯔]	명 본질, (사람의) 본성
□ 本子 [běn·zi 번 즈]	명 공책, 노트, 장면(帳面), 장부, 판본(版本)
□ 笨 [bèn 뻔]	형 어리석다, 아둔하다, 굼뜨다, 서툴다, 〈문어〉 거칠다, 육중하다
□ 绷带 [bēng dài 뻥 따이]	명 붕대
□ 甭 [béng 벙]	부 …할 필요가 없다, …하지 마라, …하여도 소용없다
■ 鼻子 [bí·zi 비 즈]	명 코, 〈문어〉 (기물의) 코
■ 比 [bǐ 비]	동 비교하다, 견주다 명 (득점의) 대, 비율 개 …에 비하여, …보다

■ 比较 [bǐ jiào 비 찌아오]	명 동 비교(하다), 대비(하다) 개 …보다, …에 비하여 부 비교적
□ 比萨饼 [bǐ sà bǐng 비 싸 빙]	명 〈음역어〉 피자(pizza)
□ 比赛 [bǐ sài 비 싸이]	명 시합 동 시합을 하다
□ 笔盒(儿) [bǐ hé(r) 비 허]	명 필통, 필갑
□ 笔记本电脑 [bǐ jì běn diàn nǎo 비 찌 번 띠앤 나오]	명 노트북(notebook)
□ 笔直 [bǐ zhí 비 즈]	형 (매우) 곧다, 똑바르다, 꼿꼿하다
□ 必然 [bì rán 삐 란]	명 〈철학〉 필연 형 필연적이다 부 반드시, 꼭, 필연적으로
□ 必胜客 [Bì shèng kè 삐 셩 커]	명 〈음역어〉 피자헛(Pizza Hut)
■ 必须 [bì xū 삐 쒸]	부 반드시[기필코] …해야 한다, 꼭 …해야 한다
□ 必要 [bì yào 삐 야오]	명 필요 형 필요(로)하다

단어	뜻
■ 闭 [bì 삐]	동 닫다, 다물다, 감다, 막히다, 끝나다, 끝내다
□ 毕竟 [bì jìng 삐 찡]	부 필경, 결국, 드디어, 어차피
■ 毕业 [bì//yè 삐 예]	명 (bì yè) 졸업 동 (학교를) 졸업하다
□ 毕业文凭 [bì yè wén píng 삐 예 원 핑]	명 졸업장, 졸업 증서
□ 避免 [bì miǎn 삐 미앤]	동 피하다, 모면하다, 피면하다
■ 边 [biān 삐앤]	명 〈수학〉 변, 가장자리, 옆, 곁, 변경, 끝 부 한편, 동시에 접미 …쪽
□ 编辑 [biān jí 삐앤 지]	명 편집, 편찬, 편집인, 편집자 동 편집하다, 편찬하다
□ 贬低 [biǎn dī 비앤 띠]	동 헐뜯다, 낮게 평가하다, 얕잡아보다
■ 变 [biàn 삐앤]	동 변하다, 바뀌다, 변화시키다 명 변고, 전란, 〈문어〉 재해, 재난
□ 变成 [biàn chéng 삐앤 청]	동 변하여 …이 되다, …(으)로 변화하다[바뀌다]

变动 [biàn dòng 삐앤 똥]	명 변동, 변화, 이동 동 변동되다, 달라지다, 이동되다
便利 [biàn lì 삐앤 리]	형 편리하다 동 편리하게 하다
便于 [biàn yú 삐앤 위]	…(하기)에 편리하다, …에 용이하다
■ 遍 [biàn 삐앤]	동 두루 퍼지다 부 널리, 두루 형 온, 모든 양 번, 회, 차례
辩论 [biàn lùn 삐앤 룬]	명 변론, 논쟁, 토론 동 변론하다, 논쟁하다, 토론하다
标准 [biāo zhǔn 삐아오 준]	명 표준, 기준, 표준 규격 형 표준[규범]적이다, 정확하다
■ 表 [biǎo 비아오]	명 겉, 외부, 모범, 본보기, 도표, 양식, 시계 동 나타내다, 표현하다
表达 [biǎo dá 비아오 다]	동 (생각·감정 등을) 표현하다, 나타내다
表面 [biǎo miàn 비아오 미앤]	명 표면, 겉, 외견, 외관
表明 [biǎo míng 비아오 밍]	동 표명하다, 분명히 하다, 분명하게 보이다[나타내다]

- **表示** [biǎo shì 비아오 쓰]
  - 동 (의사를) 표시하다, 표명하다, 가리키다, 의미하다 명 표정, 기색

- 表现 [biǎo xiàn 비아오 씨앤]
  - 동 표현하다, 나타내다, 과시하다
  - 명 태도, 품행, 행동, 표현

- 表扬 [biǎo yáng 비아오 양]
  - 동 표창하다, 칭찬하다, 표양하다
  - 명 표창, 칭찬, 표양

- **别** [bié 비에]
  - 동 이별하다, 〈방언〉 돌리다, 구별하다
  - 부 …하지 마라 형 다른 명 차이

- 别人 [bié·ren 비에 런]
  - 명 남, 타인

- 宾馆 [bīn guǎn 삔 구안]
  - 명 호텔, 영빈관, (시설이 좋고 큰) 여관

- 冰凉 [bīng liáng 삥 리앙]
  - 형 차다, 매우 차다, 차디차다

- 冰淇淋 [bīng qí lín 삥 치 린]
  - 명 아이스크림 (=冰激凌 bīng jī líng)

- 冰箱 [bīng xiāng 삥 씨앙]
  - 명 아이스박스, 냉장고

- **并** [bìng 삥]
  - 동 합치다, 겸유하다, 나란히 하다
  - 부 함께, 일제히 접 또한, 게다가

■ 并且 [bìng qiě 삥 치에]	접 또한, 그리고, 더욱이, 게다가, 그 위에
□ 摒弃 [bìng qì 삥 치]	동 〈문어〉 버리다, 배제하다, 포기하다
■ 病 [bìng 삥]	명 병, 질병, 〈비유〉 고통, 결점 동 병나다, 앓다, 〈문어〉 해롭게 하다
□ 病毒 [bìng dú 삥 두]	명 〈의학〉 바이러스(virus)
□ 病房 [bìng fáng 삥 팡]	명 병실, 입원실, 병동(病棟)
□ 病人 [bìng rén 삥 런]	명 환자, 병자
□ 波动 [bō dòng 뽀 똥]	명 〈물리〉 파동 동 동요하다, 술렁거리다, 기복이 있다
□ 波浪 [bō làng 뽀 랑]	명 파도, 물결
■ 拨 [bō 뽀]	동 (손가락으로) 밀어 움직이다, 튀기다, 〈비유〉 제거하다, (방향을) 바꾸다
■ 玻璃 [bō·lí 뽀 리]	명 유리, 〈구어〉 유리처럼 투명한 물건, 유리 모양의 물건

菠菜 [bō cài 뽀 차이]	명 〈식물〉 시금치
播送 [bō sòng 뽀 쏭]	동 방송하다
驳杂 [bó zá 보 자]	형 뒤섞이다, 잡다하다, 난잡(亂雜)하다
脖子 [bó·zi 보 즈]	명 목, (물건의) 목 부분
薄弱 [bó ruò 보 뤄]	형 박약하다, 약하다, 취약하다
■ 补 [bǔ 부]	동 깁다, 보충하다, 보양(補養)하다, 공백[공석]을 채우다 명 이익, 도움
补充 [bǔ chōng 부 총]	명 보충, 보완 동 보충하다, 보완하다
补药 [bǔ yào 부 야오]	명 보약
■ 不 [bù 뿌]	부 1. (부정문에서) 아니다, …않다, 못하다 2. 적은 수량을 나타냄
■ 不必 [bù bì 뿌 삐]	부 …할 필요가 없다, …하지 마라

□ 不便 [bù biàn 뿌 삐앤]	형 불편하다, (형편이) 좋지 않다 동 현금이 모자라다, 용돈이 떨어지다
■ 不错 [bù cuò 뿌 춰]	형 틀림없다, 맞다, 그렇다, 정확하다, 〈구어〉좋다, 괜찮다, 나쁘지 않다
■ 不但 [bù dàn 뿌 딴]	접 …뿐만 아니라
□ 不当 [bù dàng 뿌 땅]	형 부당하다, 맞지 않다, 온당하지 않다
□ 不得 [bù dé 뿌 더]	부 …해서는 안 된다, …할 수가 없다 접미 (·bu·de) …하지 마라
□ 不得不 [bù dé bù 뿌 더 뿌]	부 …하지 않으면 안 된다, 반드시 …해야 한다
□ 不管 [bù guǎn 뿌 구안]	동 상관하지 않다 접 …에 관계없이, …을 막론하고
□ 不过 [bù guò 뿌 꿔]	부 …에 불과하다, …에 지나지 않다 접 그러나, 하지만, 그런데
□ 不好意思 [bù hǎo yì·si 뿌 하오 이 스]	부끄럽다, 쑥스럽다, 창피스럽다, 계면쩍다, 곤란하다
□ 不合 [bù hé 뿌 허]	동 맞지 않다, 어긋나다, 부당하다, 합치하지 않다

□ **不和** [bù hé 뿌 허]	형 화목(和睦)하지 않다, 불화하다
□ **不及格** [bù jí gé 뿌 지 거]	동 (시험에) 불합격하다, 낙제하다
□ **不禁** [bù jīn 뿌 찐]	동 참지 못하다, 견디지 못하다 부 〈전용〉 자기도 모르게
□ **不仅** [bù jǐn 뿌 진]	부 (단지) …뿐이[만이] 아니다 접 …뿐만 아니라
□ **不快** [bù kuài 뿌 콰이]	형 기분이 나쁘다, 편하지 않다, (동작이) 느리다, (칼날이) 둔하다
□ **不利** [bù lì 뿌 리]	형 불리하다, 순조롭지 못하다, 성공하지 못하다
□ **不论** [bù lùn 뿌 룬]	동 〈문어〉 따지지 않다, 문제 삼지 않다 접 …을 막론하고, …든지 (상관없이)
□ **不免** [bù miǎn 뿌 미앤]	동 면할 수 없다, 피할 수 없다, 아무리 해도 …가 되다
□ **不然** [bù rán 뿌 란]	형 그렇지 않다, (문장 앞에서) 아니요, 그렇지 않다 접 그렇지 않으면
■ **不要** [bù yào 뿌 야오]	…하지 마라, …해서는 안 된다, 바라지[요구하지] 않다, 필요없다

□ 不要紧 [bù yào jǐn 뿌 야오 진]	형 괜찮다, 문제없다, 대수롭지 않다, 걱정할 것 없다, 문제없는 듯하다
□ 不宜 [bù yí 뿌 이]	조동 …하는 것은 좋지 않다, …하기에 적당하지 않다
□ 不已 [bù yǐ 뿌 이]	(계속하여) 그치지 않다, (…해) 마지 않다, 그만두지 않다
□ 不意 [bù yì 뿌 이]	부 뜻밖에, 예기치 않게, 상상외에 명 불의
□ 不止 [bù zhǐ 뿌 즈]	동 그치지 않다, 계속되다, …에 그치지 않다 접 …뿐만 아니라
□ 不只 [bù zhǐ 뿌 즈]	접 …뿐만 아니라
□ 不致 [bù zhì 뿌 쯔]	동 어떤 결과를 가져오지 않다, …하게 되지 않다, …정도에 이르지 않다
□ 不足 [bù zú 뿌 주]	형 부족하다, 모자라다 동 …하기에 부족하다, …할 가치가 없다
■ 布 [bù 뿌]	명 베, 천, 포, 천 모양과 같은 것 동 공포하다, 퍼뜨리다, 배치하다
□ 布告 [bù gào 뿌 까오]	명 포고, 게시 동 (기관·단체에서) 포고하다, 게시하다

布景(儿) [bù jǐng(r) 뿌 징]	몡 (무대의) 세트(set), 배경 동 〈미술〉 풍경을 배치하다, 무대 장치를 하다
布局 [bù jú 뿌 쥐]	동 (작문·그림 등을) 구성하다, (바둑에서) 포석하다 몡 구성, 안배, 구도
布置 [bù zhì 뿌 쯔]	몡동 (적절히) 배치(하다), 장식(하다), 설치(하다), 할당(하다), 준비(하다)
■ 步 [bù 뿌]	몡 걸음, 보폭, (일의 진행) 단계, 순서 동 걷다, 〈문어〉 밟다, 디디다
步兵 [bù bīng 뿌 삥]	몡 〈군사〉 보병
步调 [bù diào 뿌 띠아오]	몡 보조, 걸음걸이, 걷는 속도, 〈비유〉 일의 진행 방식·순서
步行 [bù xíng 뿌 싱]	동 〈문어〉 걸어서 가다, 도보로 가다
■ 部分 [bù·fen 뿌 펀]	몡 부분, 일부, 부서 양 부분, 일부
部署 [bù shǔ 뿌 수]	몡 배치, 안배 동 배치하다, 안배하다
部下 [bù xià 뿌 씨아]	몡 부하

CHINESE
KOREAN
WORDS
DICTIONARY

C

C

擦 [cā 차]	동 마찰시키다, 비비다, (천 등으로) 닦다, 바르다[칠하다], 스치다
猜 [cāi 차이]	동 추측해서 풀다, 짐작하여 맞추다, 추측하다, 알아맞히다, 의심하다
才 [cái 차이]	명 재주, 재능, 재능 있는 사람 부 방금, 이제 막, 비로소, 겨우
才子 [cái zǐ 차이 즈]	명 재능이 뛰어난 사람, 재자
材料 [cái liào 차이 리아오]	명 재료, 재목, (피복의) 감, 자재, 자료, 데이터(data), 〈비유〉 인재, 자질
财产 [cái chǎn 차이 찬]	명 재산, 자산
财富 [cái fù 차이 푸]	명 부(富), 재산, 자원
财政 [cái zhèng 차이 쩡]	명 재정
裁缝 [cái · feng 차이 펑]	명 재봉사

□ 裁剪 [cái jiǎn 차이 지앤]	동 (종이·천 등을) 재단하다, (적당한 순서로) 맞추다
□ 裁判 [cái pàn 차이 판]	명 재판, 심판 동 재판하다, (경기의) 심판을 보다
□ 采访 [cǎi fǎng 차이 팡]	동 취재하다, 탐방하다, 인터뷰하다
□ 采购 [cǎi gòu 차이 꼬우]	동 (선별) 구매하다, 사들이다 명 구매원, 구매 담당 직원
□ 采取 [cǎi qǔ 차이 취]	동 (방침·태도 등을) 취하다, 채택하다, 채용하다
□ 采用 [cǎi yòng 차이 용]	동 채용하다, 채택하다, 도입하다, 택하다
□ 彩虹 [cǎi hóng 차이 홍]	명 무지개, 〈비유〉 아름다운 교량(橋梁)
■ 菜 [cài 차이]	명 야채, 채소, 요리의 총칭, 반찬, 〈식물〉 유채(油菜)
□ 菜板(儿) [cài bǎn(r) 차이 반]	명 도마
□ 菜单 [cài dān 차이 딴]	명 메뉴, 식단, (컴퓨터 화면에서의) 메뉴[선택 항목]

| 37 |

■ 参观 [cān guān 찬 꾸안]	몡 참관, 견학 동 참관하다, 견학하다, 잘 보다
■ 参加 [cān jiā 찬 찌아]	동 (조직·활동에) 참가하다, 가입하다, 참석하다, (의견을) 제시하다
□ 餐具 [cān jù 찬 쮜]	몡 식기(食器), 식사 도구
■ 餐厅 [cān tīng 찬 팅]	몡 (호텔, 역 등의) 식당, 레스토랑
□ 残缺 [cán quē 찬 취에]	혱 불완전하다, 모자라다, 일부분이 결여되어 있다, 갖추어져 있지 않다
□ 惨白 [cǎn bái 찬 바이]	혱 (경치가) 어둡다, 어스름하다, (얼굴이) 해쓱하다
□ 藏匿 [cáng nì 창 니]	동 〈문어〉 숨기다, 은닉하다, 숨다
□ 操心 [cāo//xīn 차오 씬]	동 걱정하다, 마음이 쓰이다, 심려하다, 애쓰다, 수고하다
□ 操纵 [cāo zòng 차오 쫑]	동 (기계 등을) 조종[조작]하다, 다루다, (정당하지 못한 수단으로) 조정[지배]하다
□ 操作 [cāo zuò 차오 쭤]	몡 조작 동 (기계 등을) 조작하다, 다루다

□ 嘈杂 [cáo zá 차오 자]	형 (소리가) 떠들썩하다, 와자지껄하다, 시끄럽다, 소란하다
■ 草 [cǎo 차오]	명 풀, 짚, 초서, 필기체, 초고, 초안 형 거칠다, 조잡하다, 어설프다
□ 草莓 [cǎo méi 차오 메이]	명 〈식물〉 딸기
□ 草率 [cǎo shuài 차오 쑤아이]	형 경솔하다, 아무렇게나 하다, 거칠다
□ 草原 [cǎo yuán 차오 위앤]	명 초원, 풀밭
□ CD唱机 [CD chàng jī 씨디 창 찌]	명 CD 플레이어
□ 测验 [cè yàn 처 이앤]	동 시험하다, 테스트하다 명 시험, 테스트
□ 策划 [cè huà 처 화]	동 계략을 꾸미다, 획책하다 명 계략
■ 层 [céng 청]	명 층(계), 계층 형 겹겹의, 중첩한 양 층, 겹, (사항 등의) 가지, 종류
■ 曾经 [céng jīng 청 찡]	부 일찍이, 이전에, 이미, 벌써

단어	뜻
□ 差别 [chā bié 차 비에]	몡 차별, 구별, 격차
□ 差异 [chā yì 차 이]	몡 차이
□ 插头 [chā tóu 차 토우]	몡 〈전기〉 플러그(plug)
□ 插座 [chā zuò 차 쭤]	몡 〈전기〉 소켓(socket), 콘센트
■ 茶 [chá 차]	몡 차, 〈식물〉 차나무, 음료의 명칭, 찻빛, 담갈색
□ 查 [chá 차]	동 검사하다, 검열하다, 조사하다, (자료를) 찾아보다, 들추어 보다
□ 察觉 [chá jué 차 쥐에]	동 눈치채다, 알아차리다, 느껴서 알다, 발각되다
□ 差不多 [chà·bu duō 차 부 뚜오]	튀 거의, 대체로 혱 근접하다, 거의 비슷하다, 대충 되다, 웬만한
□ 差点儿 [chà//diǎnr 차 디앨]	튀 하마터면, 자칫하면, 거의 혱 조금 다르다, 조금 뒤떨어지다
□ 拆 [chāi 차이]	동 뜯다[떼어 내다], 헐다, 해체하다, 사이를 벌어지게 하다

拆台 [chāi//tái 차이 타이]	동 무너뜨리다, 방해하다, 그만 두게 하다, 실각시키다
■ 产生 [chǎn shēng 찬 썽]	동 낳다, 출산하다, 만들어내다, 출현하다, 생기다
□ 产业 [chǎn yè 찬 예]	명 부동산, 산업, 생산을 목적으로 하는 사업
■ 长 [cháng 창]	형 길다, 멀다, 뛰어나다, 특별히 잘하다 명 길이, 장점, 장시간
□ 长久 [cháng jiǔ 창 지우]	형 장구하다, (시간이) 아주 오래되다, 장기간의
□ 长期 [cháng qī 창 치]	명 장기, 장기간, 긴 시간 형 장기적이다
□ 长头发 [cháng tóu·fa 창 토우 파]	명 긴머리
□ 长远 [cháng yuǎn 창 위앤]	형 (미래가) 길고 멀다, 장구하다, 항구적이다
□ 肠子 [cháng·zi 창 즈]	명 〈생리〉 창자, 장, 배알, 마음씨, 속마음, 심보, 근성, 소시지
□ 尝 [cháng 창]	동 맛보다, 먹어보다, 〈비유〉 겪다, 경험[체험]하다

■ 常 [cháng 창]	형 일반적인, 평상의, 불변의 부 늘, 항상, 자주 명 법칙, 윤리
□ 常常 [cháng cháng 창 창]	부 항상, 늘, 종종, 언제나
■ 场 [chǎng 창]	명 장소, 광장, 무대 양 (영화·경기 등의) 회, 편, 차례, (연극의) 장, 장면
□ 场地 [chǎng dì 창 띠]	명 장소, 마당, 운동장, 공지, 용지, 그라운드
□ 场合 [chǎng hé 창 허]	명 장면, 장소, 경우, 형편, 상황
□ 场景 [chǎng jǐng 창 징]	명 〈연극〉 (연극이나 영화의) 장면, 신(scene), 정경(情景)
□ 场面 [chǎng miàn 창 미앤]	명 (연극·소설 등의) 장면, 신(scene), 국면, 정황, 겉치레, 외모
□ 畅销书 [chàng xiāo shū 창 씨아오 쑤]	명 베스트셀러
■ 唱 [chàng 창]	동 노래하다, 크게 외치다, 큰 소리로 부르다, 표명하다 명 노래, 시가
□ 唱歌(儿) [chàng//gē(r) 창 꺼]	동 노래를 부르다 명 (chàng gē) 노래, 창가

단어	뜻
□ **超级市场** [chāo jí shì chǎng 차오 즈 쓰 창]	명 슈퍼마켓
□ **朝** [cháo 차오]	명 조정, 조대(朝代) 개 …을 향하여 동 (…으로) 향하다, 알현[참배]하다
□ **潮湿** [cháo shī 차오 쓰]	형 습기가 많다, 축축하다, 눅눅하다
■ **吵** [chǎo 차오]	동 (시끄럽게) 떠들다, 말다툼하다 형 시끄럽다, 떠들썩하다
□ **吵架** [chǎo//jià 차오 찌아]	동 다투다, 말싸움[말다툼]을 하다
□ **吵闹** [chǎo nào 차오 나오]	동 시끄럽게 싸우다, 소란을 피우다 형 소란하다, 떠들썩하다
■ **炒** [chǎo 차오]	동 (기름 등에) 볶다, (시세 차액을 노려) 투기 매매하다, 해고하다
□ **炒饭** [chǎo fàn 차오 판]	명 볶음밥
■ **车** [chē 처]	명 차, 수레, 바퀴가 달린 기구, 기계, 선반(旋盤) 동 선반으로 깎다
□ **车道** [chē dào 처 따오]	명 차도

단어	뜻
□ 车费 [chē fèi 처 페이]	명 차비, 교통비
■ 车站 [chē zhàn 처 짠]	명 정류장, 정거장, 역
□ 彻底 [chè dǐ 처 디]	형 철저하다, 투철하다 부 철저히, 투철히
□ 撤销 [chè xiāo 처 씨아오]	동 (판결·계약 등을) 폐지하다, 취소하다, 철회하다, 해임하다,
□ 沉闷 [chén mèn 천 먼]	형 (날씨·분위기 등이) 음울[침울]하다, 무겁다, (성격이) 내성적이다
□ 沉思 [chén sī 천 쓰]	동 심사숙고하다, 깊이 생각하다
□ 沉稳 [chén wěn 천 원]	형 침착하다, 신중하다, 듬직하다, 평온하다
□ 沉重 [chén zhòng 천 쫑]	형 무겁다, 심각하다, 엄중하다
□ 沉着 [chén zhuó 천 주오]	형 침착하다 동 〈의료〉 (색소 등이) 침착하다
□ 陈旧 [chén jiù 천 찌우]	형 낡다, 오래되다, 케케묵다

| 陈列 [chén liè 천 리에] | 통 진열하다, 전시하다 |

| 陈设 [chén shè 천 써] | 명 장식품, 진열품
통 장식하다, 진열하다, 배치하다 |

| 衬衫 [chèn shān 천 싼] | 명 와이셔츠, 셔츠(shirt), 블라우스 |

| 称赞 [chēng zàn 청 짠] | 명 칭찬, 찬양
통 칭찬하다, 찬양하다 |

■ 成 [chéng 청] 통 이루다, 성공하다, …이 되다, 이르다, 성사시키다 형 기존의, 전체의

| 成功 [chéng gōng 청 꽁] | 명 성공, 완성 형 성공적이다
통 성공하다, 완성하다 |

| 成果 [chéng guǒ 청 구오] | 명 성과, (일의) 수확 |

| 成绩 [chéng jì 청 찌] | 명 성적, 성과, 기록 |

| 成绩单 [chéng jì dān 청 찌 딴] | 명 성적표 |

| 成就 [chéng jiù 청 찌우] | 명 성취, 성과, 업적
통 성취하다, 이루다, 완성하다 |

□ 成立 [chéng lì 청 리]	명 창립, 설치, 성립 동 (이론·의견이) 성립하다, (조직을) 결성하다, 설치하다
□ 成人 [chéng//rén 청 런]	명 어른, 성인 동 어른이 되다, 인재가 되다
□ 成熟 [chéng shú 청 수]	동 (조건 등이) 무르익다, 성숙하다, (과일 등이) 익다, 여물다
□ 成天 [chéng tiān 청 티앤]	명 〈구어〉 온종일, 하루 종일
□ 成为 [chéng wéi 청 웨이]	동 …으로 되다, …가 되다
□ 成长 [chéng zhǎng 청 장]	동 성장하다, 자라다, 〈방언〉 발전하다, 증가하다
□ 诚实 [chéng·shí 청 스]	형 성실하다
□ 承担 [chéng dān 청 딴]	동 담당하다, 맡다, 감당하다, (책임을) 지다
■ 城市 [chéng shì 청 쓰]	명 도시, 도회지, 시내
□ 乘客 [chéng kè 청 커]	명 승객

惩罚 [chéng fá 청 파]	명 징벌, 처벌 동 징벌하다, 처벌하다
■ 吃 [chī 츠]	동 (음식을) 먹다, 마시다, 피우다, 식사하다, 외식하다, 먹고 살다
□ 吃饭 [chī//fàn 츠 판]	동 밥을 먹다, 식사를 하다, 생계를 유지하다, 생활해 나가다
□ 吃惊 [chī//jīng 츠 찡]	동 깜짝 놀라다
□ 吃苦 [chī//kǔ 츠 쿠]	동 고생을 견디어 내다, 괴로움을 참고 견디다
□ 吃亏 [chī//kuī 츠 쿠이]	동 손해를 보다, (어떤 조건이) 불리하게 되다
□ 吃力 [chī lì 츠 리]	형 고되다, 힘들다, 힘겹다, 〈방언〉 피곤하다, 피로하다
□ 吃药 [chī//yào 츠 야오]	동 약을 먹다, (남에게) 괴로움을 당하다
□ 吃早饭 [chī zǎo fàn 츠 자오 판]	동 아침밥[식사]을 먹다
□ 迟到 [chí dào 츠 따오]	동 지각하다, 연착(延着)하다

□ 迟缓 [chí huǎn 츠 후안]	형 지연하다, 느리다, 완만하다
□ 持久 [chí jiǔ 츠 지우]	동 오래 지속되다, 오래 유지하다
□ 持续 [chí xù 츠 쒸]	동 유지하다, 지속하다, 계속하다
■ 尺 [chǐ 츠]	명 자, 자 모양의 물건 양 척, 자 [길이 단위, 寸의 10배]
□ 尺寸 [chǐ·cun 츠 춘]	명 (옷 등의) 치수, 사이즈, 길이, 〈구어〉 법도(法度), 분별
□ 尺子 [chǐ·zi 츠 즈]	명 자, 척도(尺度), 기준, 표본
□ 冲 [chōng 총]	동 끓는 물을 붓다, 물로 씻어 내다, 돌진하다, 솟구치다
□ 冲动 [chōng dòng 총 똥]	명 충동 동 흥분하다, 충동되다, 격해지다
□ 冲击 [chōng jī 총 찌]	동 세차게 부딪치다, 과감히 도전하다, 〈비유〉 충격을 받다[주다]
□ 冲破 [chōng pò 총 포]	동 (상태·제한 등을) 돌파하다, 타파하다

□ 冲突 [chōng tū 총 투]	몡 충돌, 모순 동 충돌하다, 모순되다
□ 冲撞 [chōng zhuàng 총 쭈앙]	동 부딪치다, 충돌하다, 비위를 거스리다, 기휘(忌諱)에 저촉되다
□ 充分 [chōng fèn 총 펀]	혱 충분하다
□ 充满 [chōng mǎn 총 만]	동 가득차다, 충만하다
□ 充实 [chōng shí 총 스]	혱 충실하다, 풍부하다 동 채워 넣다, 보강[강화]하다
□ 充足 [chōng zú 총 주]	혱 충족하다, 충분하다
■ 重 [chóng 총]	동 중복하다, 겹치다 뷔 거듭, 다시 혱 겹겹의, 겹쳐진 얭 층(層), 겹
□ 重播 [chóng bō 총 뽀]	몡 재방송 동 재방송을 하다
□ 重叠 [chóng dié 총 디에]	혱 중첩되다, 중복되다
□ 重复 [chóng fù 총 푸]	몡 중복, 반복, 되풀이 동 중복되다, 반복하다, 되풀이하다

崇高 [chóng gāo 총 까오]	형 숭고하다, 고상하다
宠物 [chǒng wù 총 우]	명 (개나 고양이 등의) 애완 동물
■ 抽 [chōu 초우]	동 뽑다, 꺼내다, (일부를) 뽑아내다, 빨다, 피우다, (새싹이) 돋다
抽象 [chōu xiàng 초우 씨앙]	명 추상 형 추상적이다
丑陋 [chǒu lòu 초우 로우]	형 (용모나 모양이) 추하다, 못생기다, 누추하다
■ 出 [chū 추]	동 나오다[나가다], (한도를) 넘다, 발표하다, 발행하다, 생산하다, 드러나다
出版 [chū bǎn 추 반]	명 출판 동 출판하다
出差 [chū//chāi 추 차이]	동 출장하다, (임시 업무 처리를 위해) 파견되[하]다 명 (chū chāi) 출장
出发 [chū//fā 추 파]	명 출발 동 출발하다, …을 출발점으로 삼다, …을 기본 입장으로 삼다
出来 [chū//·lái 추 라이]	동 나오다, 출현하다, 나서다, 발생하다, 생기다, 생겨나다

出门 [chū//mén 추 먼]	동 외출하다, 밖에 나가다, 집을 떠나 멀리 가다
出去 [chū//·qù 추 취]	동 나가다, 외출하다
出身 [chū shēn 추 썬]	명 출신, 신분 동 …출신이다
出生 [chū shēng 추 썽]	명 출생 동 출생하다, 태어나다
出息 [chū·xi 추 시]	명 장래성, 미래, 발전성 동 〈방언〉 발전하다, 성장하다
出现 [chū xiàn 추 씨앤]	동 출현하다, 나타나다
出洋相 [chū yáng xiàng 추 양 씨앙]	〈속어〉 보기 흉한 모습을 보이다, 웃음거리가 되다, 추태를 부리다
出院 [chū//yuàn 추 위앤]	동 퇴원하다
■ 出租汽车 [chū zū qì chē 추 쭈 치 처]	명 택시
初恋 [chū liàn 추 리앤]	명 첫사랑, 연애한 지 얼마 되지 않은 시기

初中 [chū zhōng 추 쭝]	명 중학교
除非 [chú fēi 추 페이]	접 다만[오로지] …해야만, …하지 않으면, …을 제외하고
■ 厨房 [chú fáng 추 팡]	명 부엌, 주방, 요리사, 조리사
厨帅 [chú shī 추 쓰]	명 요리사
处罚 [chǔ fá 추 파]	동 (법에 의해) 처벌하다
处分 [chǔ fèn 추 펀]	명 처분, 처벌 동 〈문어〉 처분하다, 처리하다, (죄인 등을) 처벌하다
处理 [chǔ lǐ 추 리]	명 처리, 처분 동 처리[처치]하다, 처분하다, (일을) 안배하다
■ 穿 [chuān 추안]	동 (구멍을) 뚫다, 꿰뚫다, 통과하다, (신발·의복 등을) 입다, 신다
穿衣服 [chuān yī·fu 추안 이 푸]	동 옷[의복]을 입다
■ 传 [chuán 추안]	동 전(달)하다, 전파하다, 전수하다, (열·전기 등이) 통하다, 전염되다

□ 传播 [chuán bō 추안 뽀]	동 널리 퍼뜨리다, 전파하다, (사상 등을) 유포하다 명 전파, 보급, 유포
□ 传达 [chuán dá 추안 다]	동 전하다, 전달하다, 접수하다 명 전달, (공공기관 등의) 접수, 안내
□ 传统 [chuán tǒng 추안 통]	명 전통
□ 传真 [chuán zhēn 추안 쩐]	명 초상(화), 팩스(fax), 팩시밀리 동 초상화를 그리다, 사진을 전송하다
■ 船 [chuán 추안]	명 배, 선박
■ 窗户 [chuāng·hu 추앙 후]	명 창, 창문
□ 窗帘 [chuāng lián 추앙 리앤]	명 커튼, 블라인드
■ 床 [chuáng 추앙]	명 침대, 베드(bed), 물건을 놓는 대(臺), 평상, 〈전용〉 가게 양 채, 자리
□ 闯 [chuǎng 추앙]	동 갑자기 뛰어들다, 돌진하다, 경험을 쌓다, 떠돌아다니다, 일으키다
□ 创办 [chuàng bàn 추앙 빤]	동 창립하다, 창설하다, 시작하다

创立 [chuàng lì 추앙 리]	몡 창립, 창시 동 창립하다, 창시하다
创造 [chuàng zào 추앙 짜오]	동 창조하다, 발명하다
创作 [chuàng zuò 추앙 쭤]	동 (문예 작품을) 창작하다 몡 창작, 문예 작품
■ 吹 [chuī 추이]	동 입으로 힘껏 불다, (바람이) 불다, 〈구어〉 허풍을 떨다, 허사가 되다
吹风机 [chuī fēng jī 추이 펑 찌]	몡 헤어드라이어(hair dryer)
锤子 [chuí · zi 추이 즈]	몡 망치, 해머
■ 春天 [chūn tiān 춘 티앤]	몡 봄, 봄철
纯粹 [chún cuì 춘 취]	형 순수하다, 깨끗하다 부 순전히, 완전히, 단순히
纯洁 [chún jié 춘 지에]	형 순결하다, 사심이 없다 동 깨끗하게 하다
纯正 [chún zhèng 춘 쩡]	형 순수하다, 순결하고 올바르다

□ **词典** [cí diǎn 츠 디앤]	명 (단어를 모은) 사전
□ **辞典** [cí diǎn 츠 디앤]	명 (긴 어구·성어 등도 채집하여 넣은 자세한) 사전
■ **次** [cì 츠]	명 차례, 순서 양 번, 차, 횟수 수 제 2의, 두 번째의, 다음의
□ **次要** [cì yào 츠 야오]	형 이차적인, 부차적인, 다음으로[두 번째로] 중요한
□ **伺候** [cì·hou 츠 호우]	동 시중들다, 돌보다, 뒷바라지하다
□ **刺** [cì 츠]	명 가시, 바늘 동 찌르다, 자극하다, (감정 등을) 건드리다, 몰래 살피다
□ **匆匆** [cōng cōng 총 총]	형 분주한 모양, 황급한 모양
□ **匆忙** [cōng máng 총 망]	부 급히, 여유없이 형 매우 바쁘다, 너무 급하다
□ **葱** [cōng 총]	명 〈식물〉 파 형 푸르다, 새파랗다
■ **聪明** [cōng·ming 총 밍]	형 총명하다, 영리하다, 똑똑하다, 영민하다

단어	뜻
■ 从 [cóng 총]	동 좇다, 순종하다 명 수행원, 사촌간 개 …에서 [부터], …을, …로
■ 从来 [cóng lái 총 라이]	부 여태껏, 지금까지, 이제까지
■ 从前 [cóng qián 총 취앤]	명 종전, 이전 부 예전에, 종전에
□ 从容 [cóng róng 총 롱]	형 침착하다, 차분하다, (시간·경제적으로) 여유가 있다, 넉넉하다
□ 凑合 [còu·he 초우 허]	동 한곳에 모이다, 가까이 가다, 아쉬운 대로 지내다 형 형편이 좋다
□ 凑巧 [còu qiǎo 초우 치아오]	형 공교롭다 부 공교롭게, 때마침, 알맞게
■ 粗 [cū 추]	형 굵다, (알갱이가) 크다, 거칠다, 경솔하다 부 대충, 약간
□ 粗糙 [cū cāo 추 차오]	형 거칠다, 투박하다, 어설프다, (만든 것이) 조잡하다, 서툴다
□ 粗疏 [cū shū 추 쑤]	형 세심하지 않다, 꼼꼼하지 않다, 데면데면하다
□ 粗心 [cū xīn 추 씬]	형 (생각하는 것이) 데면데면하다, 세심치 못하다, 부주의하다

促进 [cù jìn 추 찐]	동 촉진하다, 재촉하다
促使 [cù shǐ 추 스]	동 …하도록 (재촉)하다, …하게 하다
摧残 [cuī cán 추이 찬]	동 손상을 주다, 파괴하다, 모욕을 주다 명 손상, 파괴
脆弱 [cuì ruò 추이 뤄]	형 연약하다, 무르다, 취약하다
存放 [cún fàng 춘 팡]	동 (돈·물건을) 맡겨서 보관해 두다 명 예금과 대출
存在 [cún zài 춘 짜이]	동 존재하다, 현존하다 명 〈철학〉 존재, 자인(Sein)
寸 [cùn 춘]	양 촌, 치 [길이의 단위, 1척(尺)의 1/10] 형 〈비유〉 (매우) 짧다, 작다
措施 [cuò shī 춰 쓰]	명 조치, 대책, 시책 동 조치하다, 시책을 행하다
错 [cuò 춰]	명 잘못, 착오 형 들쑥날쑥하다, 나쁘다, 틀리다 동 (이를) 갈다, 엇갈리다
错包 [cuò bāo 춰 빠오]	동 잘못 싸다, (섬·보퉁이 모양의) 짐이 잘못해서 딴 것과 바뀌다

错打 [cuò dǎ 춰 다]	동 (주판을) 잘못 놓다, (사람이나 물건을) 잘못 때리다
错待 [cuò dài 춰 따이]	동 푸대접하다, 부당하게 대하다
错过 [cuò guò 춰 꿔]	동 (기회 등을) 놓치다, 스치고 지나가다 명 잘못, 과실, 실책
错开 [cuò//kāi 춰 카이]	동 (시간 등을) 교차시켜서 사이를 두다, 서로 엇갈리게[다른 때에] 하다
错误 [cuò wù 춰 우]	형 틀린, 잘못된 명 잘못, 실수, 틀린 행위
错杂 [cuò zá 춰 자]	동형 뒤섞이다, 복잡하다, 착잡하다
错账 [cuò zhàng 춰 짱]	동 장부가 틀리다, 장부에 잘못 기록하다
错字 [cuò zì 춰 쯔]	명 오자(誤字), 틀린 글자, 오식(誤植)

CHINESE
KOREAN
WORDS
DICTIONARY

ㄷ

D

| 达到
[dá//dào 다 따오] | 동 (목표·정도에) 도달하다, 이르다, 달성하다 |

| 答案
[dá'àn 다 안] | 명 답안, 해답 |

| 答复
[dá·fù 다 푸] | 명 대답, 회답
동 대답하다, 회답하다 |

| ■ 答应
[dā·ying 다 잉] | 동 대답하다, 응답하다, 승낙하다, 동의하다 |

| ■ 打
[dǎ 다] | 동 치다, 깨뜨리다, 공격하다, 쌓다, 묶다, 만들다, 찍다, 때리다, 칠하다 |

| 打败
[dǎ//bài 다 빠이] | 동 싸워서 이기다, (적을) 물리치다, 패전하다, (전쟁·경기에서) 지다 |

| 打扮
[dǎ·ban 다 반] | 동 분장하다, 치장[단장]하다, 화장하다 명 분장, 치장, 단장, 차림 |

| 打包
[dǎ//bāo 다 빠오] | 동 포장하다, 짐을 묶다, 포장을 풀다, 음식점에서 남은 음식을 싸주다 |

| 打表
[dǎ biǎo 다 비아오] | 동 표를 작성하다, (택시의) 미터기대로 하다 |

□ 打车 [dǎ chē 다 처]	동 택시를 타다[잡다]
□ 打倒 [dǎ//dǎo 다 다오]	동 타도하다, 쳐부수다, 때려눕히다
□ 打耳光 [dǎ' ěr guāng 다 얼 꾸앙]	따귀를 때리다
□ 打工 [dǎ//gōng 다 꽁]	동 아르바이트를 하다
□ 打鼓 [dǎ//gǔ 다 구]	동 북을 치다, (자신없어) 가슴이 두근거리다
■ 打火机 [dǎ huǒ jī 다 후오 찌]	명 라이터
□ 打击 [dǎ jī 다 찌]	동 치다, 때리다, 두드리다, 공격하다, 타격을 주다 명 타격, 공격
□ 打架 [dǎ//jià 다 찌아]	동 (치고 받으며) 싸움을 하다, 다투다
□ 打交道 [dǎ jiāo·dao 다 찌아오 다오]	〈구어〉 사귀다, 교제하다, 왕래하다, 접촉하다
□ 打雷 [dǎ//léi 다 레이]	동 천둥이 치다

打量 [dǎ·liang 다 리앙]	동 (외모·복장 등을) 훑어보다, 관찰하다, (…라고) 생각하다
打闹 [dǎ nào 다 나오]	동 떠들(어대)다, 시끄럽게 하다, 소란을 피우다, 〈방언〉 구해 오다
打破 [dǎ pò 다 포]	동 (제한·구속 등을) 타파하다, 때려 부수다, 깨다
打扰 [dǎ rǎo 다 라오]	동 (남의 일을) 방해하다, 지장을 주다, 교란하다, 폐를 끼치다
打扫 [dǎ sǎo 다 사오]	동 청소하다, 소제하다, 치우다
■ 打算 [dǎ·suan 다 수안]	조동 …하려고 하다, …할 작정이다 명동 계획(하다), 타산(하다)
打听 [dǎ·tīng 다 팅]	동 (어떠한 사실·상황 등을) 물어보다, 알아보다
■ 打印 [dǎ yìn 다 인]	동 프린트하다, 인쇄하다
打仗 [dǎ//zhàng 다 짱]	동 싸우다, 전쟁하다, 〈비유〉 (상점이) 판매 경쟁을 하다
打招呼 [dǎ zhāo·hu 다 짜오 후]	동 (가볍게) 인사하다, (사전에) 알리다[통지하다]

打针 [dǎ//zhēn 다 쩐]	동 주사를 놓다[맞다]
■ 大 [dà 따]	형 크다, 많다, (힘 등이) 세다, 서열이 높다 부 매우, 몹시
□ 大便 [dà biàn 따 삐앤]	명 대변 동 대변을 보다
□ 大胆 [dà dǎn 따 단]	형 대담하다, 용감하다 동 대담해지다
□ 大豆 [dà dòu 따 또우]	명 〈식물〉 콩, 대두, 대두의 종자
□ 大都 [dà dū 따 뚜]	부 대부분, 대개, 대체로 명 대도시
□ 大方 [dà·fang 따 팡]	형 시원스럽다, 인색하지 않다, (언행이) 거리낌없다, 고상하다, 점잖다
■ 大概 [dà gài 따 까이]	명 대강, 개요 형 대강의, 대충의, 대체로 부 대략, 대개, 대강, 아마(도)
□ 大海 [dà hǎi 따 하이]	명 바다, 대해(大海)
■ 大家 [dà jiā 따 찌아]	명 대가, 권위자, 명문(名門) 대 여러분, 모두

| 大量
[dà liàng 따 리앙] | 명 대량, 다량 형 대량의, 다량의, 관대하다, 도량이 넓다 부 대량으로 |

| 大陆
[dà lù 따 루] | 명 대륙, 중국 본토 |

| 大麦
[dà mài 따 마이] | 명 〈식물〉 보리 |

| 大米
[dà mǐ 따 미] | 명 쌀 |

| 大厦
[dà shà 따 싸] | 명 빌딩, 고층 건물 |

| 大体
[dà tǐ 따 티] | 명 대국, 중요한 이치[도리], 전체 부 대체로, 대략 |

| 大小
[dà xiǎo 따 시아오] | 명 크기, 큰 것과 작은 것, 대소, 어른과 아이, (친족 간의) 존비·상하 |

| 大学
[dà xué 따 쉬에] | 명 대학, (Dà xué) 《대학(大學)》 동 크게 배우다[학습하다] |

■ 大衣
[dà yī 따 이] 명 (오버)코트, 외투

| 大意
[dà yì 따 이] | 명 대의, 〈문어〉 큰 뜻 |

□ 大约 [dà yuē 따 위에]	부 대략, 대강, 아마, 대개는
□ 呆 [dāi 따이]	동 머무르다, 체재하다 형 어리석다, 미련하다, 어리둥절하다
□ 呆板 [dāi bǎn 따이 반]	형 딱딱하다, 고지식하다, 융통성이 없다, 판에 박은 듯하다
■ 带 [dài 따이]	명 띠, 벨트, 밴드, 타이어(tire), 지대 동 지니다, 휴대하다, 차다, 띠다, 이끌다
□ 带动 [dài dòng 따이 똥]	동 이끌어 나가다, 움직이다, 선도하다, 움직이게 하다
□ 带领 [dài lǐng 따이 링]	동 이끌다, 인솔하다, 지휘하다, 안내하다
□ 待遇 [dài yù 따이 위]	명 (사람에 대한) 대우, 취급, 대접, 급료, 급여 동 대우[대접]하다
■ 单 [dān 딴]	형 홀의, 단일의, 홀수의, 혼자의 부 단지, 오로지, 혼자서
□ 单薄 [dān bó 딴 보]	형 (힘 등이) 약하다, (옷·이불이) 얇다, (몸이) 허약하다
□ 单程 [dān chéng 딴 청]	명 편도

□ 单纯 [dān chún 딴 춘]	형 단순하다 부 단지, 오로지, 단순히
□ 单调 [dān diào 딴 띠아오]	형 단조롭다, 단순하다
□ 单相思 [dān xiāng sī 딴 씨앙 쓰]	명 짝사랑 동 짝사랑하다
□ 担负 [dān fù 딴 푸]	동 (일·비용 등을) 부담하다, 지다, 맡다
□ 担任 [dān rèn 딴 런]	동 (직무를) 담임하다, 맡다
□ 担心 [dān//xīn 딴 씬]	동 걱정하다, 염려하다, 근심하다
□ 耽误 [dān·wu 딴 우]	동 (시간을 지체하다가) 일을 그르치다, 시간을 허비하다
□ 胆怯 [dǎn qiè 단 치에]	형 비겁하다, 겁이 많다, 겁에 질리다, 겁내다, 위축되다
□ 胆小 [dǎn xiǎo 단 시아오]	형 겁이 많다, 담이 작다, 소심하다, 배짱이 없다
■ 但是 [dàn shì 딴 쓰]	접 그러나, 그렇지만, 하지만, 단지 [무릇] …이라면

诞生 [dàn shēng 딴 셩]	동 태어나다, 출생하다, 탄생하다, 생기다, 나오다
淡 [dàn 딴]	형 (농도가) 묽다, (맛이) 싱겁다, (색이) 옅다, 냉담하다, 불경기이다
蛋糕 [dàn gāo 딴 까오]	명 케이크(cake), 카스텔라
■ 当 [dāng 땅]	개 바로 그 때[시간, 장소] 조동 반드시[당연히] …해야 한다
当家 [dāng//jiā 땅 찌아]	동 집안일을 맡아보다, 〈비유〉지배적인 위치를 차지하다
■ 当然 [dāng rán 땅 란]	형 당연하다, 의심할 여지가 없다, 물론이다 부 당연히, 물론
当心 [dāng//xīn 땅 씬]	동 주의하다, 조심하다
刀子 [dāo·zi 따오 즈]	명 칼, 〈구어〉작은 칼
导演 [dǎo yǎn 다오 이앤]	명 감독, 연출자, 안무 동 연출하다, 감독하다, 안무하다
岛 [dǎo 다오]	명 섬

- **倒**
  [dǎo 다오]
  동 무너지다, 넘어지다, 파산하다, 바꾸다, 이동하다, 양도하다

- **到**
  [dào 따오]
  동 도달하다, 이르다, (…에) 가다
  개 …에, …으로, …까지

- **到达**
  [dào dá 따오 다]
  동 도착하다, 도달하다, 이르다

- **到底**
  [dào dǐ 따오 디]
  부 도대체, 결국, 마침내, 역시, 아무래도 동 (dào//dǐ) 끝까지 …하다

- **倒退**
  [dào tuì 따오 투이]
  동 뒤로 물러나다, 퇴보하다, (시간을) 거슬러 올라가다 명 후퇴, 역행

- **道**
  [dào 따오]
  명 도로, 길, 수로, 방법, 기술
  동 말하다, (말로 감정을) 표하다

- **道德**
  [dào dé 따오 더]
  명 도덕, 윤리
  형 도덕적이다

- **道理**
  [dào·li 따오 리]
  명 규율, 법칙, 규칙, 이치, 도리, 방법, 수단, 대책, 행위, 짓

- **得**
  [dé 더]
  동 얻다, 획득하다, 계산하여 값을 얻다 형 알맞다 감 됐어, 아이고

- **得病**
  [dé//bìng 더 삥]
  동 병에 걸리다, 병을 얻다

得到 [dé//dào 더 따오]	동 얻다, 획득하다, 손에 넣다
得意 [dé//yì 더 이]	형 의기양양하다, 자만하다
地 [·de 더]	조 동사·형용사를 수식하는 말 뒤에 붙는 결구조사(結構助詞)
的 [·de 더]	조 1. 명사·동사 뒤에서 한정의 역할 2. '的' 자 구조를 이루어 명사화함
得 [·de 더]	조 동사·형용사와 그 보어 사이에 쓰여 결과·가능·정도를 나타냄
得 [děi 데이]	조동 〈구어〉 …해야 한다, …일 것이다 형 〈방언〉 만족하다, 편안하다
灯 [dēng 떵]	명 등, 등불, 〈속어〉 (라디오·텔레비전의) 전자관(電子管), 진공관(眞空管)
登记 [dēng jì 떵 찌]	명 등기, 등록, 체크인(check in) 동 등기[등록]하다, 체크인하다
等 [děng 덩]	명 종류, 등급 형 같다, 대등하다 동 (…때까지) 기다리다 조 등, 따위
等待 [děng dài 덩 따이]	동 기다리다 명 대기(wait)

단어	뜻
□ 等到 [děng dào 덩 따오]	젭 …때에는, …때에 이르러 동 (…까지) 기다리다
□ 等候 [děng hòu 덩 호우]	동 대기하다, 기다리다
■ 低 [dī 띠]	형 (높이·수준·등급 등이) 낮다, 싸다 동 (머리를) 숙이다, 내려가다
□ 低贱 [dī jiàn 띠 찌앤]	형 (출신·신분 등이) 낮다, 비천하다, (행동이) 비열하다, (값이) 싸다
□ 低劣 [dī liè 띠 리에]	형 비열하다, 질이 낮다
□ 的确 [dí què 디 취에]	부 확실히, 정확히, 참으로, 정말, 실로
□ 的哥 [dí gē 디 꺼]	명 '택시 기사'를 풍자해 부르는 말
□ 抵达 [dǐ dá 디 다]	명 도달, 도착 동 〈문어〉 도달하다, 도착하다
□ 抵抗 [dǐ kàng 디 캉]	명 저항, 대항 동 저항하다, 대항하다
□ 地板 [dì bǎn 띠 반]	명 마루, 마루청, 토지

地道 [dì·dao 띠 다오]	형 진짜의, 본고장의, 질이 좋다, 순수하다, 문자 그대로
地方 [dì fāng 띠 팡]	명 지방 [각급 행정구역의 통칭], 그곳, 그 지방
地球 [dì qiú 띠 치우]	명 〈천문〉 지구
地毯 [dì tǎn 띠 탄]	명 양탄자, 카펫, 융단
地铁 [dì tiě 띠 티에]	명 〈약칭〉 지하철('地下铁道'의 준말)
弟弟 [dì·di 띠 디]	명 남동생, 아우
递 [dì 띠]	동 넘겨주다, 전해 주다 부 차례로, 순서대로
第 [dì 띠]	접두 제…, …째 [수사 앞에서 차례의 몇째를 가리킴] 부 〈문어〉 다만, 단지
典型 [diǎn xíng 디앤 싱]	명 전형 형 전형적이다
点 [diǎn 디앤]	명 점, 얼룩, 방울 동 점을 찍다 양 약간, 조금, 개, 가지, 시(時)

| 71 |

단어	뜻
□ 点菜 [diǎn//cài 디앤 차이]	동 요리를 (선택해서) 주문하다
□ 点击 [diǎn jī 디앤 찌]	명 클릭 (click) 동 클릭하다
□ 点名 [diǎn//míng 디앤 밍]	동 출석을 부르다, 점호를 하다, 지명(指名)하다
□ 点头 [diǎn//tóu 디앤 토우]	동 (찬성·승인·인사 등의 표시로) 고개[머리]를 끄덕이다
■ 点心 [diǎn·xin 디앤 신]	명 간식, 과자, 가벼운 식사 동 요기하다
■ 点钟 [diǎn zhōng 디앤 쫑]	명 시(時), 시간
■ 电报 [diàn bào 띠앤 빠오]	명 전보, 전신
■ 电冰箱 [diàn bīng xiāng 띠앤 삥 씨앙]	명 냉장고
□ 电灯 [diàn dēng 띠앤 떵]	명 전등, 백열등
■ 电动扶梯 [diàn dòng fú tī 띠앤 똥 푸 티]	명 에스컬레이터(escalator)

□ 电饭锅 [diàn fàn guō 띠앤 판 꾸오]	명 전기 밥솥
■ 电话 [diàn huà 띠앤 화]	명 전화
■ 电脑 [diàn nǎo 띠앤 나오]	명 컴퓨터(computer)
□ 电气 [diàn qì 띠앤 치]	명 전기
■ 电扇 [diàn shàn 띠앤 싼]	명 선풍기
■ 电视 [diàn shì 띠앤 쓰]	명 텔레비전(television)
□ 电视台 [diàn shì tái 띠앤 쓰 타이]	명 TV 방송국
■ 电梯 [diàn tī 띠앤 티]	명 엘리베이터(elevator)
■ 电影 [diàn yǐng 띠앤 잉]	명 영화
□ 电子邮件 [diàn zǐ yóu jiàn 띠앤 즈 요우 찌앤]	명 전자 우편, 이메일(E-mail)

□ 惦记 [diàn·jì 띠앤 찌]	동 늘 생각하다, 염려하다
□ 凋谢 [diāo xiè 띠아오 씨에]	동 (초목·꽃잎 등이) 지다, 떨어지다, 〈비유〉 (노인이) 죽다 명 죽음
□ 钓鱼 [diào yú 띠아오 위]	명 낚시 동 낚시를 하다
□ 调查 [diào chá 띠아오 차]	명 조사 동 조사하다
□ 调动 [diào dòng 띠아오 똥]	동 (위치·인원 등을) 옮기다, 이동하다, 동원하다, 전근하다
■ 掉 [diào 띠아오]	동 떨어지다, 떨어뜨리다, 잃다, 뒤떨어지다, 하락하다, 교환하다
□ 碟子 [dié·zi 디에 즈]	명 접시
□ 钉子 [dīng·zi 띵 즈]	명 못, 〈비유〉 장애
■ 顶 [dǐng 딩]	명 정수리, 꼭대기 동 머리로 받(치)다, 지탱하다 부 아주, 대단히
□ 顶点 [dǐng diǎn 딩 디앤]	명 정점, 꼭대기, 절정, 클라이맥스, 〈수학〉 꼭지점

□ 顶峰 [dǐng fēng 딩 펑]	명 (산의) 정상, 최고봉, 〈비유〉 (어떤 분야의) 정상, 최고봉
■ 丢 [diū 띠우]	동 잃다, 유실하다, 방치하다, 내버려 두다, 던지다, 내버리다
□ 丢面子 [diū miàn·zi 띠우 미앤 즈]	동 체면 깎이다, 창피[망신] 당하다, 볼 낯이 없게 되다(=丢脸 diū//liǎn)
□ 丢失 [diū shī 띠우 쓰]	동 잃어버리다, 분실하다
■ 东 [dōng 똥]	명 동녘, 동쪽, 주인, 주인역(主人役), 초대자
■ 东西 [dōng·xi 똥 시]	명 물건, 물품, 음식, (추상적인) …것, 〈욕설〉 놈, 자식, 새끼
■ 冬天 [dōng tiān 똥 티앤]	명 겨울
■ 懂 [dǒng 동]	동 이해하다, 알다
□ 懂得 [dǒng·de 동 더]	동 (뜻·방법 등을) 알다, 이해하다
□ 懂事 [dǒng//shì 동 쓰]	형 사리에 밝다, 철이 들다, 세상 물정을 이해하다

■ 动 [dòng 똥]	동 움직이다, 행동하다, 불러일으키다, (마음이) 움직이다, 건드리다
□ 动荡 [dòng dàng 똥 땅]	동 출렁이다, 흔들리다, (정세·상황이) 동요하다
□ 动机 [dòng jī 똥 찌]	명 동기, 의도
□ 动静 [dòng·jing 똥 징]	명 인기척, 기척, 동정, 동태
□ 动人 [dòng rén 똥 런]	형 감동적이다 동 감동시키다
□ 动身 [dòng//shēn 똥 썬]	동 (길을) 떠나다, 출발하다
□ 动手 [dòng//shǒu 똥 소우]	동 손찌검을 하다, 손을 대다, 착수[시작]하다
□ 动手术 [dòng shǒu shù 똥 소우 쑤]	동 수술(手術)을 하다[받다], 〈비유〉 대대적인 개혁을 실시하다
■ 动物 [dòng wù 똥 우]	명 동물
□ 动摇 [dòng yáo 똥 야오]	동 동요하다, 흔들리다, 동요시키다, 흔들리게 하다

| 76 |

☐ 动员 [dòng yuán 똥 위앤]	동 (군대·사람을) 동원하다, 전시 체재로 바꾸다, 일깨우다 명 동원
■ 都 [dōu 또우]	부 모두, 전부, 이미, 벌써, 심지어, …조차도, …까지도
☐ 斗争 [dòu zhēng 또우 쩡]	동 싸우다, 투쟁하다, 분투 노력하다 명 투쟁
☐ 督促 [dū cù 뚜 추]	동 독촉하다, 재촉하다 명 독촉, 재촉, 감독
☐ 独立 [dú lì 두 리]	동 혼자 서다, 독립하다, 독자적으로 하다
☐ 独特 [dú tè 두 터]	형 독특하다, 특별하다, 특수하다
■ 读 [dú 두]	동 읽다, 열독하다, 공부하다, 낭독하다 명 (글자·단어의) 독음(讀音)
☐ 读书 [dú//shū 두 쑤]	동 독서하다, 책을 읽다, 공부하다, 학교를 다니다
☐ 堵 [dǔ 두]	동 가로막(히)다, 답답해지다, 우울해지다 명 〈문어〉 담장, 울타리
☐ 堵车 [dǔ chē 두 처]	명 교통 체증 동 차가 막히다

단어	뜻
■ 肚子 [dù·zi 뚜 즈]	명 복부(腹部), 배, 물체의 볼록하게 돌출된 부분
□ 肚子疼 [dù·zi téng 뚜 즈 텅]	동 배가 아프다
■ 短 [duǎn 두안]	형 (길이·시간이) 짧다 동 결여되다, 부족하다 명 단점, 흠
□ 短期 [duǎn qī 두안 치]	명 단기, 단기간, 짧은 기한
□ 短缺 [duǎn quē 두안 취에]	명 결핍 동 (인력·물자가) 모자라다, 부족하다
□ 短暂 [duǎn zàn 두안 짠]	형 (시간이) 짧다
■ 段 [duàn 뚜안]	양 토막, 조각, 기간, 단계, 단락, 대목 명 수단, 방법
■ 对 [duì 뚜이]	개 …에게, …을 향하여 양 쌍, 짝 동 대답하다, (상)대하다, 맞추다
□ 对待 [duì dài 뚜이 따이]	동 (어떤 태도로 사람·일을) 대하다, 다루다, 대처하다
□ 对劲(儿) [duì jìn(r) 뚜이 찐]	동 마음에 들다, 마음이 잘 맞다, 적합하다, 사이가 좋다, 의기투합하다

对立 [duì lì 뚜이 리]	명 대립, 반대 동 대립하다
对面 [duì miàn 뚜이 미앤]	명 맞은편, 반대편, 바로 앞 동 맞대면하다, 얼굴을 마주 보다
■ 对于 [duì yú 뚜이 위]	개 …에 대하여, …에 관하여 [동작·사태 설명의 대상을 나타냄]
■ 顿 [dùn 뚠]	동 (머리를) 조아리다, (잠시) 멈추다, 피로해지다 양 끼니, 번, 차례
顿时 [dùn shí 뚠 스]	부 〈문어〉 갑자기, 문득, 별안간, 일시에
■ 多 [duō 뚜오]	형 (수량이) 많다 동 지나치게 …하다 부 얼마나, (제)아무리
■ 多少 [duō shǎo 뚜오 사오]	부 다소간에, 많든 적든, 다소, 조금 명 수량의 많고 적음, 분량
■ 多少 [duō·shao 뚜오 사오]	대 얼마, 몇, 얼마 [부정(不定)의 수량을 나타냄]
多数 [duō shù 뚜오 쑤]	명 다수, 많은 수 부 대개, 대체로
夺 [duó 두오]	동 강제로 빼앗다, 쟁취하다, 박탈하다, 밀고 나가다, 바꾸다

| 79 |

단어	뜻
□ 夺取 [duó qǔ 두오 취]	동 (무력으로) 탈취하다, 강탈하다, 빼앗다, 애써 얻다, 쟁취하다
■ 朵 [duǒ 두오]	양 송이 [꽃·구름 등을 셀 때]
□ 躲 [duǒ 두오]	동 숨다, 은폐하다, 피하다, 비키다
□ 躲避 [duǒ bì 두오 삐]	동 비키다, (법망을) 피하다, (불리한 일을) 회피하다, 물러서다
□ 躲闪 [duǒ shǎn 두오 산]	동 몸을 살짝 비키다[피하다], (재빨리 몸을) 피하다
□ 舵手 [duò shǒu 뚜오 소우]	명 키잡이, 조타수, 〈비유〉 지도자
□ 堕落 [duò luò 뚜오 뤄]	동 떨어지다, 영락(零落)하다, 쇠락하다, (정치가) 부패하다, 타락하다

**CHINESE
KOREAN
WORDS
DICTIONARY**

E

E

- 额 [é 어]
  - 명 이마, 액자, 액틀, 한정된 수량[분량]

- 额外 [é wài 어 와이]
  - 형 정액[정원] 외의, 초과의, 지나친, (어떤 한도를) 벗어난

- 恶心 [ě·xin 어 신]
  - 명 오심, 구역질 동 메스껍다, 구역질나다, 〈전용〉 혐오감을 일으키다

- ■ 恶 [è 어]
  - 형 악하다, 나쁘다, 흉포하다
  - 명 악, 악행, 〈문어〉 악인

- 恶毒 [è dú 어 두]
  - 형 악독하다, 악랄하다

- 恶化 [è huà 어 화]
  - 동 악화되다, 나쁘게 되다, 나빠지다

- 恶劣 [è liè 어 리에]
  - 형 열악하다, 아주 나쁘다, 사악하다, 악질이다

- 恶习 [è xí 어 시]
  - 명 악습, 나쁜 습관, 고약한 버릇

- 恶性 [è xìng 어 씽]
  - 형 악성의, 악질의

■ 饿 [è 어]	형 배고프다 동 굶(기)다, 굶주리다
□ 恩爱 [ēn'ài 언 아이]	명 (부부간의) 애정 형 (부부의) 금실이 좋다, 사랑이 깊다
□ 恩赐 [ēn cì 언 츠]	명 은사(恩賜), 베풀어 주는 물건 동 (가엾이 여겨) 베풀다, 하사하다
□ 恩惠 [ēn·huì 언 후이]	명 은혜
□ 摁 [èn 언]	동 손(가락)으로 누르다
□ 儿 [ér 얼]	접미 1. 명사 뒤에 붙음 2. 양사·형용사·동사 뒤에 붙어 명사화시킴
□ 儿童 [ér tóng 얼 퉁]	명 아동, 어린이
■ 儿子 [ér·zi 얼 즈]	명 아들
■ 而 [ér 얼]	접 …이나, …지만, …하고(도), (…부터) …까지
□ 而后 [ér hòu 얼 호우]	접 이후에, 연후에

■ 而且 [ér qiě 얼 치에]	접 게다가, 또한, …뿐만 아니라, 더욱이
□ 耳边风 [ěr biān fēng 얼 삐앤 펑]	명 〈비유〉 중요하게 여기지 않는 말, 마이동풍
■ 耳朵 [ěr·duo 얼 두오]	명 귀
□ 耳环 [ěr huán 얼 후안]	명 귀고리, 귀걸이
□ 耳机 [ěr jī 얼 찌]	명 수화기, 이어폰(earphone), 리시버(receiver)
□ 耳目 [ěr mù 얼 무]	명 이목, 귀와 눈, 남[세간]의 이목, 밀정, 스파이, 견문, 식견
■ 二 [èr 얼]	수 둘, 2, 제2, 둘째, 두번, 다음번째 형 다른, 두 가지의
□ 二话 [èr huà 얼 화]	명 두 말, 딴소리, 다른 말, 불평, 불만
□ 二心 [èr xīn 얼 씬]	명 두 마음, 딴마음, 이심(異心), 열의가 없음, 전심(專心)하지 않음

CHINESE
KOREAN
WORDS
DICTIONARY

F

F

- **发**
  [fā 파]
  동 보내다, 발사하다, 발생하다, 발표하다, 번창하다, 발효하다

- **发表**
  [fā biǎo 파 비아오]
  명 발표, 공표
  동 발표하다, 공포하다

- **发出**
  [fā chū 파 추]
  동 (소리 등을) 내다, (명령·지시를) 내리다, (원고·편지를) 발송하다

- **发达**
  [fā dá 파 다]
  동 발달하다, 향상되다, 발전시키다, 번성하다, 경기가 좋다, 출세하다

- **发电子邮件**
  [fā diàn zǐ yóu jiàn 파 띠앤 즈 요우 찌앤]
  동 전자우편[이메일(E-mail)]을 보내다

- **发动**
  [fā dòng 파 똥]
  동 기계를 움직이다, 시동 걸다, 동원하다, 개시하다, 돌입하다

- **发挥**
  [fā huī 파 후이]
  동 (능력·작용을) 발휘하다, (의사·사상을) 발표하다, 표현해내다

- **发觉**
  [fā jué 파 쥐에]
  동 발견하다, 발각하다, 알아차리다, 눈치채다, 깨닫다

- **发冷**
  [fā lěng 파 렁]
  동 오한이 들다, 오한이 나다

发明 [fā míng 파 밍]	명 발명, 발명품 동 발명하다, 〈문어〉 설명하다
发烧 [fā//shāo 파 싸오]	동 열이 나다 명 (병으로 인한) 발열
发生 [fā shēng 파 썽]	동 생기다, 발생하다, 일어나다, 왕성하게 되다
发誓 [fā//shì 파 쓰]	동 맹세하다
发现 [fā xiàn 파 씨앤]	명 발견 동 발견하다, 찾다, 발각되다, 나타나다
发扬 [fā yáng 파 양]	동 발양하다, 발휘하다, 활용하다
发展 [fā zhǎn 파 잔]	동 발전하다, (조직·규모 등을) 확장하다, 확충하다
■ 法 [fǎ 파]	명 법, 방법, 방식, 표준, 모범 동 본받다, 모방하다
法办 [fǎ bàn 파 빤]	동 법에 따라 처리하다, 법에 의해 처벌하다
法定 [fǎ dìng 파 띵]	형 법정의, 법률이 규정한

□ **法网** [fǎ wǎng 파 왕]	몡 〈비유〉 법망, 엄밀한 법률 제도
□ **法治** [fǎ zhì 파 쯔]	몡 법치 동 법률에 의거하여 통치하다
□ **发夹(子)** [fà jiā (·zi) 파 찌아 (즈)]	몡 머리핀
■ **翻译** [fān·yì 판 이]	몡 번역(자), 통역(자) 동 번역하다, 통역하다
□ **凡是** [fán shì 판 쓰]	뷔 대체로, 무릇, 모두
□ **烦恼** [fán nǎo 판 나오]	몡 고민, 번뇌, 걱정 동 고민[번뇌]하다, 걱정하다
□ **烦琐** [fán suǒ 판 수오]	혱 번거롭다, 너더분하다, 장황하다, 자질구레하다
□ **繁荣** [fán róng 판 롱]	몡 번성, 번영, 번창 혱 (식물이) 무성하다, 발전[번영]하다
□ **反对** [fǎn duì 판 뚜이]	몡 반대 동 반대하다
□ **反而** [fǎn'ér 판 얼]	뷔 오히려, 반대로, 역으로, 도리어 접 그런데, 글쎄 말이지

反复 [fǎn fù 판 푸]	형 반복하다, 되풀이하다, 변덕스럽다, (병이) 도지다
反击 [fǎn jī 판 찌]	명 반격, 역습 동 반격하다, 역습하다
反抗 [fǎn kàng 판 캉]	명 반항, 저항 동 반항하다, 저항하다
反响 [fǎn xiǎng 판 시앙]	명 반향, 메아리 동 반향하다, 메아리치다
反应 [fǎn yìng 판 잉]	명 〈심리〉 반응, (어떤 일에 대한) 반응, 반향 동 반응하다
反映 [fǎn yìng 판 잉]	동 반영하다, 전달하다, 알게 하다, 반사되다 명 반영
返场 [fǎn//chǎng 판 창]	명 앙코르(encore 프), 재연주
返回 [fǎn huí 판 후이]	동 (원래의 곳으로) 되돌아가다[오다], 귀환하다
■ 饭 [fàn 판]	명 밥, 식사, 생활
■ 饭店 [fàn diàn 판 띠앤]	명 여관, 호텔(Hotel), 〈방언〉 식당, 레스토랑

饭碗 [fàn wǎn 판 완]	몡 밥그릇, 밥공기
饭桌 [fàn zhuō 판 쭈오]	몡 식탁
范围 [fàn wéi 판 웨이]	몡 범위, 한계 동 〈문어〉 제한하다, 개괄하다
方便 [fāng biàn 팡 삐앤]	형 편리하다, 적당하다, 넉넉하다 동 (대소)변을 보다, 편의를 꾀하다
方便面 [fāng biàn miàn 팡 삐앤 미앤]	몡 (인스턴트) 라면
■ 方法 [fāng fǎ 팡 파]	몡 방법, 수단, 방식
方式 [fāng shì 팡 쓰]	몡 방식, 방법, 양식
■ 方向 [fāng xiàng 팡 씨앙]	몡 방향, 목표
方针 [fāng zhēn 팡 쩐]	몡 방침
防守 [fáng shǒu 팡 소우]	동 방위하다, 수비하다 몡 방위, 수비

防御 [fáng yù 팡 위]	몡 방어 동 방어하다
防止 [fáng zhǐ 팡 즈]	동 방지하다
防治 [fáng zhì 팡 쯔]	몡 예방 치료 동 예방 치료하다, 퇴치하다
妨碍 [fáng'ài 팡 아이]	동 방해하다, 훼방 놓다, 장애를 주다
房东 [fáng dōng 팡 똥]	몡 집주인
房间 [fáng jiān 팡 찌앤]	몡 방
■ 房子 [fáng·zi 팡 즈]	몡 집, 건물
访问 [fǎng wèn 팡 원]	몡 방문 동 방문하다, 찾아보다, 물어서 찾다[밝히다]
仿造 [fǎng zào 팡 짜오]	몡 모조 동 모조하다
仿照 [fǎng zhào 팡 짜오]	동 (원형대로) 본뜨다, 의거하다, 따르다

■ 放 [fàng 팡]	동 놓다, 두다, 놓아주다, 풀어주다, 쉬다, 내버려두다, 보류하다
□ 放开 [fàng·kāi 팡 카이]	동 크게 하다, 제한을 없애다, 길게 하다, 넓히다, 놓아주다, 석방하다
□ 放慢 [fàng màn 팡 만]	동 (걸음을) 늦추다
□ 放弃 [fàng qì 팡 치]	동 (권리·주장·의견 등을) 포기하다, 철회하다, 버리다
□ 放任 [fàng rèn 팡 런]	동 방임하다
□ 放手 [fàng//shǒu 팡 소우]	동 손을 떼다[놓다], 마음놓고 하다, 내버려 두다, 중지하다
□ 放肆 [fàng sì 팡 쓰]	형 방자하게 굴다, 제멋대로 하다, 난폭하다
□ 放松 [fàng sōng 팡 쏭]	동 늦추다, 느슨하게 하다, 관대하게 하다, 풀어주다, 방면하다
■ 放心 [fàng//xīn 팡 씬]	동 마음을 놓다, 안심하다
□ 放纵 [fàng zòng 팡 쫑]	형 방종하다, 예의에 어긋나다 동 내버려 두다, 방임하다

■ 飞 [fēi 페이]	동 날다, 비행하다, 휘날리다, 던지다 부 매우 빨리, 나는 듯이 형 뜻밖의
■ 飞机 [fēi jī 페이 찌]	명 비행기, 항공기
□ 飞行 [fēi xíng 페이 싱]	명 비행 동 비행하다
□ 飞行员 [fēi xíng yuán 페이 싱 위앤]	명 (비행기) 조종사, 파일럿
□ 非常 [fēi cháng 페이 창]	형 비상한, 특별하다, 예사롭지 않다 부 대단히, 매우, 극도로
□ 非法 [fēi fǎ 페이 파]	명 불법 형 비합법적이다, 불법적이다
□ 诽谤 [fěi bàng 페이 빵]	동 비방하다, 헐뜯다
□ 废 [fèi 페이]	동 포기하다, 폐기[폐지]하다 형 쓸데없다, 불구의, 황폐하다
□ 废除 [fèi chú 페이 추]	동 (법령·조약 등을) 폐지하다, 파기하다, 취소하다
□ 肺脏 [fèi zàng 페이 짱]	명 〈생리〉 폐, 폐장

F

■ **费** [fèi 페이]	동 (금전·노력 등을) 쓰다, 지불하다, 낭비하다 명 비용, 수수료
□ **费力** [fèi//lì 페이 리]	동 애쓰다, 힘을 소모하다, 힘들다
□ **费心** [fèi//xīn 페이 씬]	동 마음을 쓰다, 신경쓰다, 걱정하다, 〈상투어〉 귀찮으시겠습니다
■ **分** [fēn 펀]	동 나누다, 분배하다, 분별하다 양 분(수·시간·각도), 전(화폐), 점
□ **分别** [fēn bié 펀 비에]	동 이별하다, 가리다, 분별하다 명 구별, 식별 부 따로, 각각
□ **分割** [fēn gē 펀 꺼]	동 분할하다, 갈라놓다
□ **分解** [fēn jiě 펀 지에]	동 분해하다, 분열되다, 화해시키다, 〈화학〉 분해하다
□ **分居** [fēn//jū 펀 쮜]	동 별거하다, 따로 따로 살다, 분가하다
□ **分离** [fēn lí 펀 리]	동 분리하다, 떼어 놓다, 헤어지다
□ **分裂** [fēn liè 펀 리에]	명 분열, 결별 동 분열하다, 분열시키다, 결별하다

□ 分明 [fēn míng 펀 밍]	형 분명하다, 명확하다, 뚜렷하다 부 분명히, 뚜렷이, 확실히
□ 分配 [fēn pèi 펀 페이]	명 동 분배(하다)[나누다], 할당(하다), 배속(하다), 배치(하다)
□ 分歧 [fēn qí 펀 치]	동 불일치하다, 어긋나다, 갈라지다 명 (의견 등의) 불일치, 상이
□ 分散 [fēn sàn 펀 싼]	동 분산하다[시키다], 널리 배부[배포]하다 명 분산
□ 分析 [fēn·xi 펀 시]	명 분석 동 분석하다
□ 吩咐 [fēn·fu 펀 푸]	동 〈구어〉 분부하다, (말로) 시키다, 명하다, 지시하다
■ 粉笔 [fěn bǐ 펀 비]	명 분필, 백묵
□ 粉碎 [fěn suì 펀 쑤이]	동 분쇄하다, 가루로 만들다, 으깨다, 깨지다
□ 奋斗 [fèn dòu 펀 또우]	동 분투하다, 싸우다, 노력하다
□ 愤怒 [fèn nù 펀 누]	명 분노, 격노, 노여움 형 분노[격분]하다, 노여워하다

단어	뜻
□ 丰产 [fēng chǎn 펑 찬]	명 풍작, 다수확
□ 丰富 [fēng fù 펑 푸]	형 풍부하다, 많다, 풍족하다 동 풍부하게[넉넉하게] 하다
□ 丰盛 [fēng shèng 펑 썽]	형 풍성하다, 풍부하다, 성대하다, 호화롭다, 무성하다
□ 丰收 [fēng shōu 펑 쏘우]	명 풍작 동 풍작이 들다
■ 风 [fēng 펑]	명 바람, 풍속, 습관 동 바람의 힘으로 …하다 형 바람에 말린
□ 风度 [fēng dù 펑 뚜]	명 풍도, 풍채, 훌륭한 태도, 풍모
□ 风格 [fēng gé 펑 거]	명 풍격, 품격, 기풍, (예술 작품에 표현된) 특징
□ 风俗 [fēng sú 펑 수]	명 풍속, 풍습
□ 疯 [fēng 펑]	명 실성, 정신이상 동 미치다, 실성하다, (농작물이) 웃자라다
■ 封 [fēng 펑]	동 봉하다, 밀폐하다, 제한하다 양 통, 꾸러미

□ 佛教 [Fó jiào 포 찌아오]	명 〈종교〉 불교
□ 否定 [fǒu dìng 포우 띵]	명 동 부정(하다), 취소(하다), 거부(하다) 형 부정의, 부정적인
□ 否则 [fǒu zé 포우 저]	접 〈문어〉 (만약) 그렇지 않으면
□ 夫妻 [fū qī 푸 치]	명 부부
□ 夫人 [fū·ren 푸 런]	명 부인 [아내의 높임말]
□ 肤浅 [fū qiǎn 푸 치앤]	형 (학식·이해가) 얕다, 옅다, 천박하다
□ 服从 [fú cóng 푸 총]	명 복종, 종속 동 따르다, 복종하다, 종속하다
■ 服务 [fú//wù 푸 우]	동 근무[복무]하다, 봉사하다, 서비스하다
□ 服务台 [fú wù tái 푸 우 타이]	명 프런트 데스크
□ 符合 [fú hé 푸 허]	동 부합하다[되다], 일치하다, 맞다, 따르다

□ 腐烂 [fǔ làn 푸 란]	형 썩다, 부패하다, 부식(腐蝕)하다, (제도·조직 등이) 부패하다
■ 父亲 [fù·qīn 푸 친]	명 부친, 아버지
□ 付款 [fù//kuǎn 푸 쿠안]	동 돈을 지불하다[지급하다] 명 지불, 지급
□ 负担 [fù dān 푸 딴]	명 부담, 책임 동 부담하다, 책임지다
□ 附近 [fù jìn 푸 찐]	명 부근, 근처 형 부근에, 근처에
□ 复杂 [fù zá 푸 자]	형 복잡하다
□ 复制 [fù zhì 푸 쯔]	동 복제하다, (파일을) 카피하다 명 복제
□ 富有 [fù yǒu 푸 요우]	형 부유하다, 풍부하다, 강하다
□ 富裕 [fù yù 푸 위]	형 부유하다, 풍족하다 동 부유하게 하다

CHINESE
KOREAN
WORDS
DICTIONARY

G

G

- **改** [gǎi 가이]
  - 동 (잘못을) 고치다, 바로잡다, 변하다, 바꾸다, 수정[정정]하다

- 改变 [gǎi biàn 가이 삐앤]
  - 동 달라지다, 바꾸다, 변경하다, 변화시키다

- 改革 [gǎi gé 가이 거]
  - 명 개혁
  - 동 개혁하다

- 改进 [gǎi jìn 가이 찐]
  - 동 개진하다, 개선하다, 개량하다

- 改良 [gǎi liáng 가이 리앙]
  - 명 개량
  - 동 개량하다, 개선하다

- 改善 [gǎi shàn 가이 싼]
  - 명 개선
  - 동 개선하다

- 改造 [gǎi zào 가이 짜오]
  - 명 개조, 개혁
  - 동 개조하다, 개혁하다

- 改正 [gǎi zhèng 가이 쩡]
  - 명 개정, 정정
  - 동 개정하다, 시정하다, 정정하다

- **盖** [gài 까이]
  - 명 덮개, 뚜껑, 차의 차양
  - 동 덮다, 감추다, (도장을) 찍다

盖世 [gài shì 까이 쓰]	동 〈문어〉 (재능·공적 등이) 세상에서 으뜸이다, 세상을 압도하다
概括 [gài kuò 까이 쿼]	명동 개괄(하다), 총괄(하다) 형 간단 명료하다
干 [gān 깐]	형 마르다, 건조하다 동 〈방언〉 푸대접하다 부 헛되이, 공연히
干脆 [gān cuì 깐 추이]	형 (말·일 처리가) 명쾌하다, 간단 명료하다 부 아예, 차라리
干净 [gān jìng 깐 찡]	형 깨끗하다, 깔끔하다, 남은 것이 없다 동 책임을 회피하려고 하다
干酪 [gān lào 깐 라오]	명 치즈
干扰 [gān rǎo 깐 라오]	동 교란시키다, 방해하다, 〈전자〉 (전파 신호를) 방해하다
干涉 [gān shè 깐 써]	명 간섭, 관계 동 간섭하다, 관계하다
干燥 [gān zào 깐 짜오]	형 건조하다, (말·문장 등이) 무미 건조하다, 재미가 없다
肝脏 [gān zàng 깐 짱]	명 〈생리〉 간, 간장

■ 赶 [gǎn 간]	동 따라가다, 뒤쫓다, 서두르다, 쫓아버리다, 마침 …하다
■ 赶快 [gǎn kuài 간 콰이]	부 재빨리, 어서, 얼른
□ 赶忙 [gǎn máng 간 망]	부 서둘러, 급히, 얼른, 바삐, 재빨리
■ 敢 [gǎn 간]	조동 감히 …하다, 대담하게 …하다 형 용감하다, 대담하다
□ 感动 [gǎn dòng 간 똥]	동 감동하다[되다], 감동시키다
□ 感激 [gǎn·jī 간 찌]	동 감격하다, 감사하다, (마음이) 격하다 명 감격
□ 感觉 [gǎn jué 간 쥐에]	명 감각, 느낌 동 느끼다, 감지하다, 여기다
□ 感冒 [gǎn mào 간 마오]	명 감기 동 감기에 걸리다
□ 感情 [gǎn qíng 간 칭]	명 감정, 애정, 친근감
□ 感染 [gǎn rǎn 간 란]	동 감염되다, 감동시키다, 영향을 주다 명 감화, 감동, 영향

□ 感受 [gǎn shòu 간 쏘우]	명 느낌, 감상, 인상 동 (영향을) 받다, 감수하다, 체득하다
□ 感想 [gǎn xiǎng 간 시앙]	명 감상, 소감
□ 感谢 [gǎn xiè 간 씨에]	명 감사 동 감사하다
□ 感兴趣 [gǎn xìng qù 간 씽 취]	형 흥미를 느끼다
■ 干 [gàn 깐]	동 (일을) 하다, 담당하다, 잘못되다 명 (나무의) 줄기, (사물의) 주체
■ 刚 [gāng 깡]	형 단단하다, 강하다, 굳세다 부 막, 금방, …하자마자, 마침
■ 刚才 [gāng·cái 깡 차이]	부 방금, 금방, 막, 조금 전
■ 钢笔 [gāng bǐ 깡 비]	명 펜, 만년필, (등사용) 철필
■ 高 [gāo 까오]	형 (높이·등급이) 높다, 뛰어나다, 크다, 나이가 많다 명 높이
□ 高尔夫球 [gāo'ěr fū qiú 까오 얼 푸 치우]	명 〈체육〉 골프, 골프공

高跟(儿)鞋 [gāo gēn(r) xié 까오 껀 시에]	명 하이힐, 굽이 높은 구두
高级公寓 [gāo jí gōng yù 까오 지 꽁 위]	명 고급 아파트, 맨션
高尚 [gāo shàng 까오 쌍]	형 고상하다
高速公路 [gāo sù gōng lù 까오 쑤 꽁 루]	명 고속도로
■ 高兴 [gāo xìng 까오 씽]	동 좋아하다, 기뻐하다, 즐거워하다 형 즐겁다, 기쁘다, 유쾌하다
高原 [gāo yuán 까오 위앤]	명 고원
高中 [gāo zhōng 까오 쫑]	명 〈약칭〉 고등학교(高级中学)
■ 搞 [gǎo 가오]	동 하다, 마련하다, (…을) 만들다, 어떤 관계를 맺다
搞鬼 [gǎo//guǐ 가오 구이]	동 음모를 꾸미다, 수작을 부리다
告别 [gào//bié 까오 비에]	동 고별하다, 헤어지다, 작별인사를 하다, 영결하다, 애도를 표시하다

告辞 [gào//cí 까오 츠]	동 (주인에게) 작별을 고하다, 헤어지다
■ 告诉 [gào·su 까오 수]	동 알리다, 고하다, 말하다
■ 哥哥 [gē·ge 꺼 거]	명 형, 오빠, 친척 형, 친척 오빠
胳膊 [gē·bo 꺼 보]	명 팔
鸽子 [gē·zi 꺼 즈]	명 〈동물〉 비둘기
歌剧 [gē jù 꺼 쮜]	명 가극, 오페라
歌手 [gē shǒu 꺼 소우]	명 가수, 노래 잘 부르는 사람
歌颂 [gē sòng 꺼 쏭]	동 찬양하다, 찬미하다, 칭송하다, 노래하다
革新 [gé xīn 거 씬]	명 혁신 동 혁신하다
格式 [gé·shi 거 스]	명 격식, 양식, 서식, 규칙

格式化 [gé·shi huà 거 쓰 화]	동 (컴퓨터를) 포맷하다, 초기화하다
■ 个 [gè 꺼]	양 개, 명 [전반적으로 두루 쓰임] 형 단독의 명 (사람의) 키
□ 个别 [gè bié 꺼 비에]	형 개별의, 개개의, 극소수의, 일부의, 〈구어〉 유별나다, 괴팍하다
■ 个人 [gè rén 꺼 런]	명 개인, 저 (자신), 나 (자신), 〈문어〉 그 사람
□ 个性 [gè xìng 꺼 씽]	명 개성, 〈철학〉 개별성
□ 个子矮 [gè·zi ǎi 꺼 즈 아이]	형 키가 작다
□ 个子高 [gè·zi gāo 꺼 즈 까오]	형 키가 크다
■ 各 [gè 꺼]	대 여러, 모든, 여러 가지, 갖가지 부 각각, 각자
□ 各别 [gè bié 꺼 비에]	형 개별의, 개개의, 〈방언〉 색다르다, 독특하다
■ 给 [gěi 게이]	동 주다, 바치다, 허용하다 개 …에게, …를 위하여, …에 의하여

给面子 [gěi miàn·zi 게이 미앤 즈]	체면을 세워 주다[봐주다]
给以 [gěi//yǐ 게이 이]	동〈문어〉주다 [목적어가 뒤에 옴]
根 [gēn 껀]	명 뿌리, 밑부분, 자손, 근원, 근거 양 가닥, 대 [가늘고 긴 것을 셀 때]
根本 [gēn běn 껀 번]	명 기초, 근본 형 기본적이다, 중요하다 부 철저히, 근본적으로
根据 [gēn·jù 껀 쮜]	명 근거 동 근거하다, 의거하다, (…을) 따르다
根源 [gēn yuán 껀 위앤]	명 근원, 원천, 뿌리
跟 [gēn 껀]	명 뒤꿈치 동 뒤따르다, 좇아가다 접 …와[과] 개 …와[과], …에게
更 [gēng 껑]	동 바꾸다, 고치다, 〈문어〉대체하다, 경험하다, 겪다
更正 [gēng zhèng 껑 쩡]	동 (틀리거나 실수를) 정정하다, 잘못을 바로 고치다
耕 [gēng 껑]	동 (밭을) 갈다, 〈비유〉생계를 도모하다

■ 工厂 [gōng chǎng 꽁 창]	명 공장
■ 工程 [gōng·chéng 꽁 청]	명 공사, 공정
■ 工夫 [gōng·fu 꽁 푸]	명 시간, 여가, 짬[틈], 솜씨, 재주, 노력[품], 〈방언〉 시(時), 때
□ 工钱 [gōng·qian 꽁 치앤]	명 공전, 품삯, 〈구어〉 노임, 임금
□ 工资 [gōng zī 꽁 쯔]	명 임금, 노임, 월급
■ 工作 [gōng zuò 꽁 쭤]	동 일하다, 노동하다, 작동하다 명 사업, 일, 노동, 일자리, 직업
□ 公布 [gōng bù 꽁 뿌]	동 공포하다, 공표하다
■ 公尺 [gōng chǐ 꽁 츠]	양 미터(meter)
■ 公共汽车 [gōng gòng qì chē 꽁 꽁 치 처]	명 시내버스, 버스
■ 公斤 [gōng jīn 꽁 찐]	양 킬로그램(kg)

■ 公里 [gōng lǐ 꽁 리]	양 킬로미터(km)
■ 公司 [gōng sī 꽁 쓰]	명 회사, 기업
□ 公寓 [gōng yù 꽁 위]	명 아파트, 공동 주택
■ 公园 [gōng yuán 꽁 위앤]	명 공원
□ 功夫 [gōng·fu 꽁 푸]	명 노력 동 노력하다
■ 功课 [gōng kè 꽁 커]	명 수업, 강의, 학습, 학과목, (숙제·예습 등의) 공부
□ 功劳 [gōng·láo 꽁 라오]	명 공로, 공훈
□ 攻击 [gōng jī 꽁 찌]	명 공격, 비난 동 공격하다, 비난하다, 헐뜯다
□ 攻克 [gōng kè 꽁 커]	동 점령하다, 정복하다, 함락시키다
□ 供给 [gōng jǐ 꽁 지]	명 공급, 지급 동 공급하다, 지급하다

□ 供应 [gōng yìng 꽁 잉]	몡 제공, 공급, 보급 동 제공하다, 공급하다, 보급하다
■ 恭喜 [gōng xǐ 꽁 시]	동 축하하다
□ 巩固 [gǒng gù 공 꾸]	동 공고히 하다, 튼튼히 다지다 형 공고하다, 튼튼하다, 견고하다
□ 共性 [gòng xìng 꽁 씽]	몡 공통성
□ 贡献 [gòng xiàn 꽁 씨앤]	몡 공헌, 기여 동 공헌하다, 기여하다
□ 勾结 [gōu jié 꼬우 지에]	몡 결탁, 공모 동 결탁하다, 공모하다
■ 狗 [gǒu 고우]	몡 〈동물〉 개, 〈비유〉 앞잡이, 주구
□ 构成 [gòu chéng 꼬우 청]	몡 구성, 형성 동 구성하다, 형성하다, 조성하다
□ 购款 [gòu kuǎn 꼬우 쿠안]	몡 구입 대금, 구입 금액
□ 购买 [gòu mǎi 꼬우 마이]	몡 구매, 구입 동 구매하다, 구입하다

购物中心 [gòu wù zhōng xīn 꼬우 우 쭝 씬]	명 쇼핑센터
够 [gòu 꼬우]	형 (수량·시간 등이) 충분하다, 넉넉하다 부 충분히, 대단히, 몹시
孤单 [gū dān 꾸 딴]	형 외롭다, 쓸쓸하다, 고독하다, (힘이) 미약하다
孤独 [gū dú 꾸 두]	형 외롭다, 고독하다, 쓸쓸하다
孤立 [gū lì 꾸 리]	형 고립되어 있다, 외롭다 동 고립하다, 고립시키다
姑姑 [gū·gu 꾸 구]	명 〈구어〉 고모
姑娘 [gū·niang 꾸 니앙]	명 처녀, 아가씨, 딸
古 [gǔ 구]	형 낡다, 오래되다, 옛날의 명 옛날, 고대
古典 [gǔ diǎn 구 디앤]	명 고전, 전고(典故), 고대의 의식
骨头 [gǔ·tou 구 토우]	명 뼈, 〈비유〉 체신, 고상한 품격

鼓动 [gǔ dòng 구 똥]	图 선동하다, 부추기다, 고무하다, 고취하다
鼓励 [gǔ lì 구 리]	图 격려하다, 북돋(우)다
鼓舞 [gǔ wǔ 구 우]	图 고무하다, 북돋우다, (기뻐서) 흥분하다, 흥분시키다
固定 [gù dìng 꾸 띵]	형 고정되다, 일정하다, 불변하다 图 고정시키다, 정착시키다
■ 故事 [gù·shi 꾸 스]	명 고사, 옛이야기, 플롯(plot), 줄거리
顾客 [gù kè 꾸 커]	명 고객, 손님
刮 [guā 꾸아]	图 (칼날로) 벗기다, 깎다, (재물을) 긁다, 착취하다, (바람이) 불다
刮风 [guā//fēng 꾸아 펑]	图 바람이 불다
■ 挂 [guà 꽈]	图 (고리·못 등에) 걸다, 전화를 걸다, 걸어올리다, 염려하다
■ 怪 [guài 꽈이]	명 괴물, 요괴 图 탓하다, 책망하다 형 이상[괴상]하다 图 아주, 매우

| 112 |

怪物 [guài·wu 꽈이 우]	명 괴물, 성격이 괴팍한 사람
■ 关 [guān 꾸안]	동 닫다, (스위치를) 끄다, 가두다, 감금되다, 문을 닫다, 관련되다
□ 关怀 [guān huái 꾸안 후아이]	동 보살피다, 관심을 보이다, 배려하다
□ 关键 [guān jiàn 꾸안 찌앤]	명 관건, 키포인트, 열쇠 형 결정적이다, 매우 중요하다
□ 关节 [guān jié 꾸안 지에]	명 〈생리〉 관절, 뼈마디, 〈기계〉 이음매, 〈전용〉 중요한 부분[시기]
□ 关头 [guān tóu 꾸안 토우]	명 고비, 일의 중요한 시기, 분기점, 전환점
■ 关系 [guān·xi 꾸안 시]	명 (사물·사람 간의) 관계, 사이, 관련, 영향 동 관련되다, 영향을 주다
□ 关心 [guān//xīn 꾸안 씬]	동 관심을 기울이다, 관심을 가지다
■ 关于 [guān yú 꾸안 위]	개 …에 대하여, …에 관하여, …에 관한
□ 关照 [guān zhào 꾸안 짜오]	동 돌보다, 보살피다, (구두로) 통지하다, 알려 주다

观测 [guān cè 꾸안 처]	동 관측하다, (상황을) 살피다, 관찰하다
观察 [guān chá 꾸안 차]	동 관찰하다, 조사하다
观点 [guān diǎn 꾸안 디앤]	명 관점, 견해, 입장
■ 观光 [guān guāng 꾸안 꾸앙]	동 관광하다, 여행하다, 참관[견학]하다 명 관광
观看 [guān kàn 꾸안 칸]	동 관람하다, 자세히 보다, 관찰하다
观念 [guān niàn 꾸안 니앤]	명 관념, 생각
观望 [guān wàng 꾸안 왕]	동 둘러보다, 지켜보다, (직접 관계하지 않고) 관망하다
观众 [guān zhòng 꾸안 쭝]	명 관중, 관객
■ 管理 [guǎn lǐ 구안 리]	동 관리하다, 운영하다, 돌보다, 단속하다
■ 光 [guāng 꾸앙]	명 빛, 광선, 영광 동 빛내다, 벌거벗다 형 광택이 있다 부 다만

光彩 [guāng cǎi 꾸앙 차이]	명 광채, 색채와 광택, 명예, 체면 형 영광스럽다, 영예롭다
光辉 [guāng huī 꾸앙 후이]	명 광휘, 눈부신 빛, 영예 형 빛나다, 찬란하다, 훌륭하다
光明 [guāng míng 꾸앙 밍]	명 광명 형 밝다, 환하다, 〈비유〉 유망하다, (성격이) 구김살없다
■ 广播 [guǎng bō 꾸앙 뽀]	명 (라디오·텔레비전) 방송 동 방송하다, 퍼뜨리다
广大 [guǎng dà 꾸앙 따]	형 (면적이) 넓다, 광대하다, (규모가) 거대[광범위]하다, (사람이) 많다
广泛 [guǎng fàn 꾸앙 판]	형 광범위하다, 폭넓다
广阔 [guǎng kuò 꾸앙 쿼]	형 광활하다, 넓다
规定 [guī dìng 꾸이 띵]	명 규정, 규칙 동 규정하다, 고정시키다
规划 [guī huà 꾸이 화]	명 (장기적·종합적인) 계획, 기획
规矩 [guī·ju 꾸이 쥐]	명 규칙, 규범, 표준 형 단정하다, 성실하다, 착실하다

规律 [guī lǜ 꾸이 뤼]	명 규율, 법칙
规模 [guī mó 꾸이 모]	명 규모
规则 [guī zé 꾸이 저]	명 규칙, 규율, 법칙 형 정연하다, 규칙적이다
贵 [guì 꾸이]	형 (가격이) 비싸다, 귀(중)하다, 지위가 높다 동 중히 여기다, 존중하다
锅 [guō 꾸오]	명 (중국식) 프라이팬, 냄비, 솥
国产 [guó chǎn 구오 찬]	명 국산 형 국산의
国会 [guó huì 구오 후이]	명 〈정치〉 국회, 의회
国籍 [guó jí 구오 지]	명 국적, (비행기·선박 등의) 소속국
国家 [guó jiā 구오 찌아]	명 국가, 나라
国书 [guó shū 구오 쑤]	명 국서, 신임장, 자국의 문자

- **果然** [guǒ rán 구오 란]
  - 문 과연, 생각한 대로
  - 접 만약 …한다면

- **果实** [guǒ shí 구오 스]
  - 명 과실, 열매, 수확, 거둬들인 물건, 〈전용〉성과

- **果树** [guǒ shù 구오 쑤]
  - 명 과수, 과일 나무

- **果真** [guǒ zhēn 구오 쩐]
  - 문 과연, 정말, 진실로
  - 접 만약 정말이라면, 사실이 …라면

- **果汁(儿)** [guǒ zhī(r) 구오 쯔]
  - 명 과일 주스, 과(일)즙

- **过** [guò 꿔]
  - 동 지나가다, (시간이) 지나다, 초과하다 명 잘못 문 너무, 지나치게

- **过度** [guò dù 꿔 뚜]
  - 동 과도하다, (정)도를 지나치다

- **过分** [guò//fèn 꿔 펀]
  - 동 (언행이) 정도를 벗어나다, 심하다, 지니치다

- **过火(儿)** [guò//huǒ(r) 꿔 후오]
  - 동 (말이나 행위가) 도가 지나치다, 도를 넘다, 과격하다, 불에 데우다

- **过去** [guò qù 꿔 취]
  - 명 과거, 지난날

| 117 |

过失 [guò shī 꿔 쓰]	동 과실, 실수, 오류, 잘못
过时 [guò//shí 꿔 스]	동 유행이 지나다, 시대에 뒤떨어지다, (지정된) 시간이 지나다
过夜 [guò//yè 꿔 예]	동 밤을 지내다 [주로 외박을 가리킴], 하룻밤이 지나다, 밤을 새우다
过瘾 [guò//yǐn 꿔 인]	동 만족하다[시키다], 실컷 하다, 충족하다[시키다], 인이 박히다
过硬 [guò yìng 꿔 잉]	형 (능력·솜씨가) 훌륭하다, 세련[숙련]되다, (어려움을) 극복할 수 있다
过于 [guò yú 꿔 위]	부 지나치게, 너무
■ 过 [·guo 구오]	조 동사 뒤에 쓰여 동작의 완료·과거의 경험을 나타냄

CHINESE
KOREAN
WORDS
DICTIONARY

H

H

- **还**
  [hái 하이]
  - 🔳 아직, 일찍이, 더욱, 또, 그만하면, 뜻밖에, …뿐만 아니라

- **还是**
  [hái·shi 하이 스]
  - 🔳 아직도, 여전히, 역시, 이처럼
  - 🔳 또는, 아니면, …일지라도

- **孩子**
  [hái·zi 하이 즈]
  - 🔳 어린아이, 아동, 자녀, 자식

- **海**
  [hǎi 하이]
  - 🔳 바다, 큰 호수
  - 🔳 (용량이) 대단히 크다, 〈방언〉 대단히 많다

□ **海滨**
  [hǎi bīn 하이 삔]
  - 🔳 해변, 해안, 바닷가

□ **害怕**
  [hài//pà 하이 파]
  - 🔳 두려워하다, 무서워하다

□ **含糊**
  [hán·hu 한 후]
  - 🔳 모호하다, 애매하다
  - 🔳 소홀히 하다, 대충대충 하다

- **寒假**
  [hán jià 한 찌아]
  - 🔳 겨울 방학

□ **寒冷**
  [hán lěng 한 렁]
  - 🔳 몹시 춥다, 한랭하다

□ 喊 [hǎn 한]	동 고함치다, 외치다, (사람을) 부르다
□ 汉堡包 [hàn bǎo bāo 한 바오 빠오]	명 〈음역어〉 햄버거(hamburger)
□ 汉堡王 [Hàn bǎo wáng 한 바오 왕]	명 〈음역어〉 버거킹(BURGER KING)
□ 汗 [hàn 한]	명 땀
□ 航空 [háng kōng 항 콩]	명 항공
□ 航行 [háng xíng 항 싱]	동 (배·비행기가) 항행하다
■ 好 [hǎo 하오]	형 좋다, 훌륭하다, 친근하다, …하기 쉽다 부 아주, 매우 감 좋다
■ 好吃 [hǎo chī 하오 츠]	형 맛있다, 맛나다
□ 好处 [hǎo·chu 하오 추]	명 이익, 득, 이점, 장점, 좋은 점
□ 好好儿(的) [hǎo hāor (·de) 하오 하올 (더)]	형 좋다, 성하다, 괜찮다, 훌륭하다 부 잘, 적절하게, 마음껏, 충분히

好喝 [hǎo hē 하오 허]	형 (음료수 등이) 맛있다, 마시기 쉽다
■ 好看 [hǎo kàn 하오 칸]	형 보기 좋다, 아름답다, 재미있다, 흥미진진하다, 체면이 서다
好受 [hǎo shòu 하오 쏘우]	형 기분이 좋다, 편안하다, 시원하다, 상쾌하다
■ 好像 [hǎo xiàng 하오 씨앙]	부 마치 …와 같다, 비슷하다
好转 [hǎo zhuǎn 하오 주안]	명 호전 동 (일·병세 등이) 호전되다
■ 号 [hào 하오]	명 이름, (날짜의) 일, (등급의) 번호, 사이즈, (숫자 뒤) 호[번], (사람의) 호
号召 [hào zhào 하오 짜오]	명 호소 동 호소하다
好奇 [hào qí 하오 치]	형 호기심이 많다 동 신기한 것을 좋아한다
耗 [hào 하오]	동 소모하다, 소비하다, 〈방언〉 시간을 끌다, 꾸물거리다
■ 喝 [hē 허]	동 마시다, 술을 마시다 감 허! [놀람을 나타냄]

喝醉 [hē zuì 허 쮜]	동 술에 취하다
合理 [hé lǐ 허 리]	형 합리적이다, 도리에 맞다
合身 [hé//shēn 허 썬]	형 (옷이 몸에) 딱 맞다
■ 合适 [hé shì 허 쓰]	형 적당하다, 알맞다, 적합하다, (마음이) 편하다, 〈방언〉 사이가 좋다
合算 [hé//suàn 허 쑤안]	동 수지가[채산이] 맞다, (hé suàn) 합산하다, 합계하다
■ 合作 [hé zuò 허 쭤]	명 협조, 협력, 합작, 제휴 동 합작[제휴]하다, 협조[협력]하다
何况 [hé kuàng 허 쿠앙]	접 하물며, 더군다나
■ 河 [hé 허]	명 강, 하천, 〈천문〉 은하계
■ 和 [hé 허]	형 온화하다, 평화롭다 개 …한 채로, …와, …에게 접 …와, 및
和好 [hé hǎo 허 하오]	동 화해하다, 화목해지다 형 화목하다

| 123 |

| 和缓
[hé huǎn 허 후안] | 형 부드럽다, 완화하다
동 긴장을 풀다, 부드럽게 하다 |

| 和平
[hé píng 허 핑] | 형 순하다, 부드럽다, 평화롭다
명 평화 |

| 和善
[hé shàn 허 싼] | 형 사근사근하다, 상냥하다, 온화하고 선량하다 |

| 黑
[hēi 헤이] | 형 검다, 어둡다, 사악하다, 반동적이다, 침울하다 동 사기치다 |

| 黑暗
[hēi' àn 헤이 안] | 형 어둡다, 깜깜하다, 〈비유〉 어둡고 부패하다, 암담하다 |

| 黑板
[hēi bǎn 헤이 반] | 명 칠판, 흑판 |

| 黑客
[hēi kè 헤이 커] | 명 〈음역어〉 해커(hacker) |

| 很
[hěn 헌] | 부 매우, 아주, 꽤, 몹시, 대단히 |

| 红
[hóng 홍] | 형 붉다, 빨갛다, 빨개지다, 번창하다, 인기가 있다 명 〈색깔〉 다홍, 주홍 |

| 红茶
[hóng chá 홍 차] | 명 홍차 |

□ 红绿灯 [hóng lǜ dēng 홍 뤼 떵]	명 (교통) 신호등
□ 红薯 [hóng shǔ 홍 수]	명 〈식물〉 고구마
□ 宏伟 [hóng wěi 홍 웨이]	형 (규모·계획 등이) 웅대[위대]하다, 장엄하다, (기세 등이) 등등하다
□ 猴 [hóu 호우]	명 〈동물〉 원숭이
□ 吼 [hǒu 호우]	동 (짐승이) 울부짖다, 으르렁거리다, 고함치다, 크게 울리다
■ 后 [hòu 호우]	명 (공간·시간상의) 뒤, 후, 후손 동 〈문어〉 뒤떨어지다, 뒤로 미루다
□ 后果 [hòu guǒ 호우 구오]	명 최후의 결과, 마지막 결과, 후과
□ 后悔 [hòu huǐ 호우 후이]	동 후회하다 명 후회
□ 后来 [hòu lái 호우 라이]	부 그후, 이후, 나중에, 그 뒤에, 그 다음에 명 뒤에 온 사람
■ 后天 [hòu tiān 호우 티앤]	명 모레, 후천(적) 형 후천적이다

后退 [hòu tuì 호우 투이]	동 후퇴하다, 물러나다
厚实 [hòu·shi 호우 스]	형 〈구어〉 두껍다, 두툼하다, 〈방언〉 풍부[부유]하다, 단단하다
呼 [hū 후]	동 호흡하다, 큰소리로 외치다, 부르다, 호출하다 의 휙휙, 윙윙
呼吁 [hū yù 후 위]	명 호소, 요청 동 (원조·지지 등을) 청하다, 구하다, 호소하다
■ 忽然 [hū rán 후 란]	부 갑자기, 문득, 돌연히, 별안간
狐狸 [hú·li 후 리]	명 〈동물〉 여우, 〈비유〉 간사하고 교활한 사람
胡椒 [hú jiāo 후 찌아오]	명 〈식물〉 후추, 후추씨
胡萝卜 [hú luó·bo 후 루오 보]	명 〈식물〉 당근, 홍당무
胡同 [hú·tòng 후 통]	명 골목, 작은 거리
壶 [hú 후]	명 주전자, 술병, 단지 양 주전자, 단지

□ 湖 [hú 후]	명 호수
■ 糊涂 [hú·tú 후 투]	형 멍청하다, 어리석다, 우둔하다, 어리둥절하다, 뒤죽박죽이다
□ 虎 [hǔ 후]	명 〈동물〉 범, 호랑이 형 〈비유〉 용맹하다 동 흉악한 표정을 짓다
□ 互助 [hù zhù 후 쭈]	동 서로 돕다
□ 护发素 [hù fà sù 후 파 쑤]	명 린스(rinse)
■ 护士 [hù·shi 후 스]	명 간호사
□ 护卫 [hù wèi 후 웨이]	동 호위하다 명 호위병
□ 护照 [hù zhào 후 짜오]	명 여권, 패스포트, 증명서
■ 花 [huā 후아]	명 꽃, 관상용 식물 형 꽃으로 장식된, 진실이 아닌 동 쓰다, 소비하다
□ 花费 [huā fèi 후아 페이]	명 (huā·fei) 비용, 경비, 지출 동 (돈·시간 등을) 쓰다, 소비하다

花生 [huā shēng 후아 셩]	몡 〈식물〉 땅콩
滑冰 [huá//bīng 후아 삥]	몡 〈체육〉 (huá bīng) 스케이팅 동 스케이트를 타다
滑雪 [huá//xuě 후아 쉬에]	몡 〈체육〉 (huá xuě), 스키 (운동) 동 스키를 타다
化验 [huà yàn 화 옌]	몡 화학 실험, 화학 분석 동 화학 실험을 하다
■ 话 [huà 화]	몡 말, 이야기 동 말하다, 이야기하다
■ 话剧 [huà jù 화 쮜]	몡 연극
■ 话题 [huà tí 화 티]	몡 화제, 이야기의 주제
话筒 [huà tǒng 화 퉁]	몡 (전화기의) 송수화기, 마이크, 메가폰(megaphone), 확성기
■ 画 [huà 화]	동 (그림을) 그리다, 선을 긋다 몡 그림, (한자의) 획
画家 [huà jiā 화 찌아]	몡 화가

怀念 [huái niàn 후아이 니앤]	동 그리워하다, 그리다, 생각하다
怀疑 [huái yí 후아이 이]	명 회의, 의심 동 회의하다, 의심을 품다, 추측하다
怀孕 [huái//yùn 후아이 윈]	동 임신하다
■ 坏 [huài 화이]	형 나쁘다, 악하다 동 상하다, 망가지다, 썩다, 망치다, 나쁘게 하다
坏处 [huài·chu 화이 추]	명 나쁜 점, 결점, 해로운 점
欢聚 [huān jù 후안 쮜]	동 즐겁게[기쁘게] 모이다 명 즐거운 모임
欢乐 [huān lè 후안 러]	형 즐겁다, 유쾌하다
欢喜 [huān xǐ 후안 시]	형 기쁘다, 즐겁다 동 좋아하다
■ 欢迎 [huān yíng 후안 잉]	동 환영하다, 즐겁게 받아들이다
欢迎会 [huān yíng huì 후안 잉 후이]	명 환영회

缓和 [huǎn hé 후안 허]	통 (태도·성격이) 완화되다, 부드러워지다, 누그러뜨리다, (분위기를) 완화시키다
缓缓 [huǎn huǎn 후안 후안]	형 느릿느릿하다, 더디다
缓慢 [huǎn màn 후안 만]	형 완만하다, 느리다
幻想 [huàn xiǎng 환 시앙]	명 환상 통 환상하다
换车 [huàn//chē 환 처]	통 (차를) 갈아타다
换衣服 [huàn yī·fu 환 이 푸]	통 옷을 갈아입다
换钱 [huàn//qián 환 치앤]	통 환전하다, 돈을 바꾸다, (물건을) 돈으로 바꾸다
慌忙 [huāng máng 후앙 망]	부 황급히, 황망히 형 황망하다, 황급하다
慌张 [huāng·zhāng 후앙 쨩]	형 당황하여 허둥대다, 허둥지둥하다, 안절부절못하다
■ 黄 [huáng 후앙]	형 노랗다, 누렇다, 퇴폐적[선정적]이다 명 황금, 노른자

□ 黄瓜 [huáng·guā 후앙 꾸아]	명 〈식물〉 오이
□ 黄油 [huáng yóu 후앙 요우]	명 버터(butter), (원유에서 뽑은) 윤활제의 한 가지
□ 灰心 [huī//xīn 후이 씬]	동 실망하다, 낙담하다, 낙심하다, 의기소침하다
□ 恢复 [huī fù 후이 푸]	동 회복하다[되다], 되찾다
□ 辉煌 [huī huáng 후이 후앙]	형 휘황(찬란)하다, 눈부시다
■ 回 [huí 후이]	동 돌아오다[가다], 돌리다, 회전하다, 회답하다 양 회, 번, 차례, 건
□ 回报 [huí bào 후이 빠오]	동 보고하다, 보답하다, 보복하다, 복수하다
■ 回答 [huí dá 후이 다]	명 대답, 회답 동 대답하다, 회답하다
□ 回顾 [huí gù 후이 꾸]	동 돌이켜 보다, 회고하다
□ 回家 [huí//jiā 후이 찌아]	동 집에 가다, 귀가하다, 귀성하다, 귀향하다

□ 回绝 [huí jué 후이 쥐에]	동 거절하다, 사절하다
□ 回来 [huí//·lái 후이 라이]	동 돌아오다, (병 등이) 도지다, (원래의 장소로) 되돌아오다
□ 回头 [huí//tóu 후이 토우]	동 돌아보다, 고개를 돌리다, 후회하다, 뉘우치다, 깨닫다
□ 回想 [huí xiǎng 후이 시앙]	명 회상 동 회상하다, 돌이켜 보다
□ 回忆 [huí yì 후이 이]	명 추억, 회고, 회상 동 추억하다, 회고하다, 회상하다
毁灭 [huǐ miè 후이 미에]	동 훼멸하다, 파멸시키다, 근절하다, 섬멸[박멸]하다
□ 汇报 [huì bào 후이 빠오]	동 (상급자 등에) 종합 보고하다 명 종합[총괄] 보고
■ 会 [huì 후이]	동 모으다, 만나다, 지불하다 명 모임, 단체 조 …할 줄 안다
□ 会谈 [huì tán 후이 탄]	명 회담 동 회담하다
□ 绘画 [huì//huà 후이 화]	명 (huì huà) 회화, 그림 동 그림을 그리다

混合 [hùn hé 훈 허]	명 〈화학〉 혼합 동 혼합하다, 한데 섞다
混乱 [hùn luàn 훈 롼]	명 혼란, 혼돈 형 혼란하다, 문란하다
混淆 [hùn xiáo 훈 시아오]	동 뒤섞다, 모호하게 하다, 헷갈리게 하다
混杂 [hùn zá 훈 자]	동 뒤섞(이)다, 한데 섞(이)다
活 [huó 후오]	동 살다, 생활하다, 살리다 형 활기차다, 유동적이다 부 산채로
活泼 [huó·po 후오 포]	형 활발하다, 생기있다, 활기가 넘치다, 〈화학〉 반응도가 높다
活跃 [huó yuè 후오 위에]	형 활동적이다, 활기 차다 동 활약하다, 활기를 띠게 하다
火 [huǒ 후오]	명 불, 화약, 탄약, 〈의학〉 열 형 붉다, 번창하다, 〈전용〉 긴급하다
火柴 [huǒ chái 후오 차이]	명 성냥
火车 [huǒ chē 후오 처]	명 기차

火车站 [huǒ chē zhàn 후오 처 짠]	명 기차역
火箭 [huǒ jiàn 후오 찌앤]	명 로켓(rocket)
火伤 [huǒ shāng 후오 쌍]	명 〈의학〉 화상
火腿 [huǒ tuǐ 후오 투이]	명 (중국식) 햄(ham)
伙伴 [huǒ bàn 후오 빤]	명 동료, 친구, 동업자, 파트너, 동반자
■ 或者 [huò zhě 훠 저]	부 아마, 어쩌면, 혹시 접 혹은, 그렇지 않으면
货物 [huò wù 훠 위]	명 화물, 물품, 상품
获得 [huò dé 훠 더]	동 얻다, 획득하다, 거두다

CHINESE
KOREAN
WORDS
DICTIONARY

J

J

- 几乎
  [jī hū 찌 후]
  > 분 거의, 하마터면

- 讥讽
  [jī fěng 찌 펑]
  > 동 풍자하다, 비아냥거리다, 빈정거리다, 비난하다, 비웃다, 비꼬다

- 机场
  [jī chǎng 찌 창]
  > 명 공항, 비행장

- 机票
  [jī piào 찌 피아오]
  > 명 비행기표, 비행기 탑승권

- 肌肉
  [jī ròu 찌 로우]
  > 명 〈생리〉 근육

- ■ 鸡
  [jī 찌]
  > 명 〈동물〉 닭

- ■ 鸡蛋
  [jī dàn 찌 딴]
  > 명 계란, 달걀

- 鸡肉
  [jī ròu 찌 로우]
  > 명 닭고기

- 积极
  [jī jí 찌 지]
  > 형 적극적이다, 열성적이다, 의욕적이다, 진취적이다

积累 [jī lěi 찌 레이]	동 (조금씩) 쌓다, 축적하다, 누적하다 명 축적, (자본의) 축적, 적립금
基本 [jī běn 찌 번]	형 기본적이다, 근본적이다, 주되다 부 대체로, 거의
基础 [jī chǔ 찌 추]	명 〈건축〉 토대, 기초, 기반, (사물 발전의) 기초[근본]
基督教 [Jī dū jiào 찌 뚜 찌아오]	명 〈종교〉 기독교
激动 [jī dòng 찌 똥]	동 격동하다, 감격하다, 흥분되다, 감정을 불러일으키다
激化 [jī huà 찌 화]	동 격화되다, 격화시키다
激烈 [jī liè 찌 리에]	형 격렬하다, 극렬하다, 치열하다, (성격·감정이) 격하다
激情 [jī qíng 찌 칭]	명 격정, 열정, 정열
及格 [jí//gé 지 거]	동 (시험에) 합격하다
及时 [jí shí 지 스]	부 제때에, 적시에, 즉시, 곧바로 형 시기가 적절하다

단어	뜻
■ 极 [jí 지]	명 절정, 최고조 동 극에 달하다 부 매우, 극히, 대단히 형 최고의
□ 极为 [jí wéi 지 웨이]	부 극히, 매우, 몹시, 아주
□ 即使 [jí shǐ 지 스]	접 설령[설사] …하더라도[할지라도, 일지라도]
■ 急忙 [jí máng 지 망]	형 급하다, 분주하다 부 급히, 바쁘게, 서둘러
□ 急性 [jí xìng 지 씽]	명 급성, 조급한 성질, 급한 성미
□ 急躁 [jí zào 지 짜오]	형 조바심이 나다, 초조해하다, 조급하다, 충동적이다, 성미가 급하다
□ 疾病 [jí bìng 지 삥]	명 질병, 병
□ 集合 [jí hé 지 허]	동 집합하다, 모이다, (의견 등을) 모으다
□ 集中 [jí zhōng 지 쫑]	동 집중하다[되다], 모으다, 집결하다, 모이다, (의견 등을) 집약하다
□ 嫉妒 [jí dù 지 뚜]	동 질투하다, 샘내다

■ 几 [jǐ 지]	㊈ 몇 [주로 10 이하의 수나 불확실한 수를 나타냄]
□ 挤 [jǐ 지]	㊇ (물건 등이) 꽉 차다, 밀치다, 비집다, 누르다, 짜다 ㊋ 붐비다
□ 计划 [jì huà 찌 화]	㊅ 계획 ㊇ 계획하다
■ 记 [jì 찌]	㊇ 기억하다, 명심하다, 적다, 기록하다 ㊅ (내용을 기재한) 책, 글, 기호
□ 记者 [jì zhě 찌 저]	㊅ 기자
□ 纪念 [jì niàn 찌 니앤]	㊅ 기념(품) ㊇ 기념하다 ㊋ 기념의, 기념하는
□ 纪念日 [jì niàn rì 찌 니앤 르]	㊅ 기념일
□ 季节 [jì jié 찌 지에]	㊅ 계절, 철
■ 既然 [jì rán 찌 란]	㊈ 기왕 이렇게 된 이상, 이미 이렇게 된 바에야
□ 继续 [jì xù 찌 쒸]	㊅ 계속, 연속 ㊇ (활동을) 계속하다, 끊어지지 않다

■ 寄 [jì 찌]	동 부치다, 우송하다, 맡기다, 위탁하다, (남에게) 기대다
□ 寂寞 [jì mò 찌 모]	형 적막하다, 고독하다, 쓸쓸하다, 적적하다, 심심하다
■ 加 [jiā 찌아]	동 더하다, 보태다, 늘리다, (덧)붙이다, 보충하다 부 더, 더욱
□ 加紧 [jiā jǐn 찌아 진]	동 강화하다, 다그치다, 박차를 가하다, 서둘러 하다
□ 加强 [jiā qiáng 찌아 치앙]	동 강화하다, 보강하다
□ 加热 [jiā//rè 찌아 러]	동 가열하다
□ 加速 [jiā sù 찌아 쑤]	동 가속하다, 속도를 내다, 가속시키다, 빨리하다
□ 加油 [jiā//yóu 찌아 요우]	동 주유하다, 기름을 치다, 힘을 내다, 가일층 노력하다, 응원하다
□ 加重 [jiā zhòng 찌아 쫑]	동 가중하다, 무겁게 하다, 무거워지다, 심해지다, 더 악화되다
■ 家 [jiā 찌아]	명 가정, 집안, 집, (기관의) 집무실, 전문가, 학파(學派)

□ 家具 [jiā·ju 찌아 쥐]	명 가구, 세간, 가재도구, 생산[작업] 도구, 무기
■ 假 [jiǎ 지아]	명 형 거짓(의), 가짜(의), 모조(의) 동 빌리다, 가정하다 접 가령, 만약
□ 假如 [jiǎ rú 지아 루]	접 만약, 만일, 가령
□ 价格 [jià gé 찌아 거]	명 가격
■ 价钱 [jià·qian 찌아 치앤]	명 값, 가격, 〈비유〉 조건
□ 驾驶 [jià shǐ 찌아 스]	동 운전하다, (기계를) 조종하다
□ 驾驶执照 [jià shǐ zhí zhào 찌아 스 즈 짜오]	명 운전 면허증
■ 假期 [jià qī 찌아 치]	명 휴가 기간, 방학 기간
□ 歼灭 [jiān miè 찌앤 미에]	동 섬멸하다, 몰살하다, 전멸시키다
■ 间 [jiān 찌앤]	명 사이, 중간, 막연한 시간, 방, 실 양 칸 [방을 셀 때]

坚持 [jiān chí 찌앤 츠]	통 (원칙 등을) 견지하다, 고수하다, (어떤 일을) 끝까지[고집스럽게] 하다
坚定 [jiān dìng 찌앤 띵]	형 (입장·의지 등이) 확고하다 통 굳히다
坚固 [jiān gù 찌앤 꾸]	형 견고하다, 튼튼하다, 단단하다
坚决 [jiān jué 찌앤 쥐에]	형 단호하다, 결연하다, 확고하다
坚强 [jiān qiáng 찌앤 치앙]	형 굳세다, 완강하다, 꿋꿋하다 통 강화하다, 공고히 하다
坚硬 [jiān yìng 찌앤 잉]	형 굳다, 단단하다, 딱딱하다
肩膀 [jiān bǎng 찌앤 방]	명 어깨, 〈비유〉 책임
艰巨 [jiān jù 찌앤 쮜]	형 힘겹다, 어렵고 막중하다
艰苦 [jiān kǔ 찌앤 쿠]	형 어렵다, 고달프다, 고생스럽다
艰难 [jiān nán 찌앤 난]	형 어렵다, 곤란하다, 힘들다

监督 [jiān dū 찌앤 뚜]	몡 감독(자), 통제(자) 동 감독하다, 통제하다
监视 [jiān shì 찌앤 쓰]	동 감시하다
■ 煎 [jiān 찌앤]	동 (기름에) 지지다, (전을) 부치다, (약을) 달이다 양 탕 [탕약 달인 횟수]
检查 [jiǎn chá 지앤 차]	동 검사하다, 조사하다, 점검하다, 반성하다
检索 [jiǎn suǒ 지앤 수오]	동 검색하다, 검사하여 찾아보다
检讨 [jiǎn tǎo 지앤 타오]	몡 반성, 검토, 자기비판 동 검토하다, 깊이 반성하다, 자기비판을 하다
检验 [jiǎn yàn 지앤 옌]	몡 검사, 검증 동 검사하다, 검증하다
剪子 [jiǎn·zi 지앤 즈]	몡 가위
减价 [jiǎn//jià 지앤 찌아]	동 값을 내리다, 할인하다 몡 (jiǎn jià) 가격 할인
减轻 [jiǎn qīng 지앤 칭]	동 경감하다, 덜다, 줄이다, 완화하다

□ 减弱 [jiǎn ruò 지앤 뤄]	동 약해지다, 약화되다, 약화시키다
□ 减少 [jiǎn shǎo 지앤 사오]	동 줄다, 감소하다, 줄이다, 적게 하다
□ 减退 [jiǎn tuì 지앤 투이]	동 감퇴하다, 약해지다, 감소하다, 덜다, (정도가) 내려가다[낮아지다]
□ 简便 [jiǎn biàn 지앤 삐앤]	형 간편하다, 간단하고 편리하다
□ 简单 [jiǎn dān 지앤 딴]	형 간단하다, 단순하다, 용이하다, (경력이) 평범하다, 소홀히 하다
□ 简陋 [jiǎn lòu 지앤 로우]	형 초라하다, 빈약하다, 보잘것없다, 누추하다
□ 简略 [jiǎn lüè 지앤 뤼에]	형 (말·글의 내용이) 간략하다, 간단하다 동 간략하게 하다
■ 简直 [jiǎn zhí 지앤 즈]	부 그야말로, 실로, 완전히, 전혀, 정말, 곧바로, 똑바로
■ 见 [jiàn 찌앤]	동 보다, 만나다, 나타나다, 노출되다 명 의견, 견해, 생각
□ 见解 [jiàn jiě 찌앤 지에]	명 견해, 의견

见面 [jiàn//miàn 찌앤 미앤]	동 만나다, 대면하다
■ 件 [jiàn 찌앤]	명 문건, 서류 양 건, 점, 벌, 개 [사건·의복 등을 셀 때]
建立 [jiàn lì 찌앤 리]	동 건립하다, 세우다, 설립하다, 맺다, 확립하다
建议 [jiàn yì 찌앤 이]	명 제의, 제안, 건의 동 제의[제안]하다, 건의하다
建筑 [jiàn zhù 찌앤 쭈]	명 건축(물), 구조 동 건축하다, 부설하다, 설치하다
■ 健康 [jiàn kāng 찌앤 캉]	명 건강, 건전, 정상 형 건강하다, 건전하다, 정상이다, 튼튼하다
溅 [jiàn 찌앤]	동 (물방울·흙탕물 등이) 튀다, 튀기다
践踏 [jiàn tà 찌앤 타]	동 (짓)밟다, 디디다, 〈비유〉 짓밟다, 유린하다
鉴定 [jiàn dìng 찌앤 띵]	명 감정, 평정(評定), 평가(서) 동 감정하다, 평가하다, 검정하다
键盘 [jiàn pán 찌앤 판]	명 〈전자〉 키보드, 〈음악〉 건반, 키보드

■ 江 [jiāng 찌앙]	몡 강, 〈지리〉 (Jiāng) 장강(長江), 양자강(揚子江)
■ 江山 [jiāng shān 찌앙 싼]	몡 강산, 산하, 국토, 국가, 천하(天下), 책임, 역할
■ 将来 [jiāng lái 찌앙 라이]	몡 장래, 미래
□ 姜 [jiāng 찌앙]	몡 〈식물〉 생강 동 부추기다, 선동하다
■ 讲 [jiǎng 지앙]	동 이야기하다, 말하다, 설명하다, 상의하다, 중시하다, 논하다
□ 讲究 [jiǎng·jiu 지앙 지우]	동 중히 여기다, 신경쓰다, 주의하다 형 정교하고 아름답다 몡 (숨은) 의미
□ 讲课 [jiǎng//kè 지앙 커]	동 강의하다
□ 奖励 [jiǎng lì 지앙 리]	몡 장려, 표창, 칭찬 동 장려하다, 표창하다, 칭찬하다
□ 奖学金 [jiǎng xué jīn 지앙 쉬에 찐]	몡 장학금
□ 降低 [jiàng dī 찌앙 띠]	동 내려가다, 내리다, 낮추다, 버리다

□ 酱 [jiàng 찌앙]	명 된장, 된장에 절인 식품, 각종 잼류 동 된장이나 간장에 절이다
■ 酱油 [jiàng yóu 찌앙 요우]	명 간장
□ 交代 [jiāo dài 찌아오 따이]	동 (사무·일을) 인계하다, 교대하다, 당부하다, 자백하다, 설명하다
□ 交换 [jiāo huàn 찌아오 환]	명 교환 동 교환하다, 바꾸다
□ 交际 [jiāo jì 찌아오 찌]	명 교제, 사교 동 사귀다, 교제하다
□ 交流 [jiāo liú 찌아오 리우]	명 교류, 교환 동 교류하다, 바꾸다, (물줄기가) 교류하다
□ 交替 [jiāo tì 찌아오 티]	동 교체하다, 바꾸다, 교대하다 부 교대로, 번갈아 (가며)
■ 交通 [jiāo tōng 찌아오 통]	명 교통, 연락원, 연락 사무 동 내통하다, (길이) 통하다, 왕래하다
□ 交往 [jiāo wǎng 찌아오 왕]	명 내왕, 왕래, 교제, 교류 동 내왕하다, 왕래하다, 교류하다
□ 交易 [jiāo yì 찌아오 이]	명 교역, 거래, 무역, 장사, 흥정 동 교역하다, 거래하다, 장사하다

□ 骄傲 [jiāo'ào 찌아오 아오]	몡 교만, 거만, 자랑 동 긍지에 차다 혱 교만하다, 거만하다, 우쭐대다
□ 焦急 [jiāo jí 찌아오 지]	혱 〈문어〉 초조하다, 애타다, 안달하다
□ 嚼 [jiáo 지아오]	동 (음식물을) 씹다, (문장 등을) 음미하다
□ 狡猾 [jiǎo huá 지아오 후아]	혱 교활하다, 간사하다
□ 饺子 [jiǎo·zi 지아오 즈]	혱 교자, 만두
■ 脚 [jiǎo 지아오]	몡 발, (물건의) 밑동, 다리, 본문 아래에 주(註)를 달거나 설명하는 글
□ 脚趾 [jiǎo zhǐ 지아오 즈]	몡 발가락
□ 脚腕子 [jiǎo wàn·zi 지아오 완 즈]	몡 발목
■ 叫 [jiào 찌아오]	동 외치다, 부르짖다, 부르다, …하게 하다, …이다, (동물이) 울다
■ 叫做 [jiào zuò 찌아오 쭤]	동 …라고 부르다[불리다], …이다

- **教**
  [jiào 찌아오]
  - 동 가르치다, 교육하다, 지도하다
  - 명 가르침, 교육, 지도, 종교

- 教导
  [jiào dǎo 찌아오 다오]
  - 명 가르침, 교시, 지도
  - 동 교도하다, 가르치다, 지도하다

- 教诲
  [jiào huì 찌아오 후이]
  - 동 〈문어〉 가르치다, 깨우치다, 타이르다
  - 명 가르침, 타이름

- **教室**
  [jiào shì 찌아오 쓰]
  - 명 교실

- 教授
  [jiào shòu 찌아오 쏘우]
  - 명 (대학의) 교수
  - 동 강의하다, 교수하다, 전수하다

- 教堂
  [jiào táng 찌아오 탕]
  - 명 교회, 예배당

- 教训
  [jiào·xun 찌아오 쉰]
  - 명 교훈, 훈계, 꾸짖음
  - 동 타이르고 가르치다, 훈계하다

- 教育
  [jiào yù 찌아오 위]
  - 명 교육, 교양, 가르침
  - 동 교육하다, 교양하다

- 阶段
  [jiē duàn 찌에 뚜안]
  - 명 계단, 단계

- **结实**
  [jiē·shi 찌에 스]
  - 형 (신체가) 튼튼하다, 단단하다, 건장하다, (물건이) 질기다, 견고하다

■ 接 [jiē 찌에]	동 접근[접촉]하다, (이어)받다, 맞이하다, 연결하다, 접수하다
□ 接触 [jiē chù 찌에 추]	동 닿다, 접촉하다, 관계를 갖다, 교전하다
□ 接待 [jiē dài 찌에 따이]	동 접대하다, 초대하다
□ 接受 [jiē shòu 찌에 쏘우]	동 접수하다, 받아들이다, 수락하다, 받다
□ 揭露 [jiē lù 찌에 루]	동 폭로하다, 까발리다
□ 揭示 [jiē shì 찌에 쓰]	동 게시하다, 드러내어 보이다, 명시하다, 폭로하다
■ 街 [jiē 찌에]	명 거리, 길, 가로(街路), 〈방언〉 (정기적으로 열리는) 장
□ 节俭 [jié jiǎn 지에 지앤]	형 절감하다, 절약하다, 절제하다, 아끼다
□ 节目 [jié mù 지에 무]	명 종목, 프로그램, 레퍼토리, 목록, 항목
□ 节省 [jié shěng 지에 성]	동 아끼다, 절약하다

- 节约
  [jié yuē 지에 위에]
  동 절약하다, 아끼다

- 节奏
  [jié zòu 지에 쩌우]
  명 〈음악〉 리듬, 박자, 장단, 템포, 〈비유〉 일정한 규칙·순서

- 劫
  [jié 지에]
  동 강탈하다, 약탈하다, 협박[위협]하다 명 화, 재난, 〈불교〉 겁

- 杰作
  [jié zuò 지에 쭤]
  명 걸작, 뛰어난 작품

- 结果
  [jié guǒ 지에 구오]
  명 결과, 결실
  동 없애 버리다, 죽이다

- 结合
  [jié hé 지에 허]
  동 결합하다, 결부되다, 부부가 되다

- 结婚
  [jié//hūn 지에 훈]
  명 결혼
  동 결혼하다

- 结束
  [jié shù 지에 쑤]
  명 종결, 종료
  동 끝나다, 마치다, 종결[종료]하다

- 结账
  [jié//zhàng 지에 짱]
  동 결산하다, 계산하다, 회계를 마치다

- 睫毛
  [jié máo 지에 마오]
  명 속눈썹

| 竭力
[jié//lì 지에 리] | 동 진력하다, 있는 힘을 다하다 |

| 姐姐
[jiě·jie 지에 지에] | 명 누나, 언니 |

| 解放
[jiě fàng 지에 팡] | 동 (정치적으로) 해방되다, 자유롭게 되다, (속박에서) 벗어나다 |

| 解决
[jiě jué 지에 쥐에] | 동 해결하다, 풀다, (적을) 소멸시키다, 없애 버리다 |

| 解散
[jiě sàn 지에 싼] | 명 해산, 해체 동 해산하다, 흩어지다, (조직을) 해체하다 |

| 解脱
[jiě tuō 지에 투오] | 동 〈불교〉 해탈하다, 벗어나다, (죄나 책임 등을) 벗다, 회피하다 |

| 介绍
[jiè shào 찌에 싸오] | 동 소개하다, 중매하다, 추천하다, 설명하다 명 소개, 설명 |

| 戒指
[jiè·zhi 찌에 즈] | 명 반지 |

| 借
[jiè 찌에] | 동 빌(리)다, 꾸다, 빌려[꾸어] 주다, 핑계 삼다, 의지하다 |

| 今年
[jīn nián 찐 니앤] | 명 금년, 올해 |

단어	뜻
■ 今天 [jīn tiān 찐 티앤]	몡 오늘, 현재
■ 斤 [jīn 찐]	양 근 [무게 단위] 접미 '斤'으로 셀 수 있는 단어 뒤에 붙음 몡 도끼
□ 仅 [jǐn 진]	튄 단지, 다만, 가까스로, 겨우
□ 尽量 [jǐn liàng 진 리앙]	튄 가능한 한, 되도록, 될 수 있는 대로
■ 紧 [jǐn 진]	혱 팽팽하다, 단단하다, 급박하다, (생활이) 어렵다 동 바짝 죄다, 아끼다
□ 紧急 [jǐn jí 진 지]	혱 긴급하다, 절박하다, 긴박하다
□ 紧密 [jǐn mì 진 미]	혱 긴밀하다, 떼어 놓을 수 없다, 끊임없다
□ 紧张 [jǐn zhāng 진 쨩]	혱 긴장하다, 바쁘다[긴박하다], (경제적으로) 힘에 부치다, 부족하다
□ 谨慎 [jǐn shèn 진 썬]	혱 신중하다, 용의주도하다
□ 尽力 [jìn//lì 찐 리]	동 힘을 다하다, 최선을 다하다

进 [jìn 찐]	동 나아가다, (안으로) 들다, 사들이다, 받아들이다, 올리다, 진보하다
进步 [jìn bù 찐 뿌]	명 진보 동 진보하다, 발전하다 형 진보적이다
进攻 [jìn gōng 찐 꽁]	명 진공, 공격, 공세 동 진공하다, 공격하다, 공세를 취하다
进来 [jìn//·lái 찐 라이]	동 들어오다
进球 [jìn qiú 찐 치우]	명 골인 동 (축구·농구 등에서) 골인하다
进去 [jìn//·qù 찐 취]	동 들어가다
进行 [jìn xíng 찐 싱]	동 (어떤 활동을) 하다, 진행하다, 행진하다, 전진하다
近 [jìn 찐]	형 가깝다, (모양 등이) 비슷하다 동 가까이하다, 접근하다
劲(儿) [jìn(r) 찐]	명 힘, 에너지, 사기, 의욕, 태도, 기색, 흥미, 재미 접미 …함, …하기
禁止 [jìn zhǐ 찐 즈]	명 금지 동 금지하다, 금하다

茎 [jīng 찡]	명 (식물의) 줄기, 줄기 비슷한 물건 양 〈문어〉 가닥, 올
经常 [jīng cháng 찡 창]	형 일상의, 평상시의, 정상적이다 부 늘, 언제나, 항상
经过 [jīng guò 찡 꿔]	동 (시간이) 걸리다, 경과하다, 거치다, 통과하다, 경험하다 명 과정
经历 [jīng lì 찡 리]	동 겪다, 경험하다 명 내력, 경험
经受 [jīng shòu 찡 쏘우]	동 (시련 등을) 겪다, 체험하다, 견디다, (단련을) 받다
经验 [jīng yàn 찡 옌]	명 경험, 체험 동 경험하다, 겪다, 체험하다
惊慌 [jīng huāng 찡 후앙]	형 경악하다, 놀라서 허둥지둥하다 [어쩔 줄 모르다]
惊奇 [jīng qí 찡 치]	동 이상하게 생각하다, 놀랍고 이상하다
惊讶 [jīng yà 찡 야]	형 놀랍고 의아하다 동 의아해하다, 놀라다
惊异 [jīng yì 찡 이]	형 놀랍고 이상하다, 경이롭다 동 놀라며 이상히 여기다

精彩 [jīng cǎi 찡 차이]	형 훌륭하다, 멋지다, 근사하다, 다채롭다
精美 [jīng měi 찡 메이]	형 섬세하고[정교하고] 아름답다
精神 [jīng shén 찡 선]	명 정신, 사상, 주된 의의, 요지
精细 [jīng xì 찡 씨]	형 정교하다, 세밀[정밀]하다, 매우 가늘다, 주의깊다, 세심하다
精致 [jīng zhì 찡 쯔]	형 세밀하다, 정교하다
警察 [jǐng chá 징 차]	명 경찰, 경찰관
警告 [jǐng gào 징 까오]	명 경고, (행정 처분의) 경고 동 경고하다
警惕 [jǐng tì 징 티]	명 경계, 경각심 동 경계하다, 경각심을 가지다
竟然 [jìng rán 찡 란]	부 뜻밖에(도), 의외로, 상상외로
敬爱 [jìng' ài 찡 아이]	명 경애, 존경 동 경애하다, 존경하고 사랑하다

敬佩 [jìng pèi 찡 페이]	동 감복하다, 탄복하다
镜子 [jìng·zi 찡 즈]	명 거울, 안경
纠正 [jiū zhèng 찌우 쩡]	동 (단점이나 잘못을) 바로잡다, 교정하다, 시정하다
■ 九 [jiǔ 지우]	수 아홉, 9, (횟수나 수량이) 많은 것, 다수
■ 久 [jiǔ 지우]	형 (시간이) 오래다, 길다 명 (경과한) 시간
酒 [jiǔ 지우]	명 술, 팅크, 정기(丁幾), 알코올을 함유한 액체
■ 旧 [jiù 찌우]	형 오래되다, 낡다, 옛날의, 과거의, 이전의, 원래의 명 오랜 우정
旧交 [jiù jiāo 찌우 찌아오]	명 옛 친구, 오랜 친구
救荒 [jiù//huāng 찌우 후앙]	동 기근을 구제하다, 구황하다
■ 就 [jiù 찌우]	동 다가가다, 취임하다, 완성하다 부 곧, 이미 개 …에 대하여[있어서]

舅舅 [jiù·jiu 찌우 지우]	명 〈구어〉 외삼촌
拘谨 [jū jǐn 쮜 진]	형 고지식하다, 지나치게 조심하다, (동작 등이) 어색하다, 딱딱하다
拘束 [jū shù 쮜 쑤]	동 구속하다, 속박하다 형 거북[어색]하다, 부자연스럽다
居然 [jū rán 쮜 란]	부 뜻밖에(도), 의외로, 〈문어〉 명백히, 확연히
居住 [jū zhù 쮜 쭈]	명 거주지 동 거주하다, 살다
局部 [jú bù 쥐 뿌]	명 국부, 일부, 일부분
局面 [jú miàn 쥐 미앤]	명 국면, 정세, 형세, 〈방언〉 〈사물의〉 규모, 구성
局势 [jú shì 쥐 쓰]	명 (정치·군사 등의) 형세, 상황, 정세
局限 [jú xiàn 쥐 씨앤]	동 (협소한 범위로) 제한되다, 국한하다
橘子 [jú·zi 쥐 즈]	명 〈식물〉 귤

沮丧 [jǔ sàng 쥐 쌍]	동 실망[낙담]하다, 풀이[기가] 죽다, 기를 꺾다
■ 举 [jǔ 쥐]	동 쳐들다, 들어 올리다, 일으키다, 선거하다, (예를) 들다 명 거동, 행위
□ 举办 [jǔ bàn 쥐 빤]	동 진행하다, 거행하다, 개최하다, 개설하다
□ 举行 [jǔ xíng 쥐 싱]	동 (모임·의식 등을) 거행하다, 진행하다, 개최하다, 실시하다
□ 巨大 [jù dà 쮜 따]	형 거대하다, 커다랗다, 엄청나다
■ 句 [jù 쮜]	양 마디, 구 [말·글의 수를 셀 때] 명 〈언어〉 문장
□ 拒绝 [jù jué 쮜 쥐에]	명 거절, 거부 동 거절하다, 거부하다, 사절하다
□ 具备 [jù bèi 쮜 뻬이]	동 갖추다, 구비하다, 가지다, 소유하다
□ 具有 [jù yǒu 쮜 요우]	동 〈문어〉 구비하다, 갖추다, 가지다[지니다]
□ 剧本 [jù běn 쮜 번]	명 (연극의) 극본, 각본, 대본, 시나리오

- 剧场
  [jù chǎng 쮜 창]
  명 극장

- 剧烈
  [jù liè 쮜 리에]
  형 극렬하다, 격렬하다, 맹렬하다, 치열하다, (자극·통증이) 심하다

- 惧怕
  [jù pà 쮜 파]
  동 두려워하다, 무서워하다, 겁내다

- 聚合
  [jù hé 쮜 허]
  동 집합하다, 한데 모이다, 〈화학〉 중합하다

- 聚会
  [jù huì 쮜 후이]
  명 모임, 회합, 집회
  동 모이다, 집합하다, 회합하다

- 聚集
  [jù jí 쮜 지]
  동 모으다, 집합시키다, 모이다

■ 决
  [jué 쮜에]
  동 결정하다, 판단하다, 해결하다
  형 결연하다, 확고하다 부 결코

- 决策
  [jué cè 쮜에 처]
  명 (결정적인) 방법, 대책
  동 방법·정책·전략 등을 결정하다

■ 决定
  [jué dìng 쮜에 띵]
  명 결정, 결의, 결정 사항
  동 결정[확정]하다, 규정하다

- 决赛
  [jué sài 쮜에 싸이]
  명 결승, 결승전

决心 [jué xīn 쥐에 씬]	몡 결심, 결의, 다짐 동 결심하다, 결의하다, 다짐하다
决议 [jué yì 쥐에 이]	몡 결의, 결정
角色 [jué sè 쥐에 써]	몡 배역, 역할, 인물, 명인, 명사(名士)
■ 觉得 [jué·de 쥐에 더]	동 …라고 느끼다, …라고 여기다[생각하다]
觉悟 [jué wù 쥐에 우]	몡 각오, 의식, 각성, 자각 동 깨닫다, 자각하다, 인식하다
绝 [jué 쥐에]	동 끊다, 단절하다, 다하다, 죽다 형 막히다, 유일무이하다 부 절대로
绝壁 [jué bì 쥐에 삐]	몡 절벽
绝对 [jué duì 쥐에 뚜이]	형 절대의, 절대적인, 무조건적인 부 절대로, 완전히, 반드시
绝迹 [jué//jì 쥐에 찌]	동 자취를 감추다, 사라지다, 세속과 인연을 끊다
绝交 [jué//jiāo 쥐에 찌아오]	동 절교하다, 단교하다, 교제나 관계를 끊다

□ 绝口 [jué kǒu 쥐에 코우]	통 말하는 것을 멈추다, 있는 말을 다하다, 입을 다물다
□ 绝路 [jué//lù 쥐에 루]	통 길이 막히다[끊어지다], 〈비유〉 방법이 없다 명 (jué lù) 막다른 골목
□ 绝食 [jué//shí 쥐에 스]	통 절식하다, 단식하다
□ 绝望 [jué//wàng 쥐에 왕]	명 (jué wàng) 절망 통 절망하다, 모든 희망을 버리다
□ 绝种 [jué//zhǒng 쥐에 종]	통 멸종하다, 절종하다 명 (jué zhǒng) 멸종, 절종
□ 军 [jūn 쮠]	명 군대, 〈군사〉 군단 형 군대의 통 〈문어〉 진을 치다, 주둔하다
□ 均等 [jūn děng 쮠 덩]	형 균등하다, 같다, 고르다 통 평균하다
□ 俊俏 [jùn qiào 쮠 치아오]	형 〈구어〉 (용모가) 빼어나다, 준수하다, 수려하다
□ 俊秀 [jùn xiù 쮠 씨우]	형 준수하다, 걸출하다, 뛰어나다, (용모가) 아름답다, 미목수려하다

CHINESE
KOREAN
WORDS
DICTIONARY

K

K

| 咖啡
[kā fēi 카 페이] | 몡 〈음역어〉 커피나무, 커피(coffee) |

- **咖啡厅** [kā fēi tīng 카 페이 팅] — 몡 커피숍

- **卡车** [kǎ chē 카 처] — 몡 트럭(truck), 화물차

- **开** [kāi 카이] — 동 열다, 개통하다, 피다, 녹다, 켜다, 해제하다, 운전하다, 개업하다

- **开办** [kāi bàn 카이 빤] — 동 (공장·상점 등을) 개업하다, 설립하다, 열다, 시작하다

- **开采** [kāi cǎi 카이 차이] — 동 (지하자원을) 채굴하다, 채취하다, 발굴하다, 개발하다

- **开发** [kāi fā 카이 파] — 동 (자원·황무지 등을) 개발하다, 개척[개간]하다, (기술을) 개발하다

- **开放** [kāi fàng 카이 팡] — 동 (꽃이) 피다, 개방하다, 개항하다, 공개하다, 해제하다

- **开关** [kāi guān 카이 꾸안] — 몡 스위치, 개폐기, 밸브(valve)

开明 [kāi míng 카이 밍]	형 (생각·사상 등이) 깨어 있다, 진보적이다
开辟 [kāi pì 카이 피]	동 개척하다, (길을) 열다, 창립하다
开票 [kāi//piào 카이 피아오]	동 개표하다, 영수증을 끊다, 어음을[문서를] 발행하다
开设 [kāi shè 카이 써]	동 (점포·공장 등을) 세우다, 설립하다, (과목을) 개설하다
■ 开水 [kāi shuǐ 카이 수이]	명 끓인 물
开心 [kāi//xīn 카이 씬]	형 (kāi xīn) 유쾌하다, 즐겁다 동 기분 전환하다, 놀리다, 조롱하다
开夜车 [kāi yè chē 카이 예 처]	야간 열차를 운전하다, 〈비유〉 밤을 새워 일하다[공부하다]
开展 [kāi zhǎn 카이 잔]	동 전개하다, (점차) 넓히다 형 명랑하다, 쾌활하다
■ 看 [kàn 칸]	동 보다, 구경하다, (눈으로) 읽다, 관찰하다, 생각하다, 예상하다
看报 [kàn bào 칸 빠오]	동 신문을 보다[읽다]

看病 [kàn//bìng 칸 삥]	통 진찰하다, 치료하다, 문병하다, 〈방언〉 치료나 진찰을 받다
看不起 [kàn·bu qǐ 칸 부 치]	통 업신여기다, 무시하다, 깔보다, 멸시하다, 경멸하다
看电影 [kàn diàn yǐng 칸 띠앤 잉]	명 영화 관람 통 영화를 보다
看法 [kàn·fǎ 칸 파]	명 견해, 관점, 보는 방법
看见 [kàn//·jiàn 칸 찌앤]	통 보다, 보이다, 눈에 띄다
看书 [kàn//shū 칸 쑤]	명 독서 통 책을 읽다
看重 [kàn zhòng 칸 쫑]	통 중시하다, 가치를 두다, 중요시하다
抗议 [kàng yì 캉 이]	명 항의 통 항의하다
考察 [kǎo chá 카오 차]	통 고찰하다, 관찰하다, 시찰하다, 현지 조사하다, 검사하다
考虑 [kǎo lǜ 카오 뤼]	통 고려하다, 생각하다

■ 考上 [kǎo//shàng 카오 쌍]	동 (시험에) 합격하다
■ 考试 [kǎo shì 카오 쓰]	명 시험, 고사 동 시험을 보다
□ 考验 [kǎo yàn 카오 옌]	명 시련, 검증, 시험 동 시험하다, 시련을 주다
■ 烤 [kǎo 카오]	동 (불에) 굽다, 불에 쬐어 말리다, (불을) 쬐다
□ 烤肉 [kǎo ròu 카오 로우]	명 불고기, 구운 고기
□ 烤鸭(子) [kǎo yā (·zi) 카오 야 (즈)]	명 통오리구이 [＊北京烤鸭: 북경식 오리 요리]
□ 靠得住 [kào·de zhù 카오 더 쭈]	믿을 만하다, 신용할 수 있다, 의지할 수 있다
□ 靠近 [kào jìn 카오 찐]	형 가깝다 동 가까이 다가가다, 접근하다, 〈전용〉 가깝게 지내다
■ 棵 [kē 커]	양 그루, 포기 [식물 등을 셀 때]
□ 咳嗽 [ké·sou 커 소우]	명 기침 동 기침하다

■ 可 [kě 커]	통 들어맞다, 허가하다 부 〈문어〉 대략 조동 …할 수 있다, …할 만하다
■ 可爱 [kě' ài 커 아이]	형 귀엽다, 사랑스럽다
□ 可贵 [kě guì 커 꾸이]	형 귀중하다, 진귀하다, 소중하다
□ 可恨 [kě hèn 커 헌]	형 원망스럽다, 밉살스럽다 통 몹시 애석하게 여기다
□ 可靠 [kě kào 커 카오]	형 신뢰할 만하다, 믿음직하다, 확실하다
□ 可乐 [kě lè 커 러]	명 〈음역어〉 콜라(Cola) [* 코카콜라(可口可乐)·펩시콜라(百事可乐)]
□ 可怜 [kě lián 커 리앤]	형 불쌍하다, 가련하다, (양·질이) 볼품없다 통 동정하다
■ 可能 [kě néng 커 넝]	형 가능하다 명 가능성 부 아마 …일 것이다[일지도 모른다]
■ 可怕 [kě pà 커 파]	형 두렵다, 무섭다, 겁나다, 두려워할 만하다, 끔찍하다
■ 可是 [kě shì 커 쓰]	접 그러나, 하지만, 그렇지만, 그런데, …이기는 하나 부 대단히, 정말

可惜 [kě xī 커 씨]	형 아쉽다, 아깝다, 섭섭하다 부 아쉽게도, 아깝게도
■ 可以 [kě yǐ 커 이]	조동 …할 수 있다, …해도 좋다, …할 가치가 있다 형 좋다, 괜찮다
■ 渴 [kě 커]	형 목마르다, 목이 타다, 간절하다, 절실하다
渴望 [kě wàng 커 왕]	명 갈망 동 갈망하다
克服 [kè fú 커 푸]	동 극복하다, 이겨내다, 〈구어〉 참고 견디다
■ 刻 [kè 커]	동 새기다, 조각하다, (기한을) 정하다 명 조각품, 15분, 시각 형 심하다
客观 [kè guān 커 꾸안]	명 객관 형 객관적이다
■ 客气 [kè·qi 커 치]	형 겸손하다, 예의 바르다, 정중하다 동 사양하다, 체면을 차리다
■ 客人 [kè rén 커 런]	명 손님, 여객, 나그네, 길손, 행상(行商)
■ 客厅 [kè tīng 커 팅]	명 응접실, 접대실, 거실

□ 课 [kè 커]	명 수업, 강의, 수업 과목, 수업의 시간 양 (교재의) 과(課) 동 징수하다
□ 课本 [kè běn 커 번]	명 교과서
□ 课程 [kè chéng 커 청]	명 (교육) 과정, (교육의) 교과 과정, 커리큘럼(carriculum)
□ 课文 [kè wén 커 원]	명 (교과서 중의) 본문
■ 肯 [kěn 컨]	조동 기꺼이 …(하려) 하다, 〈방언〉 곧 잘 …하다 동 승낙[허락]하다
□ 肯德基 [Kěn dé jī 컨 더 찌]	명 〈음역어〉 케이에프씨 (KFC Corporation)
□ 肯定 [kěn dìng 컨 띵]	동 긍정하다, 인정하다 부 반드시 형 틀림없다, 확실하다, 긍정적이다
□ 恳求 [kěn qiú 컨 치우]	동 간구하다, 간청하다
■ 空调 [kōng tiáo 콩 티아오]	명 에어컨디셔너 동 공기를 조절하다
□ 空虚 [kōng xū 콩 쒸]	형 공허하다, 텅 비다, 내용이 없다, 허전하다

空中小姐 [kōng zhōng xiǎo jiě 콩 쭝 시아오 지에]	명 스튜어디스, (여객기의) 여자 승무원
恐怖 [kǒng bù 콩 뿌]	명 공포, 테러(terror) 동 두려워하다, 공포에 떨다
恐惧 [kǒng jù 콩 쮜]	동 겁먹다, 두려워하다
恐怕 [kǒng pà 콩 파]	부 아마도 …일 것이다, 대체로, 아마 동 염려하다, 두려워하다
控制 [kòng zhì 콩 쯔]	동 제어하다, 조종하다, 통제하다, 장악하다, 제압하다
口袋(儿) [kǒu·dai(r) 코우 다이]	명 부대, 자루, (의복의) 호주머니
口红 [kǒu hóng 코우 홍]	명 립스틱(lipstick)
扣子 [kòu·zi 코우 즈]	명 단추, 매듭, (소설 등의) 절정, 클라이맥스(climax)
哭 [kū 쿠]	동 울다, (소리 내어) 울다
苦 [kǔ 쿠]	형 (맛이) 쓰다, 괴롭다, 〈방언〉 지나치다 동 고생시키다, 괴롭게 하다

| 苦难
[kǔ nàn 쿠 난] | 몡 고난, 고통과 재난 |

| 苦恼
[kǔ nǎo 쿠 나오] | 몡 고뇌 혱 괴롭다
동 고뇌하다, 고민하다 |

■ 裤子
[kù·zi 쿠 즈] | 몡 바지 |

□ 夸大
[kuā dà 쿠아 따] | 동 과장하다, 과대하다, 허풍치다 |

□ 跨国
[kuà guó 쿠아 궈] | 혱 다국적의 |

■ 快
[kuài 콰이] | 혱 (속도가) 빠르다, 민첩하다, (성격이) 시원스럽다 튄 빨리, 곧 |

□ 快餐
[kuài cān 콰이 찬] | 몡 패스트푸드, 인스턴트 식품, 즉석 음식 |

□ 快餐厅
[kuài cān tīng 콰이 찬 팅] | 몡 패스트푸드점, 즉석 음식점 |

□ 快活
[kuài·huo 콰이 후오] | 혱 쾌활하다, 즐겁다, 유쾌하다 |

□ 快乐
[kuài lè 콰이 러] | 혱 기쁘다, 유쾌하다, 즐겁다, 행복하다 |

■ 块 [kuài 콰이]	명 덩어리, 조각 양 덩이, 조각, 원 [중국 화폐 단위]
■ 筷子 [kuài·zi 콰이 즈]	명 젓가락
□ 宽阔 [kuān kuò 쿠안 쿼]	형 (폭이) 넓다, 널직하다, (도량 등이) 넓다, 크다
宽舒 [kuān shū 쿠안 쑤]	형 (마음이) 편안하고 후련하다, 널찍하고 쾌적하다, 넓고 평평하다
□ 款待 [kuǎn dài 쿠안 따이]	동 환대하다, 후하게 대접하다, 정중히 대접하다
□ 款式 [kuǎn shì 쿠안 쓰]	명 격식, 양식, 스타일, 디자인
□ 况且 [kuàng qiě 쾅 치에]	접 게다가, 하물며, 더구나
□ 旷课 [kuàng//kè 쾅 커]	동 수업에 빠지다, 무단 결석하다
□ 矿泉水 [kuàng quán shuǐ 쾅 취앤 수이]	명 광천수, 미네랄워터(mineral water)
□ 亏空 [kuī·kong 쿠이 콩]	동 결손나다, 적자를 내다, 적자로 인해 빚지다 명 빚, 부채, 적자

溃灭 [kuì miè 쿠이 미에]	동 궤멸하다, 무너져서 멸망하다, 괴멸(壞滅)하다
昆虫 [kūn chóng 쿤 총]	명 곤충
捆 [kǔn 쿤]	동 (끈 등으로) 매다, 묶다, 〈비유〉 구속하다, 속박하다 양 다발, 단
困难 [kùn·nan 쿤 난]	명 곤란, 어려움, 애로 형 곤란하다, 어렵다, 가난하다
扩充 [kuò chōng 쿼 총]	동 확충하다, 증대하다
扩大 [kuò dà 쿼 따]	동 확대하다, 넓히다
扩散 [kuò sàn 쿼 싼]	동 확산하다, 뿌리다, 퍼뜨리다, 확산시키다
扩展 [kuò zhǎn 쿼 잔]	동 (장소·범위 등을) 넓히다, 신장하다, 확장하다, 확대 전개하다
括号 [kuò hào 쿼 하오]	명 (수학에서의) 괄호, (문장 부호로서의) 괄호, 묶음표
阔步 [kuò bù 쿼 뿌]	명 활보 동 활보하다, 성큼성큼 걷다

CHINESE
KOREAN
WORDS
DICTIONARY

ㄴ

L

| 垃圾箱
[lā jī xiāng 라 찌 씨앙] | 명 쓰레기통, 휴지통 |

■ 拉
[lā 라]
동 끌다, 당기다, 운반하다, 늘이다, 〈방언〉 (악기를) 켜다, 연주하다

□ 拉大提琴
[lā dà tí qín 라 따 티 친]
동 첼로를 연주하다

□ 拉肚子
[lā dù·zi 라 뚜 즈]
동 〈구어〉 설사하다

□ 拉小提琴
[lā xiǎo tí qín 라 시아오 티 친]
동 바이올린을 연주하다

□ 拉中提琴
[lā zhōng tí qín 라 쭝 티 친]
동 비올라를 연주하다

□ 辣
[là 라]
형 맵다, 아리다, 잔인하다
명 매운 맛 동 매운 자극을 받다

□ 辣椒
[là jiāo 라 찌아오]
명 〈식물〉 고추

□ 辣椒酱
[là jiāo jiàng 라 찌아오 찌앙]
명 고추장

■ 来 [lái 라이]	동 오다, (문제·사건 등이) 발생하다, 일어나다, 하다 형 미래의
□ 来历 [lái lì 라이 리]	명 내력, 유래, 경로, 경력
□ 来往 [lái wǎng 라이 왕]	명 왕래, 교제, 거래 동 왕래하다, 교제하다, 거래하다
□ 来源 [lái yuán 라이 위앤]	명 원천, 기원, 근원 동 기원(起源)하다, 유래하다
■ 蓝 [lán 란]	형 남색의, 파란색의, 남빛의 명 〈식물〉 쪽
■ 篮球 [lán qiú 란 치우]	명 〈체육〉 농구, 농구 시합, 농구공
□ 缆车 [lǎn chē 란 처]	명 케이블카
□ 懒惰 [lǎn duò 란 뚸]	형 게으르다, 나태하다
□ 浪费 [làng fèi 랑 페이]	동 낭비하다 형 헛되다, 비경제적이다
□ 牢固 [láo gù 라오 꾸]	형 견고하다, 확고하다

劳 [láo 라오]	동 일하다, 노동하다, 수고를 끼치다 명 공로, 노동(자) 형 피로하다
老 [lǎo 라오]	형 늙다, 나이 먹다[들다], 노련하다, 오래된, 낡다 부 늘, 오래 명 노인
老虎 [lǎo hǔ 라오 후]	명 〈동물〉 호랑이
老婆 [lǎo·po 라오 포]	명 〈구어〉 마누라, 처
老人(儿) [lǎo·rén(r) 라오 런]	명 노인, 늙은이, 자기 부모나 조부모, 고참, 오래 근무해 온 사람
老式 [lǎo shì 라오 쓰]	형 고풍의, 구식의, 낡은 양식의 명 고풍(古風), 구식
老帅 [lǎo shī 라오 쓰]	명 선생님, 스승, 은사
老实 [lǎo·shi 라오 스]	형 성실하다, 솔직하다, 온순하다, 얌전하다, 어리석다 부 사실상
老鼠 [lǎo·shǔ 라오 수]	명 〈동물〉 쥐 [주로 집쥐를 가리킴]
老头儿 [lǎo tóur 라오 토우얼]	명 노인, 늙은이, 영감, 〈방언〉 아버지, 아버님 [자기·남의 아버지의 속칭]

姥姥 [lǎo·lao 라오 라오]	명 〈구어〉 외할머니, 산파
姥爷 [lǎo·ye 라오 예]	명 〈구어〉 외할아버지, 외조부
乐观 [lè guān 러 꾸안]	명 낙관 형 낙관하다, 낙관적[낙천적]이다
乐趣 [lè qù 러 취]	명 즐거움, 재미
了 [·le 러]	조 1. 동작·변화의 완료를 나타냄 2. 상태 변화·새로운 상황 출현을 표시함
累 [lèi 레이]	형 피곤하다, 지치다, 힘들다 동 피곤하게 하다, 수고를 끼치다
冷 [lěng 렁]	형 춥다, 차다, 냉담하다, 생소하다 동 식히다, 차게 하다
冷淡 [lěng dàn 렁 딴]	형 냉담하다, 쓸쓸하다, 적막하다 동 냉대하다, 푸대접하다
冷静 [lěng jìng 렁 찡]	형 냉정하다, 침착하다, 조용하다 동 침착[냉정]하게 하다
冷面 [lěng miàn 렁 미앤]	명 냉면, 냉국수, 〈문어〉 불쾌한 얼굴 형 〈문어〉 냉담하고 무정한 표정

□ 冷漠 [lěng mò 렁 모]	형 무관심하다, 냉담하다
□ 冷清 [lěng·qing 렁 칭]	형 적막하다, 쓸쓸하다, 한산하다, 불경기이다
□ 冷却 [lěng què 렁 취에]	명 냉각 동 냉각하다
■ 离 [lí 리]	동 떠나다, 헤어지다, …이 없다 개 …부터 …까지, …에서
□ 离婚 [lí//hūn 리 훈]	명 이혼 동 이혼하다
■ 梨 [lí 리]	명 〈식물〉 배나무, 배
■ 礼拜 [lǐ bài 리 빠이]	명 〈구어〉 주(週), 요일, 일요일 명 동 〈문어〉 〈종교〉 예배(하다)
□ 礼物 [lǐ wù 리 우]	명 선물, 예물, (간단한) 방문 선물
■ 里 [lǐ 리]	명 속, 안, 거친 면, 안쪽, 이웃, 인근, 고향 양 리 [거리 단위]
□ 理发 [lǐ//fà 리 파]	명 이발 동 이발하다

□ 理解 [lǐ jiě 리 지에]	몡 이해, 파악 통 이해하다, 파악하다
□ 理想 [lǐ xiǎng 리 시앙]	몡 이상, 꿈 형 이상적이다
□ 理由 [lǐ yóu 리 요우]	몡 이유, 까닭
□ 力避 [lì bì 리 삐]	통 〈문어〉 힘껏 피하다, 애써 벗어나다
□ 力量 [lì·liang 리 리앙]	몡 힘, 능력, 역량, 세기, 세력, 작용, 효력, 병력
□ 力气 [lì·qi 리 치]	몡 (육체적인) 힘, 체력, 완력
□ 力求 [lì qiú 리 치우]	통 〈문어〉 힘써 노력하다, 추구하다, 되도록 힘쓰다
□ 力争 [lì zhēng 리 쩡]	통 매우 노력하다, 애쓰다, 힘쓰다, 극력 논쟁하다[다투다]
■ 历史 [lì shǐ 리 스]	몡 역사, 개인의 경력, 이력(履歷), 과거의 사실, 역사학
□ 立场 [lì chǎng 리 창]	몡 입장, 견지, 계급적 입장

■ 立刻 [lì kè 리 커]	턘 즉시, 곧, 당장
■ 厉害 [lì·hai 리 하이]	혱 사납다, 무섭다, 대단하다, 심하다, 지독하다 몡 지독함, 본때
□ 利润 [lì rùn 리 룬]	몡 이윤
□ 利用 [lì yòng 리 용]	몡 이용, 활용 동 이용하다, 활용[응용]하다, (수단을 써서) 이용하다
■ 连 [lián 리앤]	동 이어지다, 연루되다, 포함하다 턘 연이어 껴 …까지도, …조차도
□ 连忙 [lián máng 리앤 망]	턘 얼른, 급히, 바삐, 재빨리
□ 连续 [lián xù 리앤 쒸]	동 연속하다, 계속하다
□ 连衣裙 [lián yī qún 리앤 이 췬]	몡 (여성복의 일종인) 원피스
□ 联合 [lián hé 리앤 허]	몡 연합, 공동 동 연합하다, 결합하다, 단결하다
□ 联络 [lián luò 리앤 뤄]	몡 연락, 연계, 접촉 동 연락하다, 연계를 맺다, 접촉하다

联盟 [lián méng 리앤 멍]	명 연맹, 동맹
联系 [lián xì 리앤 씨]	명 연계, 연관, 결부, 관계, 관련 동 연계하다, 결부되다, 관계되다
脸 [liǎn 리앤]	명 얼굴, 안색, 표정, 〈전용〉 체면, 면목, (물체의) 정면
凉快 [liáng·kuai 리앙 쿠아이]	형 시원하다, 서늘하다, 선선하다 동 더위를 식히다, 바람을 쏘이다
凉鞋 [liáng xié 리앙 시에]	명 (여름용) 샌들(sandals)
粮食 [liáng·shi 리앙 스]	명 양식, 식량
两 [liǎng 리앙]	수 둘, 2, 몇몇, 두어 명 양쪽, 쌍방 양 〈도량형〉 냥 ['一斤'의 10분의 1]
两极 [liǎng jí 리앙 지]	명 (지구의) 남극과 북극, (전기의) 양극과 음극, 〈비유〉 양 극단
辆 [liàng 리앙]	양 대 [차량(車輛)·자전거 등을 셀 때]
量 [liàng 리앙]	명 (되·말 등) 용량을 되는 도구, 양, 수량, 한도 동 가늠하다, 헤아리다

聊天儿 [liáo//tiānr 리아오 티앨]	동 〈구어〉 잡담을 하다, 한담하다
■ 了解 [liǎo jiě 리아오 지에]	동 (자세하게) 잘 알다, 이해하다, 알아보다, 조사하다
邻居 [lín jū 린 쮜]	명 이웃, 이웃집, 이웃 사람
林立 [lín lì 린 리]	동 〈비유〉 숲처럼 빽빽이 들어서다, 즐비하다
临时 [lín shí 린 스]	명 임시 형 임시의, 정식이 아닌 동 때에 이르다, 그때가 되다
灵活 [líng huó 링 후오]	형 민첩하다, 영민하다, 재빠르다, 융통성이 있다, 원활하다
■ 零 [líng 링]	명 우수리, 나머지 형 소량이다, 자질구레하다 수 영, 0, 제로(zero)
■ 领 [lǐng 링]	명 목, 깃, 칼라, 〈비유〉 요점 동 이끌다, 통솔하다, 관할하다 양 벌, 장
领带 [lǐng dài 링 따이]	명 넥타이
领导 [lǐng dǎo 링 다오]	명 영도(자), 지도(자) 동 영도하다, 지도하다

领会 [lǐng huì 링 후이]	동 깨닫다, 이해하다, 파악하다
领款 [lǐng//kuǎn 링 쿠안]	동 돈을 받다
领取 [lǐng qǔ 링 취]	동 (발급한 것을) 받다, 수령하다
领域 [lǐng yù 링 위]	명 (학술·사회 활동 범위의) 영역, 분야, (국가 주권이 미치는) 영역
另外 [lìng wài 링 와이]	부 달리, 그 밖에, 따로, 별도로 대 다른 것, 그 밖의 것
■ 流 [liú 리우]	동 흐르다, 이동하다, 퍼지다 명 흐름, 물결, 부류, 종류, 등급
流鼻涕 [liú bí tì 리우 비 티]	동 콧물이 나다, 콧물을 흘리다
流鼻血 [liú bí xuè 리우 비 쒸에]	동 코피를 흘리다, 코피가 나다
流传 [liú chuán 리우 추안]	동 (사적·작품 등이) 유전하다, 세상에 널리 퍼지다
■ 留 [liú 리우]	동 머무르다, 붙들어두다, 유학하다, 주의하다, 보류하다, 받다, 남기다

| 留神
[liú//shén 리우 션] | 동 주의하다, 조심하다 |

| 六
[liù 리우] | 수 여섯, 6
명 〈음악〉 중국의 음계 부호의 하나 |

| 龙
[lóng 롱] | 명 〈동물〉 용, 공룡 등의 파충류, 〈비유〉 황제, 천자(天子), 뛰어난 인재 |

| 垄断
[lǒng duàn 롱 뚜안] | 명 독점, 독차지
동 농단하다, 독점하다, 독차지하다 |

| 楼
[lóu 로우] | 명 다층 건물, (건물의) 층, 점포
양 동(棟)을 셀 때 씀 |

| 楼上
[lóu shàng 로우 쌍] | 명 위층, 2층 |

| 楼梯
[lóu tī 로우 티] | 명 계단, 층계 |

| 楼下
[lóu xià 로우 씨아] | 명 아래층, 일층 |

| 露面(儿)
[lòu//miàn(r) 로우 미앤] | 동 얼굴을 내밀다, 나타나다, 체면을 세우다 |

| 陆地
[lù dì 루 띠] | 명 육지, 뭍 |

□ 陆续 [lù xù 루 쒸]	튄 끊임없이, 계속하며, 연이어, 잇따라
■ 路 [lù 루]	명 길, 도로, 노정, 방법, 조리, 지역 양 (운수 기관의) 노선, 부류, 등급
□ 路过 [lù guò 루 꿔]	동 (일정한 곳을) 거치다, 통과하다, 지나다, 경유하다
■ 旅行 [lǚ xíng 뤼 싱]	명 여행 동 여행하다
■ 绿 [lǜ 뤼]	명 〈색깔〉 초록색, 녹색, 풀색 형 푸르다, 녹색의, 초록색의
□ 绿茶 [lǜ chá 뤼 차]	명 녹차
□ 轮流 [lún liú 룬 리우]	동 교대로 하다, 순번대로 하다 튄 교대로, 순번대로
□ 论据 [lùn jù 룬 쮜]	명 논거, 논설이나 이론의 근거, 〈논리〉 논거
□ 论文 [lùn wén 룬 원]	명 논문
□ 罗列 [luó liè 루오 리에]	동 늘어놓다, 진열[배열]하다, 나열하다, 열거하다

萝卜 [luó·bo 루오 보]	명 〈식물〉 무
螺钉 [luó dīng 루오 띵]	명 〈기계〉 나사, 나사못
螺丝刀 [luó sī dāo 루오 쓰 따오]	명 드라이버(driver), 나사돌리개
落榜 [luò//bǎng 뤄 방]	동 낙방하다, 시험에 떨어지다
落后 [luò//hòu 뤄 호우]	동 낙후되다, 뒤떨어지다, 낙오하다, 뒤처지다
落实 [luò shí 뤄 스]	형 실행 가능하다, 〈방언〉 (마음이) 편안하다 동 확정하다, 수행하다
落网 [luò//wǎng 뤄 왕]	동 체포되다, 포박당하다, 〈체육〉 (공이) 네트에 걸리다, 네트 아웃되다
落伍 [luò//wǔ 뤄 우]	동 낙오하다, (시대에) 뒤떨어지다, 〈전용〉 퇴직하다
落选 [luò//xuǎn 뤄 쉬앤]	동 낙선하다, 선거에서 떨어지다

CHINESE
KOREAN
WORDS
DICTIONARY

M

M

- **妈妈**
  [mā·ma 마 마]
  - 명 〈구어〉 엄마, 어머니

- **麻烦**
  [má·fan 마 판]
  - 형 귀찮다, 번거롭다, 성가시다
  - 동 귀찮게 굴다, 성가시게 하다

- 麻雀
  [má què 마 취에]
  - 명 〈조류〉 참새, 마작(麻雀)의 다른 이름

- **马**
  [mǎ 마]
  - 명 〈동물〉 말, (장기의) 말
  - 형 크다

- 马虎
  [mǎ·hu 마 후]
  - 형 소홀하다, 건성으로 하다, 대충대충하다, 무책임하다

- 马拉松
  [mǎ lā sōng 마 라 쏭]
  - 명 〈음역어〉 마라톤(marathon), 〈비유〉 오래 계속되는 활동·행동

- 马路
  [mǎ lù 마 루]
  - 명 (도시·근교의) 대로, 도로, 큰길, 한길

- **马上**
  [mǎ shàng 마 쌍]
  - 부 금방, 곧, 즉시

- **骂**
  [mà 마]
  - 동 욕하다, 꾸짖다, 질책하다, 따지다

■ 吗 [·ma 마]	조 …니? …까? …느냐? [문장 끝에서 의문·반문을 나타냄]
□ 埋没 [mái mò 마이 모]	동 묻다, 매몰하다, 드러나지 않게 하다, (인재 등을) 사장시키다
■ 买 [mǎi 마이]	동 사다, 구입하다, 세내다, (뇌물 등으로) 얻다, 매수하다, 자초하다
□ 买东西 [mǎi dōng·xi 마이 똥 시]	명 쇼핑하기 동 물건[물품]을 사다
□ 买卖 [mǎi·mai 마이 마이]	명 매매, 장사, 거래, 상점
□ 麦当劳 [mài dàng láo 마이 땅 라오]	명 〈음역어〉 맥도날드(McDonald's Corporation)
■ 卖 [mài 마이]	동 팔다, 판매하다, 팔아먹다[배반하다], (자신을) 과시하다, 자랑하다
□ 卖钱 [mài//qián 마이 치앤]	동 팔아서 돈을 만들다, 팔려서 돈이 되다, 장사가 잘 되다
■ 满意 [mǎn yì 만 이]	형 만족하다, 만족스럽다 동 만족해하다, 〈문어〉 결심하다
□ 满足 [mǎn zú 만 주]	형 만족하다, 충분하다, 넉넉하다 동 만족시키다, 충족시키다

慢 [màn 만]	형 느리다, 게으르다, (태도가) 무례하다, 쌀쌀맞다 동 늦추다, 미루다
慢慢(儿) [màn màn(r) 만 만]	부 천천히, 차츰, 느릿느릿
慢走 [màn zǒu 만 조우]	동 천천히 걷다, 〈구어〉 (배웅하며) 안녕히 가세요, 살펴 가세요
忙 [máng 망]	형 바쁘다 동 서두르다, 바삐 …하다, …를 준비하다
猫 [māo 마오]	명 〈동물〉 고양이 동 〈방언〉〈전용〉 숨다, 달아나 숨다
毛 [máo 마오]	명 털, 초목, 털실, 곰팡이 형 거칠다, 대략적이다 동 (화폐 가치가) 떨어지다
毛笔 [máo bǐ 마오 비]	명 붓, 모필
毛病 [máo·bìng 마오 삥]	명 (개인의) 약점, 흠, (사물의) 결함, 문제점, 고장, 〈방언〉 병, 질병
毛巾 [máo jīn 마오 찐]	명 (면)수건, 타월
毛衣 [máo yī 마오 이]	명 스웨터, 털옷

□ 矛盾 [máo dùn 마오 뚠]	명 모순, 창과 방패, 〈철학·논리〉 모순 동 〈비유〉 모순되다
□ 贸易 [mào yì 마오 이]	명 무역, 교역
■ 帽子 [mào·zi 마오 즈]	명 모자, 〈비유〉 (악평의) 딱지, 죄명, 덤으로 생긴 이익금, 웃돈
□ 没关系 [méi guān·xi 메이 꾸안 시]	괜찮다, 문제없다, 염려없다, 상관이 없다, 관계가 없다
□ 没什么 [méi shén·me 메이 선 머]	별일 아니다, 아무것도 없다, 괜찮다, 상관없다, 천만에
□ 没事(儿) [méi//shì(r) 메이 쓰]	동 (볼) 용건이 없다, 일이 없다, 관계가 없다, 〈방언〉 별일 아니다, 괜찮다
■ 没有 [méi·yǒu 메이 요우]	동 (소유·존재가) 없다, (아무도) … 않다, …만 못하다 부 아직 …않다
□ 没准(儿) [méi//zhǔn(r) 메이 준]	형 불분명하다, 확실하지 않다 부 〈전용〉 아마도, 다분히
□ 眉毛 [méi·mao 메이 마오]	명 눈썹
□ 梅雨 [méi yǔ 메이 위]	명 장마, 장마비

M

媒体 [méi tǐ 메이 티]	명 (신문·방송 등) 매체(media), 매스미디어, 매개물, 매개체
■ 煤 [méi 메이]	명 〈광물〉 석탄
□ 煤油 [méi yóu 메이 요우]	명 석유
■ 每 [měi 메이]	대 매, 각, …마다 [모두] 부 매(번), 언제나, 항상, 자주, 종종
■ 每天 [měi tiān 메이 티앤]	명 매일, 날마다
□ 美观 [měi guān 메이 꾸안]	명 미관 형 (장식 등이) 아름답다, 보기좋다, 미적이다
■ 美丽 [měi lì 메이 리]	형 미려하다, 아름답다
□ 美妙 [měi miào 메이 미아오]	형 아름답다, 훌륭하다, 미묘하다, 환상적이다
□ 美人 [měi rén 메이 런]	명 미인, 미녀
□ 美术 [měi shù 메이 쑤]	명 미술, 그림, 회화

■ **妹妹** [mèi·mei 메이 메이]	명 여동생, 누이동생, 친척 여동생
■ **门** [mén 먼]	명 문, 출입구, (가재 도구 등의) 문, 여닫이, 스위치, 개폐기, 가문, 파(벌)
■ **门口(儿)** [mén kǒu(r) 먼 코우]	명 입구, 현관
□ **门铃** [mén líng 먼 링]	명 초인종
■ **门票** [mén piào 먼 피아오]	명 입장권, 입장료
□ **门外汉** [mén wài hàn 먼 와이 한]	명 문외한, 비전문가
□ **猛烈** [měng liè 멍 리에]	형 맹렬하다, 세차다
□ **猛然(间)** [měng rán (jiān) 멍 란 (찌앤)]	부 갑자기, 돌연히, 뜻밖에, 문득
□ **梦想** [mèng xiǎng 멍 시앙]	명동 몽상(하다), 헛된 생각(을 하다), 망상(에 빠지다), 갈망(하다)
□ **迷糊** [mí·hu 미 후]	형 정신이 없다, 혼미하다, 모호하다, 혼란시키다, 명확하지 않다

迷信 [mí xìn 미 씬]	명 미신, 맹목적인 신봉[숭배] 동 맹신하다, 덮어놓고 믿다
米饭 [mǐ fàn 미 판]	명 쌀밥
秘密 [mì mì 미 미]	명 비밀 형 비밀스럽다
密切 [mì qiè 미 치에]	형 긴밀[밀접]하다, 세심하다, 꼼꼼하다 동 밀접해지다, 가깝게 하다
蜜月 [mì yuè 미 위에]	명 밀월, 허니문, 신혼여행
免不了 [miǎn·bu liǎo 미앤 부 리아오]	동 피할 수 없다, 면하기 어렵다, …하지 않을 수 없다, 불가피하다
免疫 [miǎn yì 미앤 이]	명 〈의학〉 면역
勉强 [miǎn qiǎng 미앤 치앙]	형 마지못하다, 타당하지 않다 동 강요하다 부 간신히, 가까스로
■ 面包 [miàn bāo 미앤 빠오]	명 빵, 식빵, 빵 부스러기
面粉 [miàn fěn 미앤 편]	명 밀가루

面条(儿) [miàn tiáo(r) 미앤 티아오]	몡 국수, 〈비유〉 테이프(tape)가 엉클어진 상태
面子 [miàn·zi 미앤 즈]	몡 면목, 체면, 겉, 외관, 표면, 정의(情誼), 의리
苗条 [miáo·tiao 미아오 티아오]	혱 (몸매가) 날씬하다, 호리호리하다
渺小 [miǎo xiǎo 미아오 시아오]	혱 보잘것없다, 매우 작다, 미미하다
灭亡 [miè wáng 미에 왕]	몡 멸망 동 사라지다, 멸망하다, 멸망시키다
民族 [mín zú 민 주]	몡 민족
敏捷 [mǐn jié 민 지에]	혱 민첩하다, 재빠르다
名片(儿) [míng piàn(r) 밍 피앤]	몡 명함
名胜 [míng shèng 밍 셩]	몡 명승(지), 명소(名所)
名字 [míng·zi 밍 즈]	몡 이름, 성명(姓名), (사물의) 명칭

M

明白 [míng·bai 밍 바이]	동 알다, 이해하다 형 명백[분명]하다, 현명하다, 숨김없다, 공공연하다
明亮 [míng liàng 밍 리앙]	형 환하다, 밝다, 빛나다, 반짝거리다, 명백하다, 분명하다
明年 [míng nián 밍 니앤]	명 내년, 명년
明确 [míng què 밍 취에]	형 명확하다, 솔직하다 동 명확하게 하다, 분명히 하다
明天 [míng tiān 밍 티앤]	명 내일, 가까운 장래, (멀지 않은) 미래, 앞날
明显 [míng xiǎn 밍 시앙]	형 분명하다, 뚜렷하다
明信片 [míng xìn piàn 밍 씬 피앤]	명 엽서, 우편엽서
明星 [míng xīng 밍 씽]	명 스타(star), 유명 기업이나 상점, 밝은 별
命令 [mìng lìng 밍 링]	명 명령 동 명령하다
命运 [mìng yùn 밍 윈]	명 운명, 숙명

□ 谬误 [miù wù 미우 우]	명 오류, 잘못, 실수
□ 模仿 [mó fǎng 모 팡]	동 모방하다, 본받다, 흉내내다
□ 模糊 [mó·hu 모 후]	형 모호하다, 흐리다, 분명하지 않다 동 모호하게 하다, 헷갈리게 하다
□ 模拟 [mó nǐ 모 니]	동 모방하다, 본뜨다 명 〈전자〉 모의실험, 시뮬레이션(simulation)
□ 摩托车 [mó tuō chē 모 투오 처]	명 〈음역어〉 모터사이클, 오토바이
□ 蘑菇 [mó·gu 모 구]	명 〈식물〉 버섯 동 귀찮게 달라붙다, 치근거리다, 꾸물거리다
□ 末班车 [mò bān chē 모 빤 처]	명 막차, 〈비유〉 마지막 기회
□ 茉莉花茶 [mò·lì huā chá 모 리 후아 차]	명 재스민 차
□ 陌生 [mò shēng 모 썽]	형 생소하다, 낯설다
□ 漠然 [mò rán 모 란]	형 〈문어〉 무관심하다, 개의치 않다, 상관하지 않다

墨水(儿) [mò shuǐ(r) 모 수이]	명 먹물, 잉크, 〈비유〉 지식, 학문
墨鱼 [mò yú 모 위]	명 〈해양생물〉 오징어
母亲 [mǔ·qīn 무 친]	명 모친, 어머니
木头 [mù·tou 무 토우]	명 〈구어〉 나무, 목재, 〈비유〉 감정이 메마른 사람
目标 [mù biāo 무 삐아오]	명 (사격·공격 등의) 표적, 목표물, 목적, 목표
目的 [mù dì 무 띠]	명 목적, 목적물

CHINESE
KOREAN
WORDS
DICTIONARY

N

N

拿 [ná 나]	통 (손으로) 들다, 잡다, 점령하다, 파악하다　게 …(의)로(써), …을
拿手 [ná shǒu 나 소우]	명 (성공에 대한) 자신, 믿음 형 자신 있다, 재주 있다, 뛰어나다
哪 [nǎ 나]	대 어느(것), 어떤, 어디, 어느…거나 부 어떻게, 어째서 [반문을 나타냄]
哪儿 [nǎr 날]	대 〈구어〉 어디, 어느 곳, 어떻게, 어째서
那 [nà 나]	대 저(것), 그(것), 그것(들), 저 사람(들) 접 그렇다면, 그러면
那个 [nà·ge 나 거]	대 그, 저, 그것, 저것, 그 일, 저 일, 저렇다, 그렇다
那里 [nà·li 나 리]	대 그곳, 저곳, 거기, 저기 [비교적 먼 곳을 가리킴]
那么 [nà·me 나 머]	대 그렇게, 저렇게, 그런, 저런 부 그러면, 그렇다면, 그런고로
那儿 [nàr 날]	대 〈구어〉 그곳, 그때

■ 奶奶 [nǎi·nai 나이 나이]	몡 〈구어〉 할머니, 〈경어〉 할머니와 같은 항렬·같은 연배의 부인
□ 耐烦 [nài//fán 나이 판]	통 번거로움을 참다, 견디다, 인내하다, 잘 참다
□ 耐心 [nài xīn 나이 씬]	몡 인내심, 참을성 톙 참을성[인내심]이 있다, 끈기가 있다
□ 耐性 [nài xìng 나이 씽]	몡 참을성, 인내심
□ 耐用 [nài yòng 나이 용]	톙 질기다, 오래 쓰다, 오래가다 통 내용하다, 견디다
□ 男女同学 [nán nǚ tóng xué 난 뉘 퉁 쉬에]	몡 남녀 공학, 남녀 동창생
■ 男人 [nán rén 난 런]	몡 (성년) 남자
■ 南 [nán 난]	몡 남, 남쪽, 남부
□ 南瓜 [nán guā 난 꾸아]	몡 〈식물〉 호박
■ 难 [nán 난]	톙 어렵다, …하기 힘들다, (모양 등이) 좋지 않다 통 난처하게 만들다

단어	뜻
■ 难道 [nán dào 난 따오]	튀 설마 …하겠는가, 그래 …(이)란 말인가
□ 难怪 [nán guài 난 꽈이]	튀 과연, 어쩐지, 그러길래 형 당연하다, 나무랄 수 없다
□ 难过 [nán guò 난 꿔]	형 (마음이) 괴롭다, 슬프다, (생활이) 어렵다, 고생스럽다
□ 难看 [nán kàn 난 칸]	형 못생겼다, 보기 싫다, 면목이 없다, 체면이 없다, (안색이) 좋지 않다
□ 难受 [nán shòu 난 쏘우]	형 (육체적·정신적으로) 괴롭다, 편하지 않다, 참기 힘들다, 슬프다
□ 难题 [nán tí 난 티]	명 난제, 어려운 문제, 〈비유〉 해결하기[처리하기] 어려운 문제[일]
□ 脑 [nǎo 나오]	명 〈생리〉 뇌, 뇌수(腦髓), 〈비유〉 두뇌, 지능, 우두머리
□ 脑袋 [nǎo·dai 나오 다이]	명 〈구어〉 머리, 뇌, 골, 〈비유〉 두뇌, 지능
□ 闹笑话 [nào xiào huà 나오 씨아오 화]	웃음을 자아내다, 웃음거리가 되다, 어리석은 실수를 하다
□ 闹着玩儿 [nào·zhe wánr 나오 저 왈]	동 농담하다, 희롱하다, 놀다, 장난하다, (사람·일을) 경솔히 대하다

■ 呢 [·ne 너]	조 1. 반문·의문의 어기(語氣)를 나타냄 2. 사실의 확인·강조를 나타냄
■ 内 [nèi 네이]	명 안(쪽), 속, 내부, 처(妻)나 처가의 친척, 〈문어〉 궁중(宮中), 내심, 내장
□ 内存 [nèi cún 네이 춘]	명 〈전자〉 RAM(메모리)
□ 内行 [nèi háng 네이 항]	명 전문가, 숙련자 형 정통하다, 숙련되다, 노련하다
□ 内衣 [nèi yī 네이 이]	명 내의, 속옷
■ 能 [néng 넝]	조동 …할 수 있다, …할 줄 알다 명 능력, 재능, 재간 형 유능하다
□ 能干 [néng gàn 넝 깐]	형 일을 잘하다, 능력이 있다, 유능하다
■ 能够 [néng gòu 넝 꼬우]	조동 충분히 …할 수 있다, …할 줄 안다, (허가의 의미로) …할 수 있다
□ 能力 [néng lì 넝 리]	명 능력, 역량
□ 泥土 [ní tǔ 니 투]	명 진흙, 점토, 흙, 토양(土壤)

- **你**
  [nǐ 니]
  　데 너, 자네, 당신, 〈문어〉 너희들, 당신들, 누구, 사람

- **你们**
  [nǐ·men 니 먼]
  　데 너희들, 당신들, 자네들

- **年**
  [nián 니앤]
  　명 년, 해, 설, 새해, 연령, 나이, 일생의 한 시기, 시대, 수확

□ **年代**
  [nián dài 니앤 따이]
  　명 연대, 시대, 시기, 한 세기 중의 10년

- **年级**
  [nián jí 니앤 지]
  　명 학년

- **年纪**
  [nián jì 니앤 찌]
  　명 (사람의) 나이, 연령

□ **年龄**
  [nián líng 니앤 링]
  　명 연령, 나이

- **年轻人**
  [nián qīng rén 니앤 칭 런]
  　명 청년, 젊은이

- **念**
  [niàn 니앤]
  　동 그리워하다, 생각하다, (소리내어) 읽다, 공부하다 　명 생각, 염두

□ **念书**
  [niàn//shū 니앤 쑤]
  　동 책을 (소리 내어) 읽다, 독서하다, 공부[면학]하다

念头 [niàn tóu 니앤 토우]	명 생각, 사고, 의사, 마음
鸟 [niǎo 니아오]	명 〈조류〉 새
您 [nín 닌]	대 〈경어〉 당신, 선생님, 귀하 ['你'의 존칭형]
凝聚 [níng jù 닝 쮜]	동 응집하다, 맺히다, 한데 엉기다, 집중하다
宁可 [nìng kě 닝 커]	접 차라리 (…하는 것이 낫다), 오히려 (…할지언정)
牛 [niú 니우]	명 〈동물〉 소 형 (소처럼) 완고하다 동 〈속어〉 허풍을 치다, 언쟁하다
牛奶 [niú nǎi 니우 나이]	명 우유
牛肉 [niú ròu 니우 로우]	명 쇠고기
牛仔裤 [niú zǎi kù 니우 자이 쿠]	명 청바지, 진스(jeans)
扭转 [niǔ zhuǎn 니우 주안]	동 (몸을) 돌리다, 방향을 바로 잡다, (정세를) 전환시키다, 반전시키다

单词	意思
■ 农夫 [nóng fū 농 푸]	명 〈문어〉 농부, 농민, 농군
□ 浓 [nóng 농]	형 (맛이) 진하다, (농도가) 짙다, 농후하다, (정도가) 깊다, 강렬하다
■ 弄 [nòng 농]	동 가지고 놀다, 희롱하다, (일을) 하다, 만들다, 장만하다, 농간을 부리다
■ 努力 [nǔ//lì 누 리]	동 노력하다, 열심히 하다, 애쓰다, 힘쓰다 명 (nǔ lì) 노력
■ 女儿 [nǚ ér 뉘 얼]	명 딸, 미혼녀
■ 女人 [nǚ rén 뉘 런]	명 여자, 여인
□ 暖和 [nuǎn·huo 누안 후오]	형 따뜻하다 동 불을 쬐다, 따뜻하게 하다
□ 暖气 [nuǎn qì 누안 치]	명 〈방언〉 (난방용) 증기, 온수, 스팀(steam), 난방 설비
□ 暖洋洋(的) [nuǎn yáng yáng (·de) 누안 양 양 (더)]	형 따사롭다, 따뜻하고 훈훈하다
□ 懦夫 [nuò fū 누오 푸]	명 겁쟁이, 비겁한 사람, 졸장부, 기개 없는 남자, 약하고 무능한 남자

CHINESE
KOREAN
WORDS
DICTIONARY

O

□ **噢** [ō 오]	갑 아! 오! [이해·납득을 나타냄]
□ **哦** [ó 오]	갑 어! 어머! 어허! [놀람·찬탄 등을 나타냄]
□ **嚄** [ǒ 오]	갑 어! 아니! [놀람·의혹을 나타냄]
□ **哦** [ò 오]	갑 아! 오! [납득·이해·동의 등을 나타냄]
□ **欧** [ōu 오우]	명 〈음역어〉 유럽
□ **欧美** [ōu Měi 오우 메이]	명 〈지리〉 구미, 유럽과 아메리카
□ **欧盟** [ōu méng 오우 멍]	명 〈음역어〉 유럽 연합(EU)
□ **欧式** [ōu shì 오우 쓰]	명 유럽식, (서)양식 형 유럽식의, (서)양식의
□ **欧元** [ōu yuán 오우 위앤]	명 유로(Euro), 유럽 연합(EU)의 단일 화폐

- 欧洲
  [ōu zhōu 오우 쪼우]
  명 〈음역어〉 유럽주, 구(라파)주

- 殴
  [ōu 오우]
  동 (사람을) 치다, 때리다, 구타하다

- 殴打
  [ōu dǎ 오우 다]
  동 구타하다, 때리다

- 殴伤
  [ōu shāng 오우 쌍]
  동 때려서 상처를 입히다

- 鸥
  [ōu 오우]
  명 〈조류〉 갈매기의 총칭

- 呕气
  [ǒu qì 오우 치]
  명 구역질, 메스꺼움
  동 구역질나다, 메스껍다

■ 呕吐
  [ǒu tù 오우 투]
  명 구토
  동 구토하다, 게우다

- 呕心
  [ǒu//xīn 오우 씬]
  동 〈비유〉 (주로 문예 창작에 있어서) 매우 고심하다, 심혈을 기울이다

- 偶
  [ǒu 오우]
  명 인형, 꼭두각시, 짝, 배우자
  형 쌍의, 짝(수)의 부 우연히

- 偶尔
  [ǒu'ěr 오우 얼]
  부 간혹, 가끔, 이따금, 때때로, 어쩌다가 형 우연히 발생한, 우발적인

|211|

□ 偶合 [ǒu hé 오우 허]	동 우연히 일치하다, 우연히 맞다 명 우연한 일치, 암합
■ 偶然 [ǒu rán 오우 란]	형 우연하다, 우연스럽다 부 우연히, 뜻밖에
□ 偶像 [ǒu xiàng 오우 씨앙]	명 우상, 〈비유〉 미신 등의 대상물, 맹목적 숭배의 대상
□ 藕 [ǒu 오우]	명 〈식물〉 연근, 연뿌리
□ 沤 [òu 오우]	동 물에 오래 담그다, 우리다, 흠뻑 젖다, 푹 썩히다, (날짜를) 늦추다
□ 怄气 [òu//qì 오우 치]	동 화내다, 언짢아하다, 골나다, 고의로 다투다, 화나게[언짢게] 하다
□ 怄死 [òu sǐ 오우 스]	동 (이것저것 뒤얽혀서) 귀찮아 죽겠다, 부아가 나 죽겠다
□ 怄作 [òu zuò 오우 쭤]	동 귀찮게 굴다, 기분을 상하게 하다, 괴롭히다

CHINESE
KOREAN
WORDS
DICTIONARY

p

- **爬** [pá 파]
  - 동 기다, 기어가다, 기어 오르다, (덩굴 등이) 뻗다

- 爬山 [pá shān 파 싼]
  - 명 등산
  - 동 등산하다, 산에 올라가다

- **怕** [pà 파]
  - 동 두려워하다, 근심하다, …에 약하다 부 아마 (…일 것이다), 혹시

- **拍** [pāi 파이]
  - 동 (손바닥으로) 치다, (전보를) 보내다 명 채, 라켓(racket), 〈음악〉 박자

- 拍手 [pāi//shǒu 파이 소우]
  - 동 박수를 치다, 손으로 박자를 맞추다

- 拍照 [pāi//zhào 파이 짜오]
  - 동 사진을 찍다, 촬영하다

- 排列 [pái liè 파이 리에]
  - 명 〈수학〉 순열
  - 동 배열하다, 정렬하다

- **排球** [pái qiú 파이 치우]
  - 명 〈체육〉 배구, 배구공

- 排演 [pái yǎn 파이 이앤]
  - 명 무대 연습, 리허설
  - 동 무대 연습을 하다, 리허설을 하다

□ 派遣 [pài qiǎn 파이 치앤]	동 파견하다, 보내다
□ 派生 [pài shēng 파이 썽]	동 파생하다, 갈라져 나오다
□ 盘子 [pán·zi 판 즈]	명 쟁반, (옛날의) 매매 가격, 시장 가격, 팁(tip)
叛逆 [pàn nì 판 니]	동 반역하다, 배반하다 명 반역자, 역적
□ 盼望 [pàn wàng 판 왕]	동 간절히 바라다, 학수고대하다, 희망하다, 걱정하다, 근심하다
□ 旁边(儿) [páng biān(r) 팡 삐앤]	명 옆, 곁, 측면, 부근, 근처
□ 胖 [pàng 팡]	형 뚱뚱하다, 살찌다
■ 跑 [pǎo 파오]	동 달리다, 뛰다, 달아나다, 도망가다, 분주하게 다니다, (액체가) 증발하다
□ 跑步 [pǎo bù 파오 뿌]	명 구보(驅步), 달리기 동 달리기하다, 조깅하다
■ 泡菜 [pào cài 파오 차이]	명 김치

■ 陪 [péi 페이]	동 모시다, 동반하다, 수행하다, (곁에서) 시중들다, 사과하다, 용서를 빌다
□ 培养 [péi yǎng 페이 양]	동 양성하다, 육성하다, 키우다, 기르다, 〈생물〉 배양하다
□ 培育 [péi yù 페이 위]	동 재배하다, 가꾸다, 기르다, 배양하다, (인재를) 양성하다, 육성하다
□ 佩服 [pèi·fú 페이 푸]	동 탄복하다, 감탄하다
□ 配合 [pèi hé 페이 허]	동 배합하다, 협동하다, 협력하다, 보조를 맞추다, 호응하다, 적응하다
□ 配角(儿) [pèi jué(r) 페이 쥐에]	명 (연극·영화의) 조연(助演), 상대역, 보조역, 〈비유〉 보조적인 인물, 보좌역
■ 朋友 [péng·you 펑 요우]	명 친구, 벗, 동무, 연인, 애인
□ 捧 [pěng 펑]	동 두손으로 받들다, 움켜 들다, 아첨하다, 치켜세우다 양 움큼
■ 碰 [pèng 펑]	동 부딪치다, 충돌하다, (우연히) 만나다, 시도해 보다, 부딪쳐 보다
□ 批判 [pī pàn 피 판]	명 비판 동 비판하다, 반박하다

批评 [pī píng 피 핑]	몡 비평, 비판 통 비평[평가]하다, 장단점을 지적하다, (잘못을) 꾸짖다
批准 [pī//zhǔn 피 준]	몡 비준, 허가, 승인 통 비준하다, 허가하다, 승낙하다
皮带 [pí dài 피 따이]	몡 가죽 띠, 가죽 혁대, 〈기계〉 동력을 전달하는 피대(皮帶)
皮肤 [pí fū 피 푸]	몡 피부
疲乏 [pí fá 피 파]	혱 피로하다, 피곤하다, 지치다, (기능이) 약해지다 몡 피곤, 피로
疲倦 [pí juàn 피 쮜앤]	혱 지치다, 나른해지다, 피곤하여 맥이 풀리다
疲劳 [pí láo 피 라오]	몡통 피로(해지다) 혱 지치다, 피로하다
啤酒 [pí jiǔ 피 지우]	몡 맥주
脾气 [pí·qi 피 치]	몡 기질, 성격, 성미, 몸에 밴 버릇, 화, 성깔
■ 匹 [pǐ 피]	통 필적하다, 적수가 되다 혱 단독의 양 필, 마리 [옷감이나 말을 셀 때]

屁股 [pì·gu 피 구]	명 〈구어〉 (사람의) 엉덩이, (동물의) 둔부, 꽁무니, (물체의) 꽁다리
偏偏(儿) [piān piān(r) 피앤 피앤]	부 굳이, 기어코, 일부러, 뜻밖에, 공교롭게, 유독, 오로지
■ 便宜 [pián·yi 피앤 이]	형 (값이) 싸다, 저렴하다 명 (부당한) 이익, 공짜 동 이롭게 해주다
■ 片 [piàn 피앤]	명 조각, 편, 구역 동 얇게 저미다 양 얇고 평평한 물건을 세는 단위
■ 票 [piào 피아오]	명 표, 증서, 지폐, 증명서, 유가증권 양 〈방언〉 (상행위에서의) 한 건(件)
■ 漂亮 [piào·liang 피아오 리앙]	형 아름답다, 잘 생기다, 보기 좋다, (말·행동이) 멋지다, 훌륭하다
瞥 [piē 피에]	동 얼핏 보다, 힐끗 보다, 언뜻 보다, 잠깐 보다
拼命 [pīn//mìng 핀 밍]	동 목숨을 내걸다, 〈비유〉 필사적으로 하다, 온 힘을 다하다
贫乏 [pín fá 핀 파]	형 가난하다, 빈궁하다, 부족하다, 빈약하다
贫困 [pín kùn 핀 쿤]	명 가난, 빈곤, 곤궁 형 가난하다, 빈곤하다, 곤궁하다

☐ 品德 [pǐn dé 핀 더]	몡 인품과 덕성
☐ 品格 [pǐn gé 핀 거]	몡 품격, 성품, 품행, (문학이나 예술 작품의) 풍격
☐ 品质 [pǐn zhì 핀 쯔]	몡 품질, 인품, 품성, 소질
■ 乒乓球 [pīng pāng qiú 핑 팡 치우]	몡 〈체육〉 탁구, 탁구공
☐ 平安 [píng'ān 핑 안]	혱 평안하다, 편안하다, 안일하다, 무사하다
☐ 平常 [píng cháng 핑 창]	몡 평소, 평상시 혱 평범하다, 일반적이다, 보통이다
☐ 平凡 [píng fán 핑 판]	혱 평범하다
☐ 平和 [píng hé 핑 허]	혱 (성격·언행이) 온화하다, 부드럽다 동 〈방언〉 (분쟁이) 멈추다, 정지하다
☐ 平静 [píng jìng 핑 찡]	혱 평온하다, 조용하다, 고요하다, 평정하다, 진정시키다
☐ 平时 [píng shí 핑 스]	부 평소, 평상시, 보통 때, 여느 때

平原 [píng yuán 핑 위앤]	몡 평원, 벌판
评价 [píng jià 핑 찌아]	몡 평가 동 평가하다
评论 [píng lùn 핑 룬]	동 논평하다, 평론하다, 비평하다 명 평론, 논평, 논설
■ 苹果 [píng guǒ 핑 구오]	명 〈식물〉 사과, 사과나무
泼 [pō 포]	동 물을 뿌리다 형 무지막지하다, 야만스럽다, 나쁘다, 밉살스럽다
迫害 [pò hài 포 하이]	명 박해 동 박해하다
迫切 [pò qiè 포 치에]	형 절박하다, 급박하다, 간절하다, 절실하다
■ 破 [pò 포]	동 깨지다, 찢다, 부수다, 파기하다 형 낡다, 〈전용〉 좋지 않다, 시시하다
破除 [pò chú 포 추]	동 타파하다, 배제하다
破坏 [pò huài 포 화이]	동 파괴[파손]하다, 훼손하다, (규정 등을) 위반하다, 타파하다

破灭 [pò miè 포 미에]	동 파멸하다, (환상이나 희망이) 깨지다, 사라지다
破损 [pò sǔn 포 순]	명 파손 동 파손하다, 파손되다
破绽 [pò·zhàn 포 짠]	명 (옷 솔기의) 터진 곳, 틈, 기회, 〈비유〉 결점[오류] 동 (실밥이) 풀리다
魄力 [pò·lì 포 리]	명 패기, 기백, 박력, 근기, 투지
剖腹产 [pōu fù chǎn 포우 푸 찬]	명 〈의학〉 제왕 절개(帝王切開)
扑 [pū 푸]	동 뛰어[달려]들다, (일에) 몰두하다, (코를) 찌르다, 스치다, 때려잡다, 털다
扑克(牌) [pū kè (pái) 푸 커 (파이)]	명 〈음역어〉 카드, 트럼프, 포커 (poker) [트럼프 놀이의 일종]
扑灭 [pū//miè 푸 미에]	동 박멸하다, 잡아 없애다, 불을 끄다, (경기에서 어려운 공을) 살려내다
扑腾 [pū·teng 푸 텅]	동 다리로 물을 풍덩풍덩 차다, (심장이) 쿵쿵거리다, (새가) 파닥파닥하다
菩萨 [pū·sà 푸 싸]	명 〈불교〉 보살 [菩提萨埵의 준말], 부처, 신(神), 〈전용〉 자비심 많은 사람

- 葡萄 [pú·táo 푸 타오] 명 〈식물〉 포도, 포도나무

- 葡萄酒 [pú·táo jiǔ 푸 타오 지우] 명 와인, 포도주

- 朴素 [pǔ sù 푸 쑤] 형 (옷·문장이) 소박하다, 화려하지 않다, (생활이) 검소하다, 꾸밈이 없다

- 普遍 [pǔ biàn 푸 삐앤] 형 보편적이다, 일반적이다, 널리 퍼져 있다

- 普及 [pǔ jí 푸 지] 동 보급하다, 대중화시키다, 일반화하다, 확대되다, 널리 퍼지다

- 普通 [pǔ tōng 푸 통] 형 보통이다, 일반적이다, 평범하다

- ■ 铺子 [pù·zi 푸 즈] 명 가게, 점포, 상점

- 瀑布 [pù bù 푸 뿌] 명 폭포

CHINESE
KOREAN
WORDS
DICTIONARY

Q

- **七**
  [qī 치]
  - ㊀ 일곱, 7

- **妻子**
  [qī·zi 치 즈]
  - 명 아내, 처, 부인

- **期待**
  [qī dài 치 따이]
  - 명 기대, 고대
  - 동 기대하다, 고대하다

- **欺负**
  [qī·fu 치 푸]
  - 동 업신여기다, 얕보다, 괴롭히다, 괄시하다, 모욕하다

- **欺骗**
  [qī piàn 치 피앤]
  - 동 속이다, 기만하다

- **欺压**
  [qī yā 치 야]
  - 동 (권세를 믿고) 남을 억압하다, 업신여기고 압박하다

- **祈祷**
  [qí dǎo 치 다오]
  - 명 기도
  - 동 기도하다, 빌다

- **奇怪**
  [qí guài 치 꽈이]
  - 형 괴상하다, 이상하다, 의외다, 이해하기 어렵다 동 의아해하다

- **奇妙**
  [qí miào 치 미아오]
  - 형 기묘하다, 신기하다

- **骑** [qí 치]
  동 (자전거·말 등을) 타다, 올라타다, 〈전용〉 (두 물건의) 양쪽에 걸치다

- 骑马 [qí mǎ 치 마]
  명 승마
  동 말을 타다, 승마를 하다

- 旗袍(儿) [qí páo(r) 치 파오]
  명 차이나드레스, 중국 여성이 입는 원피스 모양의 의복

- **起** [qǐ 치]
  동 일어나다, 옮기다, 올라가다, 뽑다, 발생하다 양 번, 차례, 건, 무리, 패

- 起程 [qǐ chéng 치 청]
  동 출발하다, 길을 떠나다

- 起初 [qǐ chū 치 추]
  명 처음, 애당초
  부 처음에, 시초에, 최초에

- 起床 [qǐ//chuáng 치 추앙]
  동 기상하다, 잠자리에서 일어나다

- 起点 [qǐ diǎn 치 디앤]
  명 기점, 출발점, 시작된 장소나 시간, 〈체육〉 스타트 라인 (start line)

- 起飞 [qǐ fēi 치 페이]
  동 (비행기가) 이륙하다, 〈비유〉 (경제·사업 등이) 급성장하기 시작하다

- **起身** [qǐ//shēn 치 썬]
  동 기상하다, (잠자리에서) 일어나다, 출발하다, 자리에서 일어서다

□ 起头(儿) [qǐ tóu(r) 치 토우]	명 처음, 최초 부 처음에, 최초로 동 시작하다, 개시하다
□ 起先 [qǐ xiān 치 씨앤]	명 최초, 처음, 시작 부 처음에, 최초로
□ 起源 [qǐ yuán 치 위앤]	명 기원 동 기원하다, 유래하다
□ 气氛 [qì fēn 치 펀]	명 분위기
□ 气愤 [qì fèn 치 펀]	형 성나다, 화나다, 분개[분노]하다 명 분개, 분노, 성
□ 气候 [qì hòu 치 호우]	명 〈천문기상〉 기후, 〈전용〉 동향, 정세, 〈비유〉 결과, 성취
□ 气味 [qì wèi 치 웨이]	명 냄새, 향기, 〈비유〉 성미, 성격, 성향, 〈문어〉 광경, 정상(情狀)
□ 气象 [qì xiàng 치 씨앙]	명 기상, 날씨, 일기, 기상학(氣象學), 주위의 상황, 분위기
■ 汽车 [qì chē 치 처]	명 자동차
□ 汽水(儿) [qì shuǐ(r) 치 수이]	명 사이다 (cider)

恰当 [qià·dàng 치아 땅]	형 알맞다, 적당하다, 합당하다, 적합하다, 적절하다
恰好 [qià hǎo 치아 하오]	부 바로, 마침, 때마침 형 적당하다, 알맞다
■ 千 [qiān 치앤]	수 천, 1000 형 〈비유〉 매우 많다
■ 千万 [qiān wàn 치앤 완]	수 천만(千萬) 형 〈비유〉 수가 많다 부 제발, 부디, 절대로
牵 [qiān 치앤]	동 잡아 끌다, 잡아당기다, 연루되다, 관련되다, 끌어들이다
牵强 [qiān qiǎng 치앤 치앙]	동 억지로 갖다 붙이다, 억지쓰다 형 억지스럽다
■ 铅笔 [qiān bǐ 치앤 비]	명 연필
谦让 [qiān ràng 치앤 랑]	동 겸양하다, 겸손하게 사양하다
谦虚 [qiān xū 치앤 쒸]	형 겸허하다 동 겸손의 말을 하다
签订 [qiān dìng 치앤 띵]	동 체결하다, 조인하다, (계약을) 맺다

□ 签证 [qiān zhèng 치앤 쩡]	명 비자, 사증 동 사증(查證)하다, (계약서 등에) 서명하다
■ 前 [qián 치앤]	명 (장소·순서의) 앞, 정면, (시간) 전, 이전, 전임(前任) 동 앞으로 나아가다
□ 前程 [qián chéng 치앤 청]	명 전도, 앞길, 미래, (옛 선비나 관리가 추구한) 공명, 관직
□ 前额 [qián'é 치앤 어]	명 이마
□ 前后 [qián hòu 치앤 호우]	명 (어떤 시간의) 전후, 쯤, 전기간(全期間), (어떤 장소의) 앞뒤
□ 前进 [qián jìn 치앤 찐]	명 전진 동 전진하다, 앞으로 나아가다
■ 前年 [qián nián 치앤 니앤]	명 재작년
■ 前天 [qián tiān 치앤 티앤]	명 그저께
□ 前途 [qián tú 치앤 투]	명 앞길, 전도, 전망, 〈격식〉 상대방
■ 钱 [qián 치앤]	명 돈, 화폐, 동전, 비용, 값, 자금, 기금 양 돈, 전 [무게의 단위]

钱包 [qián bāo 치앤 빠오]	명 지갑, 돈지갑, 돈주머니, 돈 가방
■ 浅 [qiǎn 치앤]	형 (물이) 얕다, (길·폭이) 좁다, 평이하다, (지식·소견 등이) 천박하다
浅薄 [qiǎn bó 치앤 보]	형 (지식·경험이) 빈약하다, 부족하다, (감정이) 깊지 않다, 경박하다
欠缺 [qiàn quē 치앤 취에]	명 흠, 결함, 부족, 결핍 형 흠이 있다, 결함이 있다, 부족하다
欠收 [qiàn shōu 치앤 쏘우]	명 흉작, 흉년 형 흉작이다, 흉년이다
强大 [qiáng dà 치앙 따]	형 강대하다, 힘있다
强调 [qiáng diào 치앙 띠아오]	동 강조하다
强健 [qiáng jiàn 치앙 찌앤]	형 강건하다, 튼튼하다, 건장하다
强烈 [qiáng liè 치앙 리에]	형 강렬하다, 거세다, 선명하다, 뚜렷하다
强迫 [qiǎng pò 치앙 포]	동 강박하다, 강요하다, 핍박하다, 강제로 시키다

强盛 [qiáng shèng 치앙 썽]	형 강성하다, 강대하고 번성하다
强硬 [qiáng yìng 치앙 잉]	형 강경하다, 강하다, 강력하다
强壮 [qiáng zhuàng 치앙 쭈앙]	형 건장하다, 튼튼하다 동 건강하게 하다
■ 墙 [qiáng 치앙]	명 벽, 담, 울타리, 기물의 칸막이
抢 [qiǎng 치앙]	동 빼앗다, 약탈하다, 앞다투어 …하다, (표면을) 갈다 부 급히, 서둘러
抢夺 [qiǎng duó 치앙 두오]	동 강탈하다, 빼앗다
敲 [qiāo 치아오]	동 치다, 두드리다, 때리다, 〈구어〉 속이다, 사기치다, 속여서 빼앗다
敲门 [qiāo mén 치아오 먼]	동 문을 두드리다, 노크하다, 방문하다
■ 桥 [qiáo 치아오]	명 다리, 교량
瞧 [qiáo 치아오]	동 〈구어〉 보다, 구경하다, 읽다, 판단하다, 방문하다, 진찰[진료]하다

巧克力 [qiǎo kè lì 치아오 커 리]	명 〈음역어〉 초콜릿
巧妙 [qiǎo miào 치아오 미아오]	형 (수단 등이) 교묘하다
切 [qiē 치에]	동 (칼로) 자르다, 썰다, 저미다, 〈수학〉(선·면 등이 서로) 접하다
茄子 [qié·zi 치에 즈]	명 〈식물〉 가지
切 [qiè 치에]	동 맞물리다, 부합되다, 바짝 붙다 형 절박[긴급]하다 부 제발, 부디
切实 [qiè shí 치에 스]	형 실질적이다, 실제에 부합하다, 확실하다, 착실하다, 성실하다
亲近 [qīn jìn 친 찐]	형 가깝다, 친근하다, 친밀하다 동 친밀하게 지내다, 친해지다
亲密 [qīn mì 친 미]	형 친밀하다, 사이가 좋다
亲戚 [qīn·qī 친 치]	명 친척, 〈문어〉 부모형제, 일가족, 친밀함, 친한 관계
亲切 [qīn qiè 친 치에]	형 친절하다, 친근하다, 다정다감하다 명 친절, 친함, 친근감

단어	뜻
□ 亲热 [qīn rè 친 러]	형 친밀하다, 다정하다, 친절하다 동 친하게 지내다
□ 亲吻 [qīn wěn 친 원]	동 키스하다, 입 맞추다
□ 侵犯 [qīn fàn 친 판]	명 침범 동 침범하다, 침입하다
□ 侵略 [qīn lüè 친 뤼에]	명 침략 동 침략하다
□ 侵入 [qīn rù 친 루]	명 침입, 침투 동 침입하다, 침투하다
□ 侵占 [qīn zhàn 친 짠]	동 침략하여 점령하다, 점거하다, (남의 재물을) 점유하다, 침해하다
□ 勤快 [qín·kuai 친 쿠아이]	형 〈구어〉 부지런하다, 근면하다
□ 勤劳 [qín láo 친 라오]	형 부지런히 일하다, 근로하다, 근면하다
□ 青年 [qīng nián 칭 니앤]	명 청년, 젊은이
■ 轻 [qīng 칭]	형 가볍다, 약하다, 간편하다, 경쾌하다 동 가볍게 여기다 부 가볍게

轻慢 [qīng màn 칭 만]	동 경시하다, 얕보다, 업신여기다 형 정중하지 않다, 오만불손하다
轻巧 [qīng·qiǎo 칭 치아오]	형 가볍고 정교하다, 깜찍하다, 능란하다, 날렵하다, 간단하다, 수월하다
轻视 [qīng shì 칭 쓰]	동 경시하다, 업신여기다, 얕보다
轻率 [qīng shuài 칭 쒸이]	형 경솔하다
轻微 [qīng wēi 칭 웨이]	형 (수량·정도 등이) 가볍다, 경미하다
轻易 [qīng·yì 칭 이]	부 수월하게, 가볍게, 함부로, 쉽사리, 좀체 형 간단하다, 수월하다
清除 [qīng chú 칭 추]	동 완전히 제거하다, 없애다, 청소하다, 정리하다 명 〈전자〉 클리어
■ 清楚 [qīng·chu 칭 추]	형 분명하다, 뚜렷하다, 명백하다, 명석하다 동 알다, 이해하다
清淡 [qīng dàn 칭 딴]	형 (색깔·냄새가) 산뜻하다, 연하다, (음식이) 담백하다, 불경기이다
清静 [qīng jìng 칭 찡]	형 조용하다, 고요하다, 한적하다

清理 [qīng lǐ 칭 리]	동 깨끗이 정리하다, 청산하다, 가다듬다
清晰 [qīng xī 칭 씨]	형 분명하다, 뚜렷하다, 명석하다
清醒 [qīng xǐng 칭 싱]	형 (정신이) 맑고 깨끗하다, 또렷하다 동 의식을 회복하다, 깨어나다
情景 [qíng jǐng 칭 징]	명 정경, 광경, 상황, 장면
情人(儿) [qíng rén(r) 칭 런]	명 애인, 연인, 정부(情婦), 정부(情夫)
情书 [qíng shū 칭 쑤]	명 연애 편지
■ 情形 [qíng·xing 칭 싱]	명 일의 상황, 형세, 정황(情況), 형편
■ 晴 [qíng 칭]	형 맑다, 개어 있다 동 (날씨가) 개다
■ 请 [qǐng 칭]	동 요청[요구]하다, 초청하다, 부르다, 한턱내다, 〈경어〉 …하십시오
请教 [qǐng//jiào 칭 찌아오]	동 조언을 구하다, 가르침을 청하다, 지도를 바라다

□ 请求 [qǐng qiú 칭 치우]	명 청구, 요구, 부탁 동 바라다, 청구하다, 부탁하다
□ 请示 [qǐng//shì 칭 쓰]	동 지시를 바라다, (상급 기관에) 물어보다
□ 庆祝 [qìng zhù 칭 쭈]	동 경축하다, 축하하다
■ 穷 [qióng 치옹]	형 다하다, 끝장나다, 가난하다, 막히다 동 끝까지 밝혀 내다 부 극히
■ 秋天 [qiū·tiān 치우 티앤]	명 가을, 〈문어〉 가을 하늘
□ 球迷 [qiú mí 치우 미]	명 축구팬, 구기광(球技狂)
□ 区别 [qū bié 취 비에]	명 구별, 차이, 상이, 다름 동 구별하다, 나누다, 식별하다
□ 区域 [qū yù 취 위]	명 구역, 지역, 지구
□ 曲折 [qū zhé 취 저]	형 구불구불하다, 굽다, 곡절이 많다, 복잡하다, 평탄하지 않다
■ 取 [qǔ 취]	동 가지다, 취하다, 찾다, 구하다, 얻다, 받아들이다, 고르다, 선발하다

取得 [qǔ dé 취 더]	동 취득하다, 얻다, 획득하다 명 〈전자〉 인출(fetch)
取消 [qǔ xiāo 취 씨아오]	동 없애다, 취소하다, 제거하다
■ 去 [qù 취]	동 가다, 떠나다, 놓치다, 없애다, 거리가[떨어져] 있다, …하러 가다
■ 去年 [qù nián 취 니앤]	명 작년, 지난해
去世 [qù shì 취 쓰]	동 죽다, 서거하다, 사망하다, 세상을 떠나다
趣味 [qù wèi 취 웨이]	명 재미, 흥미, 취미, 기호, 관심
圈子 [quān·zi 취앤 즈]	명 원, 동그라미, 둥근 모양의 것, 테두리, 범위, 올가미
权力 [quán lì 취앤 리]	명 권력, 권한
权利 [quán lì 취앤 리]	명 권리, 권세, 재력
权益 [quán yì 취앤 이]	명 권익, 권리와 이익

- **全**
  [quán 취앤]
  혱 완전하다, 완비되다, 전부의
  및 전부, 완전히 명 보전하다

- **全部**
  [quán bù 취앤 뿌]
  명 전부, 전체
  형 전부의, 전체의, 총계의

- **全体**
  [quán tǐ 취앤 티]
  명 전체, 온몸, 전신

- **劝告**
  [quàn gào 취앤 까오]
  명 권고, 충고
  동 권고하다, 충고하다

- **劝解**
  [quàn jiě 취앤 지에]
  동 중재하다, 화해시키다, 달래다, 타이르다, 권유하다, 설득하다

- **劝说**
  [quàn shuō 취앤 쑤오]
  동 설득하다, 권고[권유]하다, 타이르다

- **劝阻**
  [quàn zǔ 취앤 주]
  동 충고하여 그만두게 하다, 단념시키다, 말리다

- **缺点**
  [quē diǎn 취에 디앤]
  명 결점, 단점, 결함, 흠, 유감

- **缺乏**
  [quē fá 취에 파]
  동 (이해 등이) 부족하다, 결핍되다

- **缺少**
  [quē shǎo 취에 사오]
  동 (사람·물건의 수량이) 모자라다, 부족하다, 결핍하다

■ 却
[què 취에]
- 부 도리어, 오히려, 뜻밖에
- 동 물러나다, 물리치다, 거절하다

□ 却步
[què bù 취에 뿌]
- 동 뒷걸음질치다, 뒤로 물러서다

□ 确定
[què dìng 취에 띵]
- 형 확정적이다, 명확하다, 확고하다
- 동 확정하다, 확실히 하다, 확인하다

□ 确实
[què shí 취에 스]
- 형 확실하다, 진실하다
- 부 확실히, 정말로, 진실로

■ 裙子
[qún·zi 췬 즈]
- 명 치마, 스커트

□ 群
[qún 췬]
- 명 떼, 무리, 대중, 군중 형 무리를 이룬, 아주 많은 양 무리, 떼

■ 群集
[qún jí 췬 지]
- 동 군집하다, 많은 사람이 (떼지어) 모이다

**CHINESE
KOREAN
WORDS
DICTIONARY**

R

R

- **然而** [rán'ér 란 얼]
  - 접 그렇지만, 그러나, 그래도, 그런데

- **让** [ràng 랑]
  - 동 사양[양보]하다, 양도하다, 권하다
  - 개 …에 의해, …에게 (…당하다)

- **让座(儿)** [ràng//zuò(r) 랑 쭤]
  - 동 자리[좌석]를 양보하다, (손님에게) 자리를 권하다

- **热** [rè 러]
  - 형 덥다, 뜨겁다 명 〈물리〉 열, 열기, 붐(boom) 동 가열하다, 몹시 탐내다

- **热爱** [rè'ài 러 아이]
  - 동 매우[열렬히] 사랑하다, 열애하다

- **热烈** [rè liè 러 리에]
  - 형 열렬하다, 열광적이다, 열정적이다

- **热闹** [rè·nao 러 나오]
  - 형 번화하다, 떠들석하다 동 흥청대다, 떠들썩하게 놀다 명 여흥, 구경거리

- **热情** [rè qíng 러 칭]
  - 명 열정, 의욕, 열의, 친절 형 열정적이다, 친절하다, 정이 두텁다

- **热心** [rè xīn 러 씬]
  - 형 열심이다, 적극적이다, 친절하다
  - 동 매우 열성적으로 하다

人 [rén 런]	몡 사람, 인간, 성인, 어른, 일반인, 남, 타인, 인재, 일손
人才 [rén cái 런 차이]	몡 인재, 재능, 〈구어〉 아름답고 단정한 외모, 인품(人品)
人工呼吸 [rén gōng hū xī 런 꽁 후 씨]	몡 인공호흡
人家 [rén·jia 런 지아]	대 남, 다른 사람, 그 사람, 그, 나, 자신, 몸, 신분
人类 [rén lèi 런 레이]	몡 인류
人生 [rén shēng 런 썽]	몡 인생
人物 [rén wù 런 우]	몡 인물, 중요한 인물, 〈미술〉 인물화, (예술작품 속의) 인물
人行道 [rén xíng dào 런 싱 따오]	몡 인도, 보도
人行横道 [rén xíng héng dào 런 싱 헝 따오]	몡 횡단보도
人造卫星 [rén zào wèi xīng 런 짜오 웨이 씽]	몡 인공위성

忍耐 [rěn nài 런 나이]	몡 인내 동 인내하다, 억제하다, 참아내다
忍让 [rěn ràng 런 랑]	몡 양보, 인내 동 참고 양보[사양]하다
忍受 [rěn shòu 런 쏘우]	동 참다, 참아내다, 견디다, 이겨내다
■ 认识 [rèn·shi 런 스]	몡 〈심리〉 인식 동 알다, 인식하다
■ 认真 [rèn//zhēn 런 쩐]	동 곧이듣다, 정말로 여기다 형 (rèn zhēn) 진지하다, 성실하다
任务 [rèn·wu 런 우]	몡 임무, 책무, 책임, 할당된 일
任性 [rèn xìng 런 씽]	동 제멋대로 하다, 제 마음대로 하다, 마음 내키는 대로 하다
任意 [rèn yì 런 이]	부 임의대로, 제멋대로 몡형 임의(의) 동 임의대로 하다, 제멋대로 하다
扔 [rēng 렁]	동 던지다, 내버리다, 포기하다, 〈전용〉 지껄이다, 먼저 죽다
仍然 [réng rán 렁 란]	부 아직도, 여전히, 변함없이, 원래대로

■ 日 [rì 르]	명 날, 하루, (특정한) 날, 일, 해, 태양, 낮, 시간, 세월, 매일, 하루하루
□ 日餐 [rì cān 르 찬]	명 일식 요리
□ 日常 [rì cháng 르 창]	명 일상, 평소 형 일상의, 평소의, 일상적인
□ 日用 [rì yòng 르 용]	형 일용의 명 생활비
■ 日子 [rì·zi 르 즈]	명 (정해진) 날, 날짜, 시일, 기간, 세월, 시간, 생계, 생활
□ 日夜商店 [rì yè shāng diàn 르 예 쌍 띠앤]	명 24시간 편의점
□ 容忍 [róng rěn 롱 런]	동 용인하다, 허용하다, 참고 견디다, 참고 용서하다
■ 容易 [róng yì 롱 이]	형 쉽다, 용이하다, (어떤 일이) …하기 쉽다 부 쉽게, 쉽사리
□ 柔和 [róu·hé 로우 허]	형 유순하다, 연하고 부드럽다, 맛이 순하다, 느낌이 부드럽다
□ 柔软 [róu ruǎn 로우 루안]	형 유연하다, 부드럽고 연하다

柔弱 [róu ruò 로우 뤄]	형 유약하다, 연약하다, 허약하다
■ 肉 [ròu 로우]	명 고기, (사람·동물의) 살, 과육(果肉) 형 〈방언〉 씹는 맛이 없다, 굼뜨다
□ 如 [rú 루]	동 …와 비슷하다, 필적하다 개 …에 따라, …대로 접 만약 (…라면)
□ 如果 [rú guǒ 루 구오]	접 만약, 만일
□ 入学 [rù//xué 루 쉬에]	동 입학하다, 취학하다 명 입학, 취학
■ 软 [ruǎn 루안]	형 부드럽다, 온화하다, 연약하다, (마음이) 여리다, 능력이 형편없다
■ 软件 [ruǎn jiàn 루안 찌앤]	명 〈전자〉 (컴퓨터의) 소프트웨어 (software)
□ 软弱 [ruǎn ruò 루안 뤄]	형 (몸이) 연약하다, 가냘프다, (성격·태도 등이) 무르다
□ 弱小 [ruò xiǎo 뤄 시아오]	형 약소하다, 약하고 작다

CHINESE
KOREAN
WORDS
DICTIONARY

S

S

- 洒
  [sǎ 사]
  동 (물 등을) 뿌리다, 살포하다, 붓다, 흘리다, (음식 등을) 엎지르다

- 撒
  [sǎ 사]
  동 흩뿌리다, 살포하다, 떨어뜨리다, 쏟다, 엎지르다, 흘리다

- 塞
  [sāi 싸이]
  동 틀어막(히)다, 채우다, 밀어[쑤셔] 넣다, 과식하다 명 뚜껑, 마개

- ■ 赛跑
  [sài pǎo 싸이 파오]
  명 달리기 (경주)
  동 달리기 경주를 하다

- ■ 三
  [sān 싼]
  수 셋, 3
  부 재삼, 여러 번

- 三明治
  [sān míng zhì 싼 밍 쯔]
  명 〈음역어〉 샌드위치

- 三角恋爱
  [sān jiǎo liàn' ài 싼 지아오 리앤 아이]
  명 (남녀의) 삼각관계

- ■ 伞
  [sǎn 산]
  명 우산, 양산, 우산 모양의 물건

- 散失
  [sàn shī 싼 쓰]
  동 흩어져 없어지다, 산실되다, (에너지·수분 등이) 없어지다, 증발하다

단어	뜻
□ 丧失 [sàng shī 쌍 쓰]	동 상실하다, 잃다
■ 扫 [sǎo 사오]	동 쓸다, 청소하다, 없애다, 제거하다, (재빨리) 좌우로 움직이다
□ 扫描 [sǎo miáo 사오 미아오]	명 〈전자〉 스캐닝(scanning), 주사(走査) 동 스캐닝하다, 휘둘러보다
□ 扫描器 [sǎo miáo qì 사오 미아오 치]	명 〈전자〉 스캐너(=扫描仪)
□ 扫兴 [sǎo//xìng 사오 씽]	동 흥[기분]이 깨지다, 흥취가 사라지다
□ 森林 [sēn lín 썬 린]	명 삼림, 나무숲
□ 沙发 [shā fā 싸 파]	명 〈음역어〉 소파(sofa)
□ 沙漠 [shā mò 싸 모]	명 사막
□ 傻 [shǎ 사]	형 어리석다, 멍청하다, 멍하다, 고지식하다, 융통성이 없다
■ 山 [shān 싼]	명 산, 산과 비슷한 모양, 〈전용〉 누에 섶, 집벽 형 (산처럼) 웅장하다

山谷 [shān gǔ 싼 구]	명 계곡, 산골짜기
删除 [shān chú 싼 추]	동 삭제하다, 지우다, 빼다 명 〈전자〉 삭제(delete)
善良 [shàn liáng 싼 리앙]	형 착하다, 선량하다, 어질다
善于 [shàn yú 싼 위]	형 …를 잘하다, …에 능숙하다 부 능숙하게, 교묘하게
擅长 [shàn cháng 싼 창]	동 〈문어〉 능숙하다, 뛰어나다, 재주가 있다, 정통하다 명 장기, 재간
伤害 [shāng hài 쌍 하이]	동 상해하다, 해치다, 해를 끼치다, 손상시키다
伤口(儿) [shāng kǒu(r) 쌍 코우]	명 상처
伤心 [shāng//xīn 쌍 씬]	형 상심하다, 슬퍼하다, 마음 아파하다
■ 商店 [shāng diàn 쌍 띠앤]	명 상점
■ 商量 [shāng·liáng 쌍 리앙]	동 상의하다, 상담하다, 의논하다, 토론하다, 흥정하다

商品 [shāng pǐn 쌍 핀]	몡 〈경제〉 상품, (시장에서 판매되는) 물품
■ 上 [shàng 쌍]	몡 위, 윗부분, 앞의 것, 상위, 상급 동 오르다, 나아가다, 바치다, 싣다
□ 上班 [shàng//bān 쌍 빤]	동 출근하다, 근무하다, 당번 근무를 하다 몡 〈문어〉 고관(高官)
□ 上班族 [shàng bān zú 쌍 빤 주]	몡 샐러리맨(salaried man)
□ 上车 [shàng chē 쌍 처]	동 차를 타다
□ 上当 [shàng//dàng 쌍 땅]	동 속다, 사기당하다, 꾐에 빠지다, 속임수에 걸리다
□ 上课 [shàng//kè 쌍 커]	동 수업하다
□ 上去 [shàng//·qù 쌍 취]	동 올라가다, 오르다
□ 上升 [shàng shēng 쌍 셩]	동 상승하다, 올라가다, (등급·정도·수량 등이) 향상하다, 증가하다
□ 上司 [shàng·si 쌍 스]	몡 상사, 상관(上官), 상급

上网 [shàng wǎng 쌍 왕]	통 〈전자〉 인터넷[네트워크]에 접속하다
■ 上午 [shàng wǔ 쌍 우]	명 오전
上下 [shàng xià 쌍 씨아]	명 위아래, 상하, (지위 등이) 높은 사람과 낮은 사람, 쯤, 안팎
上衣 [shàng yī 쌍 이]	명 상의, 윗도리, 저고리, 겉옷
■ 上月 [shàng yuè 쌍 위에]	명 지난달
■ 烧 [shāo 싸오]	통 태우다, 불사르다, 끓이다, 굽다, (음식을) 볶다, 열이 나다 명 열(熱)
烧伤 [shāo shāng 싸오 쌍]	명 〈의학〉 화상 통 화상을 입다
捎 [shāo 싸오]	통 가는 길에 가지고 가다[오다], 인편에 전하다[보내다]
稍微 [shāo wēi 싸오 웨이]	부 조금, 약간, 좀, 다소, 잠시, 잠깐
勺子 [sháo·zi 사오 즈]	명 (조금 큰) 국자, 〈생리〉 후두부

■ 少 [shǎo 사오]	형 (수량이) 적다, 부족하다, 결핍되다 동 잃다, 분실하다, 빚지다 부 그만
□ 少量 [shǎo liàng 사오 리앙]	명 소량, 적은 양
□ 少数 [shǎo shù 사오 쑤]	명 소수, 적은 수
■ 少年 [shào nián 싸오 니앤]	명 소년, 소년기, 소년 시절
□ 绍兴酒 [shào xīng jiǔ 싸오 씽 지우]	명 소흥주 [중국의 술로 황주(黃酒)의 일종]
□ 奢侈 [shē chǐ 써 츠]	형 사치하다, 사치스럽다
■ 舌头 [shé·tou 서 토우]	명 〈신체〉 혀, 적의 정보를 캐기 위하여 잡아 온 적의 보초병
□ 蛇 [shé 서]	명 〈동물〉 뱀
□ 设备 [shè·bèi 써 뻬이]	명 설비, 시설, 사전 준비 동 갖추다, 설비하다, 사전 준비를 하다
□ 设法 [shè fǎ 써 파]	동 방법[대책]을 강구하다, 방도를 모색하다 명 방법

设计 [shè jì 써 찌]	몡 디자인, 설계 동 디자인하다, 설계하다, 계획하다, 구상하다
设施 [shè shī 써 쓰]	몡 시설, 설비, 시책 동 조치를 취하다, 재능을 펼치다
设想 [shè xiǎng 써 시양]	몡 상상, 가상, 구상, 생각, 배려 동 상상하다, 구상하다, 배려하다
射击 [shè jī 써 찌]	몡 사격, 발포, 〈체육〉 사격 경기 동 사격하다, 발포하다
■ 谁 [shéi 쉐이]	대 누구, (불특정한) 누구, 아무, (임의의) 아무개, 누가, 누구나
申请 [shēn qǐng 썬 칭]	몡 신청 동 신청하다
伸手 [shēn//shǒu 썬 소우]	동 손을 뻗다, 착수하다, 〈비유〉 (영예 등을 얻기 위해) 손을 내밀다
伸展 [shēn zhǎn 썬 잔]	동 펼치다, 뻗다, 늘이다, 펴다 형 분명하다, 즐겁다, 멋있다
身材 [shēn cái 썬 차이]	몡 몸매, 체격, 몸집
身份 [shēn·fen 썬 펀]	몡 신분, 지위, 품위, (남의 존중을 받는) 지위, 체면, (물건의) 품질

- **身体**
  [shēn tǐ 썬 티]
  명 신체, 몸, 건강

- **深**
  [shēn 썬]
  형 깊다, 오래되다, (색깔이) 짙다, 심오하다, 심각하다 명 깊이, 심도

- 深度
  [shēn dù 썬 뚜]
  명 깊이, 심도, (인식의) 정도
  형 (정도가) 심한

- 深厚
  [shēn hòu 썬 호우]
  형 (감정이) 깊고 두텁다, 심후하다, (기초가) 튼튼하다, 단단하다

- 深刻
  [shēn kè 썬 커]
  형 심각하다, 정도가 깊다, (뜻·감정 등이) 깊다, 핵심을 찌르다

- 深入
  [shēn rù 썬 루]
  동 깊이 들어가다, 깊이 파고들다
  형 철저하다, 투철하다, 심각하다

- **什么**
  [shén·me 선 머]
  대 무엇, 어느, 어떤, 무슨, 무엇이든지, 뭐, 왜, 뭐(라고), …랑, …며

- 神经
  [shén jīng 선 찡]
  명 〈생리〉 신경, 정신 이상

- 神秘
  [shén mì 선 미]
  명 신비
  형 신비롭다, 불가사의하다

- 神气
  [shén·qì 선 치]
  명 표정, 안색, 의기양양함 형 기운 차다, 생기가 넘치다, 의기양양하다

神情 [shén qíng 선 칭]	명 안색, 표정, 기색
神色 [shén sè 선 써]	명 안색, 얼굴빛, 기색, 표정
神圣 [shén shèng 선 씽]	형 신성하다, 성스럽다 명 〈문어〉 제왕(帝王)의 존칭
审查 [shěn chá 선 차]	동 (계획·개인 이력 등을) 심사하다, 심의하다, 검열하다 명 심사, 심의
肾脏 [shèn zàng 썬 짱]	명 〈생리〉 신장, 콩팥
慎重 [shèn zhòng 썬 쫑]	형 신중하다, 분별있다, 엄숙하다 동 신중히 하다
升 [shēng 썽]	동 (떠)오르다, (등급이) 올라가다 양 리터(liter), 되 명 되, 됫박
生 [shēng 썽]	동 낳다, 태어나다, 자라다, 발생하다 형 살아 있는, 설(익)다 명 일생, 생명
生动 [shēng dòng 썽 똥]	형 생동감 있다, 생생하다, 생기발랄하다
生活 [shēng huó 썽 후오]	명 생활, 생계, 살림, 〈방언〉 일, 직업 동 생활하다, 생존하다

□ 生命 [shēng mìng 썽 밍]	명 생명, 목숨 형 살아 있는 것 같다, 생동감 있다
■ 生气 [shēng//qì 썽 치]	동 화내다, 성내다 명 (shēng qì) 생기, 생명력, 활력
□ 生疏 [shēng shū 썽 쑤]	형 낯설다, 생소하다, 서툴다, 미숙하다, 소원하다, 친하지 않다
□ 生意 [shēng·yi 썽 이]	명 장사, 상업, 사업, 영업
□ 生鱼片 [shēng yú piàn 썽 위 피앤]	명 회, 생선회
□ 生长 [shēng zhǎng 썽 장]	동 생장하다, 성장하다, 나서 자라다
□ 声明 [shēng míng 썽 밍]	명 성명, 성명서, 선언 동 성명하다, 선언하다
■ 声音(儿) [shēng yīn(r) 썽 인]	명 음성, 소리, 목소리, 〈문어〉 음악, 시가(詩歌), 〈비유〉 의견, 논조
□ 声援 [shēng yuán 썽 위앤]	명 성원 동 성원하다, 구두 후원을 하다
□ 省 [shěng 성]	명 성 [중국의 지방 행정 단위] 동 아끼다, 절약하다, 줄이다, 생략하다

省力 [shěng//lì 성 리]	동 수고를 덜다, 힘을 적게 들이다 형 수월하다, 수고롭지 않다
省心 [shěng//xīn 성 씬]	동 걱정[근심]을 덜다, 시름을 놓다
胜利 [shèng lì 썽 리]	명 승리, 성공 동 승리하다, 성과를 이루다, (일·사업 등이) 성공하다
盛开 [shèng kāi 썽 카이]	동 (꽃이) 활짝 피다, 만발하다
失败 [shī bài 쓰 빠이]	명 실패, 패배 동 실패하다, 패배하다
失当 [shī dàng 쓰 땅]	형 부당하다, 적합하지 않다, 타당하지 않다
失掉 [shī diào 쓰 띠아오]	동 잃다, 잃어버리다, (시기를) 놓치다
失恋 [shī//liàn 쓰 리앤]	명 실연 동 실연하다
失去 [shī qù 쓰 취]	동 잃어버리다, 잃다
失望 [shī wàng 쓰 왕]	동 실망하다, 희망을 잃다, 낙담하다, 〈문어〉 예상치 못하다 명 실망, 낙담

失陷 [shī xiàn 쓰 씨앤]	동 (영토를) 함락당하다, 적에게 점령당하다
施展 [shī zhǎn 쓰 잔]	동 (재능·수완 등을) 발휘하다, 펼치다, 나타내다, 보이다
湿度 [shī dù 쓰 뚜]	명 습도
十 [shí 스]	수 열, 10 형 〈전용〉 완전한, 절정의, 많은
十分 [shí fēn 스 펀]	부 십분, 매우, 대단히, 아주, 완전히, 충분히
十字路口 [shí zì lù kǒu 스 쯔 루 코우]	명 네거리, 십자로, 사거리, 〈비유〉 (중대한 문제의) 갈림길, 기로(岐路)
石头 [shí·tou 스 토우]	명 돌, 바위
时常 [shí cháng 스 창]	부 자주, 항상, 늘
时代 [shí dài 스 따이]	명 (역사상의) 시대, 당시, 현대, (일생 중의) 시절, 시기
时候(儿) [shí·hou(r) 스 호우]	명 시간, 동안, 시기, 때, 시각

| □ 时机
[shí jī 스 찌] | 몡 (유리한) 시기, 기회, 시기의 순간 |

| ■ 时间
[shí jiān 스 찌앤] | 몡 시간, 시각, 틈, 여가, 동안, 〈철학〉 시간 |

| □ 时刻
[shí kè 스 커] | 몡 순간, 때, 시각, 시간
튀 시시각각, 언제나, 항상 |

| □ 时髦
[shí máo 스 마오] | 몡 유행, 현대적, 최신식
혱 유행이다, 최신식이다 |

| □ 时期
[shí qī 스 치] | 몡 시기, 특정한[정해진] 때 |

| □ 实际
[shí jì 스 찌] | 몡 실제, 사실 혱 실제의, 실제적이다, 현실적이다, 구체적이다 |

| □ 实践
[shí jiàn 스 찌앤] | 몡 실천, 실행, 이행
동 실천하다, 실행하다, 이행하다 |

| □ 实施
[shí shī 스 쓰] | 몡 실시, 실행 동 (법률·정책 등을) 실시하다, 실행하다 |

| □ 实现
[shí xiàn 스 씨앤] | 동 실현하다, 이루다, 달성하다 |

| □ 实行
[shí xíng 스 싱] | 동 (정책·계획·강령 등을) 이행하다, 실행하다 |

- 实用 [shí yòng 스 용]
  - 형 실제적이다, 실용적이다
  - 동 실제로 쓰다[사용하다]

- 实在 [shí zài 스 짜이]
  - 형 참되다, 진실하다, 확실하다
  - 부 정말로, 확실히, 사실은

- 实质 [shí zhì 스 쯔]
  - 명 실질, 본질

- 食堂 [shí táng 스 탕]
  - 명 식당, 구내 식당, 음식점

- 使 [shǐ 스]
  - 동 쓰다, 사용하다, (…에게) …하게 하다, 〈문어〉 파견하다 명 사절, 외교관

- 使用 [shǐ yòng 스 용]
  - 동 사용하다, 고용하다, 부리다
  - 명 사용

- 始终 [shǐ zhōng 스 쫑]
  - 명 시종, 시말, 일의 처음과 끝
  - 부 늘, 한결같이, 언제나, 결국

- 市场 [shì chǎng 쓰 창]
  - 명 시장

- 世故 [shì·gu 쓰 구]
  - 형 요령이 있다, 세상 이치에 밝다, 처세(술)에 능하다, 원활하다

- 世界 [shì jiè 쓰 찌에]
  - 명 세계, 세상, 사회의 형세, 영역, 활동 범위, 〈문어〉 시간과 공간

世界杯 [shì jiè bēi 쓰 찌에 뻬이]	명 〈의역어〉 월드컵(World Cup) 축구대회, 월드컵 축구대회의 우승컵
视察 [shì chá 쓰 차]	동 시찰하다, 관찰하다, 고찰하다
事变 [shì biàn 쓰 삐앤]	명 사변, 사건, 비상사태, 세상일의 변화
事故 [shì gù 쓰 꾸]	명 사고, (의외의) 손실이나 재난, 불상사
事迹 [shì jì 쓰 찌]	명 사적, 행위, 성과, 업적
事件 [shì jiàn 쓰 찌앤]	명 사건, (특별한) 일, 사태, 행사
■ 事情 [shì·qing 쓰 칭]	명 일, 사정, 볼일, (사물의) 진상, 사고, 사건, 업무, 직업
事实 [shì shí 쓰 스]	명 사실
事业 [shì yè 쓰 예]	명 사업, 기업, 영업, 비영리적 사회활동
柿子 [shì·zi 쓰 즈]	명 〈식물〉 감, 감나무

■ 是 [shì 쓰]	형 맞다, 옳다 감 예, 그래 [응답] 동 옳다고 여기다, 긍정하다, …이다
□ 适当 [shì dàng 쓰 땅]	형 적당하다, 적절하다, 알맞다
□ 适度 [shì dù 쓰 뚜]	형 〈문어〉 정도가 적당하다, 적절하다
□ 适合 [shì hé 쓰 허]	형 적합[부합]하다, 적절하다, 어울리다, 알맞다
□ 适宜 [shì yí 쓰 이]	형 적당하다, 알맞다, 적절하다, 적합하다
□ 适应 [shì yìng 쓰 잉]	명 적응 동 적응하다, 맞추다
□ 适用 [shì yòng 쓰 용]	형 쓰기에 적절[적합]하다, 사용하기 알맞다
□ 逝世 [shì shì 쓰 쓰]	동 세상을 떠나다, 서거하다
□ 释放 [shì fàng 쓰 팡]	동 석방하다, 〈물리〉 (에너지를) 방출하다 명 〈전자〉 릴리스(release), 배포
□ 收回 [shōu//huí 쏘우 후이]	동 회수하다, 되찾다, (의견·제의·명령 등을) 취소하다, 철회하다

□ 收获 [shōu huò 쏘우 훠]	몡 수확, 소득, 성과 동 수확하다, (농작물을) 거두어 들이다
□ 收集 [shōu jí 쏘우 지]	동 수집하다, 모으다, 채집하다, (인재를) 모집하다
□ 收看 [shōu kàn 쏘우 칸]	동 (텔레비전을) 보다, 시청하다
□ 收录 [shōu lù 쏘우 루]	동 (인원을) 뽑다, 받아들이다, (시문 등을) 수록하다, (듣고) 기록하다
■ 收拾 [shōu · shi 쏘우 스]	동 정리하다, 수습하다, 수리[수선]하다, 〈구어〉 없애다, 죽이다, 혼내 주다
□ 收视率 [shōu shì lǜ 쏘우 쓰 뤼]	몡 시청률
□ 收缩 [shōu suō 쏘우 쑤오]	동 수축하다, 줄어들다, 축소하다, 집중하다
□ 收听 [shōu tīng 쏘우 팅]	동 (라디오를) 청취하다, (방송을) 듣다
■ 收音机 [shōu yīn jī 쏘우 인 찌]	몡 라디오(radio)
■ 手 [shǒu 소우]	몡 손, 수단, 재주 뷔 손수, 직접 동 (손에) 잡다, 쥐다, 들다

□ 手表 [shǒu biǎo 소우 비아오]	명 손목시계
□ 手段 [shǒu duàn 소우 뚜안]	명 수단, 매개, 방법, 수법, 잔재주, 잔꾀, 수완, 솜씨
□ 手机 [shǒu jī 소우 찌]	명 핸드폰, 휴대폰
■ 手巾 [shǒu·jīn 소우 찐]	명 수건, 타월, 〈방언〉 손수건
□ 手绢 [shǒu juàn 소우 쮜앤]	명 손수건
■ 手套(儿) [shǒu tào(r) 소우 타오]	명 장갑, (야구·권투 등의) 글러브(gloye), 〈체육〉 스틱(stick)
□ 手提包 [shǒu tí bāo 소우 티 빠오]	명 핸드백, 손가방
□ 手腕子 [shǒu wàn·zi 소우 완 즈]	명 손목, 팔목
□ 手指 [shǒu zhǐ 소우 즈]	명 손가락
□ 守旧 [shǒu jiù 소우 찌우]	동 옛것을 고집하다, 구습에 얽매이다

■ 首都 [shǒu dū 소우 뚜]	명 수도, 국도(國都)
□ 寿命 [shòu mìng 쏘우 밍]	명 수명, 생명, 목숨, 〈비유〉(물건의) 수명, 사용 기간
■ 受 [shòu 쏘우]	동 받다, 받아들이다, 참다, 견디다, (피해를) 당하다, 마음에 들다
□ 受伤 [shòu//shāng 쏘우 쌍]	동 상처를 입다, 부상을 당하다, (물체 등이) 파손당하다
□ 售货员 [shòu huò yuán 쏘우 훠 위앤]	명 (상점 등의) 점원, 판매원
□ 瘦 [shòu 쏘우]	형 여위다, 수척하다, (옷 등이) 꼭 끼다, (땅이) 메마르다, 비계가 적다
□ 瘦弱 [shòu ruò 쏘우 뤄]	형 여위고 허약하다
■ 书 [shū 쑤]	명 책, 편지, 글씨체, 서류, 문건 동 (글씨를) 쓰다, 기록하다
□ 书包 [shū bāo 쑤 빠오]	명 책가방
□ 书店 [shū diàn 쑤 띠앤]	명 서점, 책방

□ 书法 [shū fǎ 쑤 파]	몡 서법, 서예, 서도(書道)
□ 书房 [shū fáng 쑤 팡]	몡 서재, 서점, 관청의 사무실
□ 书架(子) [shū jià (·zi) 쑤 찌아 (즈)]	몡 책꽂이, 서가
■ 叔叔 [shū·shu 쑤 수]	몡 〈구어〉 숙부, 작은아버지, 〈경어〉 아저씨, 시동생
□ 梳头 [shū//tóu 쑤 토우]	동 머리를 빗다
□ 疏忽 [shū·hu 쑤 후]	동 소홀히 하다, 부주의하다, 경솔하다
□ 疏远 [shū yuǎn 쑤 위앤]	동 멀리하다, 소원하게 되다 형 소원하다
□ 舒畅 [shū chàng 쑤 창]	형 (기분이) 좋다, 상쾌하다, 쾌적하다, 시원하다, 후련하다
■ 舒服 [shū·fu 쑤 푸]	형 (육체·정신이) 편안하다, 가뿐하다, 안락하다, 쾌적하다
□ 舒适 [shū shì 쑤 쓰]	형 쾌적하다, 편안하다, 아늑하다, 안락하다, 기분이 좋다

■ 输 [shū 쑤]	동 나르다, 운반하다, 패배하다, 지다, 〈문어〉 기부하다, 바치다
□ 输入 [shū rù 쑤 루]	명 수입, 〈전자〉 입력, 인풋(input) 동 받아들이다, 수입하다, 입력하다
□ 蔬菜 [shū cài 쑤 차이]	명 야채, 채소
□ 熟练 [shú liàn 수 리앤]	형 숙련되다, 능숙하다, 익숙하다
□ 熟识 [shú·shi 수 스]	동 숙지하다, 잘 알다
□ 熟悉 [shú·xī 수 씨]	동 상세히 알다, 잘 알다, 충분히 파악하다
■ 暑假 [shǔ jià 수 찌아]	명 여름 방학, 여름 휴가
■ 数 [shǔ 수]	동 세다, 헤아리다, (…로) 꼽히다, 손꼽(히)다, 나열하다, (과실을) 책망하다
□ 鼠 [shǔ 수]	명 〈동물〉 쥐
□ 鼠标 [shǔ biāo 수 삐아오]	명 (컴퓨터의) 마우스(mouse)

束缚 [shù fù 쑤 푸]	명 구속, 속박, 제한 동 구속하다, 속박하다, 제한하다
■ 树 [shù 쑤]	명 나무, 수목 동 〈문어〉 심다, 재배하다, 수립하다, 세우다
树立 [shù lì 쑤 리]	동 세우다, 수립하다, 확립하다
数码(儿) [shù mǎ(r) 쑤 마]	명 〈전자〉 디지털 (digital), 숫자, 수량
数码相机 [shù mǎ xiàng jī 쑤 마 씨앙 찌]	명 디지털 카메라
刷牙 [shuā yá 쑤아 야]	동 이를 닦다, 양치질하다 명 칫솔
■ 刷子 [shuā·zi 쑤아 즈]	명 솔, 브러시
衰落 [shuāi luò 쑤아이 뤄]	동 (세력이나 원기가) 쇠락하다, 쇠(미)해지다, 몰락하다, 영락하다
衰弱 [shuāi ruò 쑤아이 뤄]	형 (신체가) 허약하다, 쇠약하다 동 (세력이) 약해지다
帅 [shuài 쑤아이]	형 멋있다, 영준(英俊)하다 동 〈문어〉 통솔하다, 따르다 명 총사령관

率领 [shuài lǐng 쑤아이 링]	통 (군대·집단을) 거느리다, 이끌다, 인솔하다
拴 [shuān 쑤안]	통 (끈 등으로) 붙들어 매다, 묶다, 동여매다
■ 双 [shuāng 쑤앙]	형 한 쌍의, 짝수의, 두 배의, 갑절의 양 쌍, 켤레
双击 [shuāng jī 쑤앙 찌]	통 〈전자〉 (컴퓨터의 마우스를) 더블 클릭하다
■ 水 [shuǐ 수이]	명 물, 강(江), 강·바다의 총칭, 즙, 용액, (부가) 비용, 부수입
■ 水果 [shuǐ guǒ 수이 구오]	명 과일, 과실
■ 睡觉 [shuì//jiào 쑤이 찌아오]	통 잠을 자다
睡衣 [shuì yī 쑤이 이]	명 잠옷
顺便(儿) [shùn biàn(r) 쑨 삐앤]	부 …하는 김에
顺利 [shùn lì 쑨 리]	형 순조롭다, 잘되다

단어	뜻
□ 顺路(儿) [shùn lù(r) 쑨 루]	명 순탄한 길 형 (길이) 순탄하다 부 오는 길에, 가는 김에
□ 顺手(儿) [shùn shǒu(r) 쑨 소우]	형 (일이) 순조롭다, 손에 알맞다, 쓰기 좋다 부 …하는 김에, 차제에
□ 说 [shuō 쑤오]	동 말하다, 이야기하다, 설명하다, 중개하다, 꾸짖다 명 이론, 주장, 학설
□ 说服 [shuō//fú 쑤오 푸]	동 설복하다, 설득하다, 설득시키다, 납득시키다
□ 说明 [shuō míng 쑤오 밍]	명 설명, 해설, 증명 동 설명하다, 해설하다, 증명하다, 입증하다
□ 司机 [sī jī 쓰 찌]	명 운전사, 조종사, 기관사 동 기계를 취급하다[관리하다]
□ 丝毫 [sī háo 쓰 하오]	명 추호, 조금, 극히 적은 수량 [주로 부정문에 쓰임]
□ 思考 [sī kǎo 쓰 카오]	명 사고, 사색, 사유, 숙고 동 사고하다, 사색하다, 숙고하다
□ 思念 [sī niàn 쓰 니앤]	동 그리워하다, 애타게 바라다
□ 思索 [sī suǒ 쓰 수오]	명 사색 동 사색하다, 깊이 생각하다

思想 [sī xiǎng 쓰 시앙]	명 사상, 이데올로기, 의식, 마음, 생각 동 〈문어〉 사고하다, 생각하다
■ 死 [sǐ 스]	동 죽다, 그만두다, 사라지다 형 죽은, 막히다 부 필사적으로, 한사코
□ 死板 [sǐ bǎn 스 반]	형 융통성이 없다, 경직되다, 생기가 없다, 생동감이 없다
□ 死亡 [sǐ wáng 스 왕]	명 사망, 멸망 동 사망하다, 멸망하다
□ 死心 [sǐ//xīn 스 씬]	동 포기하다, 단념하다, 희망을 버리다, 마음을 확실히 정하다
■ 四 [sì 쓰]	수 넷, 4 명 〈음악〉 중국 전통 음악의 한 음계
□ 四周 [sì zhōu 쓰 쪼우]	명 주위, 둘레, 사방
□ 松散 [sōng sǎn 쏭 산]	형 (구조가) 성기다, (태도가) 산만하다 동 느슨해지다, (매듭이) 풀어지다
■ 送 [sòng 쏭]	동 보내다, 전(달)하다, 주다, 선물하다, 배웅하다, 바래다주다, 망치다
□ 送别会 [sòng bié huì 쏭 비에 후이]	명 송별회

送行 [sòng//xíng 쏭 싱]	동 배웅하다, 전송하다
搜集 [sōu jí 쏘우 지]	명 수집 동 수집하다, 모으다, 채집하다, (인재를) 모집하다
搜寻 [sōu·xún 쏘우 쉰]	동 샅샅이 찾다, 여기저기 (돌아다니며) 찾다, 구하다, 물으며 찾다
酸 [suān 쑤안]	형 시다, 시큼하다, (몸이) 시큰거리다, 비통하다, 슬프다 명 〈화학〉 산
蒜 [suàn 쏸]	명 〈식물〉 마늘
算 [suàn 쏸]	동 계산하다, 셈하다, 포함시키다, 계획하다, 추측하다, 간주하다
虽然 [suī rán 쑤이 란]	접 비록 …일지라도[하지만], 설령 …일지라도
随 [suí 쑤이]	동 따르다, (길·강 등을) 따라가다, 순종하다, 마음대로 하다, 닮다
随便 [suí biàn 쑤이 삐앤]	형 무책임하다, 제멋대로다 부 제멋대로, 마음대로 접 …을 막론하고
岁 [suì 쑤이]	명 해, 세월 〈문어〉 시간, (한 해의) 수확, 작황 양 세, 살 [나이 셀 때]

□ 孙女(儿) [sūn·nǚ(r) 쑨 뉘]	명 손녀
□ 孙子 [sūn·zi 쑨 즈]	명 손자
□ 损害 [sǔn hài 순 하이]	동 해를 끼치다, 손해를 주다, 손상시키다, 침해하다
□ 损失 [sǔn shī 순 쓰]	명 손실, 손해 동 손실되다, 손해를 보다
□ 缩短 [suō duǎn 쑤오 두안]	동 (거리·시간 등을) 단축하다, 줄이다
□ 缩小 [suō xiǎo 쑤오 시아오]	동 축소하다, (작게) 줄이다
■ 所以 [suǒ yǐ 수오 이]	접 그래서, 때문에, 그런 까닭에, 그러니, 그러니까 명 까닭, 이유
■ 所有 [suǒ yǒu 수오 요우]	명 소유, 소유물 동 소유하다 형 모든, 일체의
□ 索取 [suǒ qǔ 수오 취]	동 (받아 내려) 독촉하다, 요구하다, 받아내다, 얻어내다, 구하다
□ 锁钥 [suǒ yuè 수오 위에]	명 열쇠, 〈비유〉일을 해결하는 데 필요한 요소[관건], 요새, 군사 요지

CHINESE
KOREAN
WORDS
DICTIONARY

T

T

- **它** [tā 타]
  - 대 그, 저, 그것, 저것 [동물이나 사물을 가리킴]

- **他** [tā 타]
  - 대 그, 그 사람, 그이, 〈문어〉 다른 곳, 다른 방면, 딴, 다른

- **他们** [tā·men 타 먼]
  - 대 그들, 그 사람들, 저 사람들

- **她** [tā 타]
  - 대 그녀, 그 여자

- 台灯 [tái dēng 타이 떵]
  - 명 (전기) 스탠드, 탁상용 전등

- 台球 [tái qiú 타이 치우]
  - 명 〈체육〉 당구, 당구공, 〈방언〉 탁구(공)

- 跆拳道 [Tái quán dào 타이 취앤 따오]
  - 명 〈체육〉 태권도

- **太** [tài 타이]
  - 형 크다, 높다, 극도의, 최고의
  - 부 너무, 정말, 대단히, 그다지, 별로

- 太极拳 [tài jí quán 타이 지 취앤]
  - 명 태극권

■ 太太 [tài·tai 타이 타이]	명 처, 아내, 〈경어〉 부인, 마님, 〈방언〉 증조모나 증조부
■ 太阳 [tài yáng 타이 양]	명 태양, 해, 햇볕, 햇빛, 햇살, 일광
▫ 谈恋爱 [tán liàn' ài 탄 리앤 아이]	동 연애하다, 사랑을 속삭이다
▫ 谈论 [tán lùn 탄 룬]	명 담론, 논의, 비난 동 담론하다, 논의하다, 비난하다
▫ 谈判 [tán pàn 탄 판]	명 담판, 회담, 협상, 교섭 동 담판짓다, 회담하다, 협상하다
▫ 弹 [tán 탄]	동 튕기다, (솜을) 타다, (손가락으로) 튀기다, (악기를) 치다, 규탄하다
▫ 弹钢琴 [tán gāng qín 탄 깡 친]	동 피아노를 치다
▫ 探索 [tàn suǒ 탄 수오]	동 탐색하다, 찾다, 조사하다
▫ 汤勺 [tāng sháo 탕 사오]	명 국자
■ 糖 [táng 탕]	명 〈화학〉 탄수화물, 설탕, 사탕, 엿, 사탕과자, 캔디

□ 倘若 [tǎng ruò 탕 뤄]	접 만약[만일] …한다면, 가령 …이라면
■ 躺 [tǎng 탕]	동 (반듯하게) 눕다, 드러눕다, (물건 등이) 쓰러지다, 넘어지다
□ 烫 [tàng 탕]	동 데우다, 중탕하다, 화상을 입다, 다리미질하다, 파마하다 형 뜨겁다
■ 趟 [tàng 탕]	양 차례, 번, 〈방언〉 행(行), 줄, 열(列) 명 행렬, 줄
□ 桃子 [táo·zi 타오 즈]	명 〈식물〉 복숭아, 복숭아나무
□ 讨教 [tǎo//jiào 타오 찌아오]	동 가르침을 청하다, 지도를 요구하다
■ 讨论 [tǎo lùn 타오 룬]	명 토론, 의논 동 토론하다, 의논하다
□ 讨厌 [tǎo yàn 타오 옌]	동 싫어하다, 미워하다, 혐오하다 형 싫다, 밉살스럽다
■ 特别 [tè bié 터 비에]	형 특별하다, 특이하다, 별다르다 부 매우, 아주, 특별히, 특히, 더욱이
□ 特长 [tè cháng 터 창]	명 특기, 장기, 특색, 장점

| 特地
[tè dì 터 띠] | 뷔 특별히, 각별히, 일부러, 모처럼 |

| 特殊
[tè shū 터 쑤] | 형 특수하다, 특별하다
동 특별 대우하다, 특별 취급하다 |

■ 疼
[téng 텅] | 형 아프다 동 몹시 사랑하다, 대단히 아끼다, (물건을) 소중히 하다 |

| 提倡
[tí chàng 티 창] | 동 제창하다, 장려하다 |

| 提高
[tí//gāo 티 까오] | 동 제고하다, 향상시키다, 높이다, 끌어올리다, 고양(高揚)하다 |

| 提供
[tí gōng 티 꽁] | 동 제공하다, 공급하다, 제안하다 |

| 提前
[tí qián 티 치앤] | 동 (예정된 시간이나 기한을) 앞당기다 |

| 提示
[tí shì 티 쓰] | 동 제시하다, 제기하다, 지적하다
명 (십자말 풀이의) 힌트 |

| 提问
[tí wèn 티 원] | 명 질문, 문제
동 질문하다, 문제를 내다 |

| 提醒
[tí xǐng 티 싱] | 동 일깨우다, 깨우치다, 주의를 환기시키다 |

提议 [tí yì 티 이]	몡 제의, 제안, 제출 동 제의하다, 제안하다, 제출하다
■ 体操 [tǐ cāo 티 차오]	몡 〈체육〉 체조
体会 [tǐ huì 티 후이]	몡 체득, 이해 동 체득하다, 경험하여 알다, 이해하다
体力 [tǐ lì 티 리]	몡 체력, 힘
体温 [tǐ wēn 티 원]	몡 체온
体现 [tǐ xiàn 티 씨앤]	동 체현하다, 구현하다, 반영하다
体验 [tǐ yàn 티 옌]	몡 체험 동 체험하다
剃 [tì 티]	동 (머리·수염 등을) 깎다, 밀다
■ 替 [tì 티]	동 대체하다, 대신하다, 〈문어〉 쇠퇴하다 개 …을 위하여, …때문에
■ 天 [tiān 티앤]	몡 하늘, 천공, 꼭대기 부분, 하루, 낮, 날씨, 자연 혱 타고난, 자연의

단어	뜻
□ 天才 [tiān cái 티앤 차이]	명 천재, 〈문어〉 타고난 재능, 천부적 자질
□ 天空 [tiān kōng 티앤 콩]	명 하늘, 공중
■ 天气 [tiān qì 티앤 치]	명 날씨, 일기, 하늘의 기운, 시간
□ 天气预报 [tiān qì yù bào 티앤 치 유 빠오]	명 일기 예보
□ 天桥 [tiān qiáo 티앤 치아오]	명 육교, 구름다리, 〈체육〉 평균대의 한 가지
□ 天体 [tiān tǐ 티앤 티]	명 〈천문〉 천체
□ 天真 [tiān zhēn 티앤 쩐]	형 천진하다, 순진하다, 꾸밈없다, 유치하다, 단순하다
□ 天主教 [Tiān zhǔ jiào 티앤 주 찌아오]	명 〈종교〉 천주교
□ 田地 [tián dì 티앤 띠]	명 밭, 논밭, 농경지, 〈전용〉 형편, 처지, 지경
■ 甜 [tián 티앤]	형 (맛이) 달다, 〈전용〉 (말이) 달콤하다, 〈비유〉 (생활이) 즐겁다, (잠이) 달다

甜瓜 [tián guā 티앤 꾸아]	명 〈식물〉 참외
■ 挑 [tiāo 티아오]	동 메다, 선택하다, 고르다, (나쁜 것을) 가려내다, 들추어내다 명 양 짐
□ 挑选 [tiāo xuǎn 티아오 쉬앤]	동 고르다, 선택하다, 골라내다
■ 条 [tiáo 티아오]	명 가늘고 긴 나뭇가지 양 줄기, 갈래 [가늘고 긴 모양], 마리(물고기)
□ 调剂 [tiáo//jì 티아오 찌]	동 (약을) 조제하다, (tiáo jì) 알맞게 조절하다, 조정하다, (맛을) 조미하다
□ 调节 [tiáo jié 티아오 지에]	명 조절, 조정 동 조절하다, 조정하다
□ 调整 [tiáo zhěng 티아오 정]	명 조정, 조절 동 조정하다, 조절하다
■ 跳 [tiào 티아오]	동 (껑충) 뛰(어오르)다, 점프하다, 도약하다, (순서를) 건너뛰다, (심장이) 뛰다
■ 听 [tīng 팅]	동 (소리를) 듣다, (남의 말을) 듣고 따르다, 마음대로 하게 하다, 판결하다
□ 听见 [tīng//·jiàn 팅 찌앤]	동 들리다, 듣다

□ 听课 [tīng//kè 팅 커]	동 수업을 받다, 수강하다, 청강하다, (수업·강의 등을) 참관하다
□ 听音乐 [tīng yīn yuè 팅 인 위에]	명 음악 감상 동 음악을 듣다
□ 庭院 [tíng yuàn 팅 위앤]	명 정원, 뜰
■ 停 [tíng 팅]	동 멈추다, 정지하다, 체류하다, 머물다, (차가) 서다, 정박하다, 완비하다
□ 停车场 [tíng chē chǎng 팅 처 창]	명 주차장
□ 停留 [tíng liú 팅 리우]	동 (잠시) 체류하다, 머물다, 묵다, 멈추다
□ 停止 [tíng zhǐ 팅 즈]	동 정지하다, 중지하다, 멈추다, 멎다, 자다
■ 通 [tōng 통]	동 (관)통하다, 뚫다, 교류하다, 전하다 형 보편적인, 모든, 전체의
□ 通常 [tōng cháng 통 창]	명 일반, 보통, 통상 형 보통이다, 일반적이다
□ 通过 [tōng//guò 통 꿔]	동 통과하다, 지나가다, 채택되다 개 (tōng guò) …을 통하여[거쳐]

| □ 通宵
[tōng xiāo 통 씨아오] | 명 밤새, 온밤
동 철야하다, 밤새다, 온밤을 지새다 |

| □ 通信
[tōng//xìn 통 씬] | 명 통신, 서신 왕래
동 서신 왕래하다, 〈전자〉 통신하다 |

| □ 通讯
[tōng xùn 통 쒼] | 명 통신(문), 뉴스, 기사
동 통신하다 |

| □ 通知
[tōng zhī 통 쯔] | 명 통지, 통고서, 연락
동 통지하다, 알리다 |

| ■ 同
[tóng 통] | 동 …을 같이하다, …와 같다, 함께 …하다 개 …와 (함께) 접 …과[와] |

| □ 同事
[tóng//shì 통 쓰] | 동 함께 일하다, 한 직장에서 일하다
명 (tóng shì) 직장 동료, 동업자 |

| ■ 同学
[tóng xué 통 쉬에] | 명 동창, 학우, 동급생
동 (tóng//xué) 한 학교에서 배우다 |

| □ 同意
[tóng yì 통 이] | 명 동의, 승인, 찬성
동 동의하다, 승인하다, 찬성하다 |

| □ 统统
[tǒng tǒng 통 통] | 부 모두, 전부, 함께 |

| □ 统一
[tǒng yī 통 이] | 명 통일 동 통일하다
형 일치하다, 단일하다, 통일적인 |

统治 [tǒng zhì 통 쯔]	몡 통치, 지배 동 통치하다, 다스리다, 지배하다
痛苦 [tòng kǔ 통 쿠]	몡 고통, 아픔, 고초, 비통 형 고통스럽다, 괴롭다
■ 头 [tóu 토우]	몡 머리, 머리카락, 꼭대기 형 제일의, 앞장선 양 두, 필, 마리, 접, 건
头班车 [tóu bān chē 토우 빤 처]	몡 첫차, 〈비유〉 첫 번째 기회
■ 头发 [tóu·fa 토우 파]	몡 머리카락, 머리털, 두발
头疼 [tóu téng 토우 텅]	몡 두통 형 머리가 아프다, 골치 아프다
头晕 [tóu yūn 토우 윈]	형 어지럽다, 머리가 아찔하다
投机 [tóu//jī 토우 찌]	동 의기투합하다, 의견이 서로 맞다, 배짱이 맞다, 투기하다
投入 [tóu rù 토우 루]	동 투입하다, 넣다, 뛰어들다, 참가하다, 돌입하다, 집중하다, 몰입하다
投降 [tóu xiáng 토우 시앙]	몡 투항 동 투항하다

突破 [tū pò 투 포]	동 돌파하다, 극복하다, 이겨내다, 타파하다
突然 [tū rán 투 란]	형 갑작스럽다, 돌연하다, 의외[뜻 밖]이다 부 돌연히, 갑자기, 의외로
■ 图书馆 [tú shū guǎn 투 쑤 구안]	명 도서관
途径 [tú jìng 투 찡]	명 길, 도로, 〈비유〉 경로, 절차, 순서, 수단, 비결
土豆(儿) [tǔ dòu(r) 투 또우]	명 〈식물〉 감자
兔 [tù 투]	명 〈동물〉 토끼
团结 [tuán jié 투안 지에]	동 단결하다, 연대하다, 결속하다 형 사이가 좋다, 우호적이다
■ 推 [tuī 투이]	동 밀다, 갈다, 빻다, 깎다[자르다], 추진[보급]시키다, 추측[추론]하다
推迟 [tuī chí 투이 츠]	동 미루다, 연기하다
推辞 [tuī cí 투이 츠]	동 (임명·요청 등을) 거절하다, 사절하다, 사양하다, 물리치다

推动 [tuī//dòng 투이 똥]	동 추진하다, 밀고 나아가다, 촉진하다 명 (tuī dòng) 추진, 촉진
推翻 [tuī//fān 투이 판]	동 전복하다, 뒤집어엎다, (기존의 계획 등을) 번복하다, 뒤집다, 취소하다
推广 [tuī guǎng 투이 구앙]	동 널리 보급하다, 널리 확대하다, 확충하다, 일반화하다
推进 [tuī jìn 투이 찐]	동 추진하다, 추진시키다, (전선이나 군대가) 밀고 나아가다
推卸 [tuī xiè 투이 씨에]	동 (책임을) 남에게 미루다, 회피하다, 전가하다
■ 腿 [tuǐ 투이]	명 〈생리〉 다리, (물건의) 다리, 중국식 햄(ham)
退步 [tuì//bù 투이 뿌]	동 나빠지다, 퇴보하다, 양보하다
退出 [tuì chū 투이 추]	동 물러나다, 퇴장하다, (조직 등에서) 탈퇴하다
退房 [tuì//fáng 투이 팡]	명 체크아웃(check out) 동 집을 반환하다[내주다], 퇴거하다
退后 [tuì hòu 투이 호우]	동 후퇴하다, 뒤로 물러서다

托 [tuō 투오]	동 받치다, 고이다, 두드러지게 하다, 의뢰하다, 핑계 대다, 위탁하다
拖 [tuō 투오]	동 잡아당기다, (시간을) 끌다, 지연시키다, 늘어뜨리다, (바닥에) 끌리다
■ 脱 [tuō 투오]	동 벗다, (머리가) 빠지다, 벗어나다, 없어지다 형 사소하다, 소홀하다
脱离 [tuō lí 투오 리]	동 벗어나다, 이탈하다, 떠나다, 관계를 끊다
脱衣服 [tuō yī·fu 투오 이 푸]	동 옷[의복]을 벗다
妥当 [tuǒ·dàng 투오 땅]	형 알맞다, 타당하다, 적당하다, 온당하다
妥协 [tuǒ xié 투오 시에]	명 타협 동 타협하다, 의견이 맞다, 단합되다

CHINESE
KOREAN
WORDS
DICTIONARY

W

W

■ 袜子 [wà·zi 와 즈]	명 양말, 버선
□ 歪曲 [wāi qū 와이 취]	동 왜곡하다, 얽히다 형 비뚤다, 일그러지다
■ 外 [wài 와이]	명 밖, 바깥, 이외, 외국 형 낯설다, 정식이 아닌 부 게다가, 그 외에
□ 外行 [wài háng 와이 항]	명 문외한, 비전문가 형 문외한이다, 비전문가이다
□ 外人 [wài rén 와이 런]	명 남, 타인, 외부 사람, 관계없는 사람, 외국인
□ 弯曲 [wān qū 완 취]	형 구불구불하다, 꼬불꼬불하다
■ 完 [wán 완]	형 완전[완벽]하다 동 다하다, 완성하다, 끝나다, (세금을) 다 내다 명 끝
□ 完备 [wán bèi 완 뻬이]	형 완비되어 있다, 모두 갖추다
□ 完美 [wán měi 완 메이]	형 완전무결하다, 완벽하다, 매우 훌륭하다

完全 [wán quán 완 취앤]	형 완전하다, 충분하다 부 완전히, 전적으로, 절대로
完善 [wán shàn 완 싼]	형 완벽하고 훌륭하다, 나무랄 데 없다 동 완전하게 하다
完整 [wán·zhěng 완 정]	형 완전하게 갖추어져 있다, 완전무결하다
玩 [wán 완]	동 장난하다, 놀이를 하다, 쓰다, 업신여기다, 감상하다 명 감상품
玩弄 [wán nòng 완 농]	동 놀리다, 희롱하다, 만지작거리다, 가지고 놀다, (수단을) 쓰다
玩笑 [wán xiào 완 씨아오]	명 농담, 우스갯소리, 농지거리 동 농담하다, 농지거리를 하다
顽固 [wán gù 완 꾸]	형 완고하다, 고집스럽다, 보수적이다, 견고하다, 완강하다
惋惜 [wǎn xī 완 씨]	동 (남의 불행·슬픔을) 애석해하다, 안타까워하다, 아쉬워하다, 동정하다
晚 [wǎn 완]	형 늦다, 말기(末期)의, (순차가) 늦은, 뒤의 명 밤, 저녁, 말(末), 만년
晚饭 [wǎn fàn 완 판]	명 저녁, 저녁밥

■ 晚上 [wǎn·shang 완 상]	몡 저녁, 밤
■ 万 [wàn 완]	주 만, 10,000 혱 〈비유〉 대단히 많다 뷔 대단히, 매우, 극히, 절대로
□ 万一 [wàn yī 완 이]	몡 만분의 일, 〈비유〉 아주 작고 사소한 것, 만일, 뜻밖의 일, 젭 만일
□ 网吧 [wǎng bā 왕 빠]	몡 PC방, 인터넷 카페
■ 网络 [wǎng luò 왕 뤄]	몡 〈전기〉 회로망, 네트워크(network), 망상(網狀) 계통
□ 网民 [wǎng mín 왕 민]	몡 〈전자〉 네티즌(netizen), 인터넷 이용자
■ 网球 [wǎng qiú 왕 치우]	몡 〈체육〉 테니스, 테니스공
□ 网页 [wǎng yè 왕 예]	몡 〈전자〉 홈페이지(home page)
□ 网站 [wǎng zhàn 왕 짠]	몡 〈전자〉 (인터넷) 웹 사이트
□ 网址 [wǎng zhǐ 왕 즈]	몡 〈전자〉 인터넷 주소

■ 往 [wǎng 왕]	동 가다, (…로) 향하다 형 이전의, 옛날의 개 …쪽으로, …(을) 향해
□ 往返 [wǎng fǎn 왕 판]	명 왕복 동 왕복하다, 오가다
□ 往后 [wǎng hòu 왕 호우]	부 뒤에, 후에, 뒷날, 앞으로, 뒤를 향해, 뒤로
□ 往来 [wǎng lái 왕 라이]	명 왕래, 거래, 통상, 교제 동 왕래하다, 오가다, 교제하다, 사귀다
□ 往往 [wǎng wǎng 왕 왕]	부 왕왕, 때때로, 자주, 종종
■ 忘 [wàng 왕]	동 잊다, 망각하다, 무시하다, 소홀히 하다, 경시하다
□ 忘记 [wàng·jì 왕 찌]	동 잊다, 잊어버리다, 소홀히 하다
□ 望 [wàng 왕]	동 (멀리) 바라보다, 방문하다, 바라다, 원망하다 명 명성, 보름달, 간판
□ 危害 [wēi hài 웨이 하이]	동 해치다, 해를 끼치다, 손상시키다 명 위해, 해, 해독
□ 危机 [wēi jī 웨이 찌]	명 위기, 〈경제〉 경제 위기, 공황

■ 危险 [wēi xiǎn 웨이 시앤]	명 위험 형 위험하다
□ 威士忌 [wēi shì jì 웨이 쓰 찌]	명 〈음역어〉 위스키(whisky)
□ 微波炉 [wēi bō lú 웨이 뽀 루]	명 전자레인지 [* 微波 : 마이크로웨이브(microwave), 극초단파]
□ 微小 [wēi xiǎo 웨이 시아오]	형 미소하다, 극소하다, 매우 작다
■ 为 [wéi 웨이]	동 하다, 행하다, …로 삼다 개 …에게 …당하다, …에 의해 …하게 되다
□ 为难 [wéi//nán 웨이 난]	동 난처하게 만들다, 괴롭히다, 맞서다 형 곤란하다, 난처하다, 딱하다
□ 围巾 [wéi jīn 웨이 찐]	명 목도리, 스카프(scarf)
□ 违背 [wéi bèi 웨이 뻬이]	동 위배하다, 어기다, 거스르다, 어긋나다
□ 违反 [wéi fǎn 웨이 판]	동 위반하다, 어기다
□ 违犯 [wéi fàn 웨이 판]	동 (법령 등을) 위반하다, 위범하다

□ 维持 [wéi chí 웨이 츠]	동 유지하다, 보존하다, 돌보다, 원조하다
□ 维护 [wéi hù 웨이 후]	동 보호하다, 수호하다, 지키다
□ 伟大 [wěi dà 웨이 따]	형 위대하다
□ 委托 [wěi tuō 웨이 투오]	명 위탁, 위임 동 위탁하다, 위임하다, 의뢰하다, 맡기다
□ 卫生纸 [wèi shēng zhǐ 웨이 썽 즈]	명 화장지, 휴지
■ 为什么 [wèi shén·me 웨이 선 머]	대 왜, 무엇 때문에, 어째서
□ 未来 [wèi lái 웨이 라이]	명 미래, 장래, 이제, 곧
■ 位 [wèi 웨이]	명 자리, 위치, 직위, (숫자의) 자리 양 〈경어〉 분, 명, 〈전자〉 비트(bit)
□ 味道 [wèi·dao 웨이 다오]	명 맛, 느낌, 기분, 흥취, 흥미, 재미, 〈방언〉 냄새
□ 胃 [wèi 웨이]	명 〈생리〉 위

■ 喂 [wèi 웨이]	값 어이, 여보세요 동 먹이를 주다, 기르다, (사람에게 음식을) 먹이다
□ 慰问 [wèi wèn 웨이 원]	명 위문 동 위문하다
□ 温度 [wēn dù 원 뚜]	명 온도
□ 温和 [wēn·hé 원 허]	형 (성질·태도 등이) 온화하다, 부드럽다, (기후가) 따뜻하다
□ 温暖 [wēn nuǎn 원 누앤]	형 따뜻하다, 온난하다 동 (추상적인 것을) 따뜻하게 하다
□ 文化 [wén huà 원 화]	명 문화, 교양, 일반 지식
□ 文件 [wén jiàn 원 찌앤]	명 서류, 공문서, (학술연구 등의) 문장, 문헌, 〈전자〉 파일, 텍스트(text)
□ 文明 [wén míng 원 밍]	명 문명, 문화 형 현대적인, 신식의, 교양이 있다
■ 文章 [wén zhāng 원 짱]	명 문장, 글, 〈비유〉 속뜻, 이유, 계책, 생각
□ 闻名 [wén míng 원 밍]	형 이름나다, 유명하다, 명성이 높다 동 명성을 듣다

□ 稳定 [wěn dìng 원 띵]	형 안정되다, 변동[변화] 없다 동 안정시키다, 가라앉히다
■ 问 [wèn 원]	동 묻다, 안부를 묻다, 심문하다, 간섭하다 개 …에게, …을 향하여
■ 我 [wǒ 워]	대 나, 저, 자기, 자신(自身), 〈문어〉 우리(들), 우리측
■ 我们 [wǒ·men 워 먼]	대 우리(들), 나, 저, 당신(들)
□ 卧室 [wò shì 워 쓰]	명 침실
□ 握手 [wò//shǒu 워 소우]	명 (wò shǒu) 악수 동 악수하다, 손을 잡다
□ 乌龙茶 [wū lóng chá 우 롱 차]	명 우롱차, 오롱차
□ 屋顶 [wū dǐng 우 딩]	명 지붕, 옥상
■ 屋子 [wū·zi 우 즈]	명 방
□ 无力 [wú lì 우 리]	형 힘이 없다, 무력하다

无论 [wú lùn 우 룬]	웹 어쨌든, …에도 불구하고, …을 막론하고, …에 관계없이
无名 [wú míng 우 밍]	혱 이름 없다, 까닭 없다, 알 수 없다
无畏 [wú wèi 우 웨이]	혱 〈문어〉 두려워하지 않다, 두려움을 모르다 몡 〈불교〉 무소외(無所畏)
无效 [wú xiào 우 씨아오]	혱 무효하다, 효력이 없다, 효과가 없다
■ 五 [wǔ 우]	주 다섯, 5 몡 〈음악〉 중국 민족 음악의 한 음계
午饭 [wǔ fàn 우 판]	몡 점심, 점심 식사
舞台 [wǔ tái 우 타이]	몡 무대, 스테이지
雾 [wù 우]	몡 안개, 안개와 같은 작은 물방울

CHINESE
KOREAN
WORDS
DICTIONARY

X

X

■ 西 [xī 씨]	명 서쪽, 서양 형 서양의
□ 西餐 [xī cān 씨 찬]	명 서양 요리
□ 西服 [xī fú 씨 푸]	명 양복
□ 西瓜 [xī guā 씨 꾸아]	명 〈식물〉 수박
□ 西红柿 [xī hóng shì 씨 훙 쓰]	명 〈식물〉 토마토
□ 吸 [xī 씨]	동 (액체·기체를) 들이마시다, 호흡하다, 흡수하다, 끌어당기다
□ 吸尘器 [xī chén qì 씨 천 치]	명 전기 청소기
□ 吸取 [xī qǔ 씨 취]	동 흡수하다, 섭취하다, 받아들이다, 빨아들이다
□ 吸收 [xī shōu 씨 쏘우]	동 (양분을) 흡수하다, (사상을) 받아들이다, (구성원을) 받아들이다

- **希望**
  [xī wàng 씨 왕]
  - 명 희망, 바람, 기대, 소망
  - 동 희망하다, 바라다, 기대하다

- 牺牲
  [xī shēng 씨 썽]
  - 명 희생, 제물용 가축
  - 동 희생하다

- 嬉笑
  [xī xiào 씨 씨아오]
  - 동 히히덕거리다, 낄낄거리고 웃다, 장난치며 웃다

- 膝盖
  [xī gài 씨 까이]
  - 명 〈속어〉 무릎

- 习惯
  [xí guàn 시 꾸안]
  - 명 습관, 버릇, 습성, 풍습, 관습
  - 동 습관[버릇]이 되다, 익숙해지다

- 习气
  [xí qì 시 취]
  - 명 (나쁜) 버릇, 습관, 습성

- 习性
  [xí xìng 시 씽]
  - 명 습성, 습관

- 袭击
  [xí jī 시 찌]
  - 동 기습하다, 습격하다

- **洗**
  [xǐ 시]
  - 동 씻다, 빨다, (수치를) 씻다, 제거하다, (사진을) 현상하다, 뒤섞다

- 洗脸
  [xǐ//liǎn 시 리앤]
  - 동 세수하다, 얼굴을 씻다

| 299 |

洗手间 [xǐ shǒu jiān 시 소우 찌앤]	명 화장실, 변소
洗头 [xǐ//tóu 시 토우]	동 머리를 감다 (=洗发 xǐ//fà)
洗衣机 [xǐ yī jī 시 이 찌]	명 세탁기
洗澡 [xǐ//zǎo 시 자오]	동 목욕하다, 샤워하다, 몸을 씻다
喜爱 [xǐ ài 시 아이]	동 좋아하다, 애호하다, 호감을 가지다, 사랑하다
喜好 [xǐ hào 시 하오]	동 좋아하다, 애호하다, 호감을 가지다, 사랑하다
喜欢 [xǐ·huan 시 후안]	동 좋아하다, 호감을 가지다 형 유쾌하다, 즐겁다, 기쁘다
喜剧 [xǐ jù 시 쮜]	명 〈연극〉 희극
喜悦 [xǐ yuè 시 위에]	명 희열 형 기쁘다, 즐겁다
细菌 [xì jūn 씨 쭌]	명 〈미생물〉 세균

- 细心
  [xì xīn 씨 씬]
  형 세심하다, 주의 깊다, 찬찬하다

- 细雨
  [xì yǔ 씨 위]
  명 이슬비, 가랑비, 보슬비, 안개비

- 细致
  [xì·zhì 씨 쯔]
  형 섬세하다, 세밀하다, 공들이다, 꼼꼼하다, 치밀하다, 신중하다

- 狭小
  [xiá xiǎo 시아 시아오]
  형 (범위나 도량 등이) 협소하다, 좁고 작다

- 狭窄
  [xiá zhǎi 시아 자이]
  형 (비)좁다, 협소하다, (마음·도량 등이) 편협하다, 좁고 한정되다

■ 下
  [xià 씨아]
  명 아래, 밑, 다음, 나중, …아래
  동 내려가다, 내리다 부 밑으로

- 下巴
  [xià·ba 씨아 바]
  명 〈생리〉 아래턱(下颔 xià hé)의 통칭, 턱(下颏 xià ké)의 통칭

- 下班
  [xià//bān 씨아 빤]
  동 퇴근하다, 근무시간이 끝나다
  명 (xià bān) 다음 조(組)

- 下车
  [xià chē 씨아 처]
  동 차에서 내리다, 하차하다, 부임(赴任)하다

- 下降
  [xià jiàng 씨아 찌앙]
  동 떨어지다, 하강하다, 내려앉다, (기온·물가 등이) 낮아지다, 줄어들다

下课 [xià//kè 씨아 커]	동 수업이 끝나다, 수업을 마치다
下来 [xià//·lái 씨아 라이]	동 내려오다, 수확하다, 후방으로 이송하다, 무대 뒤로 물러나다, 지나다
下棋 [xià//qí 씨아 치]	명 바둑, 장기 동 바둑이나 장기를 두다
下去 [xià//·qù 씨아 취]	동 내려가다, 계속하다, 끝나다, 진압되다, 없어져서 원상태가 되다
下午 [xià wǔ 씨아 우]	명 오후, 하오
下雪 [xià//xuě 씨아 쉬에]	동 눈이 내리다, 눈이 오다
下雨 [xià//yǔ 씨아 위]	동 비가 내리다, 비가 오다
下月 [xià yuè 씨아 위에]	명 다음달, 내달
下载 [xià zài 씨아 짜이]	명 〈전자〉 다운로드(download) 동 (파일 등을) 다운로드하다
夏天 [xià tiān 씨아 티앤]	명 여름, 하계

- **先** [xiān 씨앤]
  - 명 앞, 선두, 이전(以前), 조상, 선조
  - 형 조상의, 죽은 부 미리, 먼저

- 先进 [xiān jìn 씨앤 찐]
  - 형 선진적이다, 앞서다, 진보적이다
  - 명 선진적인 모범, 앞선 사람[단체]

- **先生** [xiān·sheng 씨앤 성]
  - 명 선생, 교사, (성인 남자에 대한 존칭으로) 선생, …씨, 〈방언〉 의사

- 鲜明 [xiān míng 씨앤 밍]
  - 형 (색체가) 선명하다, 산뜻하다, 뚜렷하다, 명확하다

- 鲜啤酒 [xiān pí jiǔ 씨앤 피 지우]
  - 명 생맥주

- **咸** [xián 시앤]
  - 형 (맛이) 짜다, 소금기가 있다
  - 부 〈문어〉 전부, 모두

- 显得 [xiǎn·de 시앤 더]
  - 동 …하게 보이다, …인 것처럼 보이다, (어떠한 상황이) 드러나다

- 显然 [xiǎn rán 시앤 란]
  - 형 명백하다, 분명하다
  - 부 두말할 것도 없이

- 显示 [xiǎn·shì 시앤 쓰]
  - 동 뚜렷이 보여주다, 현시하다, 과시하다, 나타내 보이다

- 显示器 [xiǎn shì qì 시앤 쓰 치]
  - 명 〈전자〉 모니터(monitor)

显著 [xiǎn zhù 시앤 쭈]	형 현저하다, 두드러지다, 뚜렷하다
■ 现代 [xiàn dài 씨앤 따이]	명 현대, 〈역사〉 현대
现金 [xiàn jīn 씨앤 찐]	명 현금, 은행 금고에 보존되어 있는 화폐
现实 [xiàn shí 씨앤 스]	명 현실 형 현실적이다, 실질적이다
■ 现在 [xiàn zài 씨앤 짜이]	명 지금, 현재, 이제 부 당장, 바로
限制 [xiàn zhì 씨앤 쯔]	명 제한, 한정 동 제한하다, 한정하다
■ 线 [xiàn 씨앤]	명 실, 선, 줄, 〈수학〉 선, 경계선, 교통노선, 실마리, 〈비유〉 범위, 한계
陷入 [xiàn rù 씨앤 루]	동 (불리한 상황에) 빠지다, 〈비유〉 푹 빠지다, 몰두하다
羡慕 [xiàn mù 씨앤 무]	동 선망하다, 부러워하다, 흠모하다
■ 乡下 [xiāng·xia 씨앙 시아]	명 시골, 지방, 농촌

□ 相当 [xiāng dāng 씨앙 땅]	형 (수량·조건 등이) 같다, 엇비슷하다, 적당하다 부 무척, 상당히
□ 相对 [xiāng duì 씨앙 뚜이]	동 상대하다, 서로 마주하다 형 상대적이다 부 상대적으로, 비교적
□ 相互 [xiāng hù 씨앙 후]	부 상호, 서로
□ 相似 [xiāng sì 씨앙 쓰]	형 〈문어〉 비슷하다, 닮다
■ 相信 [xiāng xìn 씨앙 씬]	동 믿다, 신임하다
□ 香波 [xiāng bō 씨앙 뽀]	명 〈음역어〉 샴푸(shampoo)
■ 香蕉 [xiāng jiāo 씨앙 찌아오]	명 〈식물〉 바나나
□ 香水(儿) [xiāng shuǐ(r) 씨앙 수이]	명 향수
□ 香油 [xiāng yóu 씨앙 요우]	명 참기름, 향기로운 기름
■ 箱子 [xiāng·zi 씨앙 즈]	명 상자, 궤짝, 트렁크

详细 [xiáng xì 시앙 씨]	형 상세하다, 자세하다
享乐 [xiǎng lè 시앙 러]	명 향락 동 향락하다, 즐거워하다
响应 [xiǎng yìng 시앙 잉]	명 호응, 응답, 공명 동 (제창·호소 등에) 호응하다, 응답하다, 공명하다
■ 想 [xiǎng 시앙]	동 생각하다, 추측하다, 그리워하다 조동 …하려고 하다, …하고 싶다
想法 [xiǎng·fa 시앙 파]	명 생각, 의견, 견해
想念 [xiǎng niàn 시앙 니앤]	동 그리워하다
想像 [xiǎng xiàng 시앙 씨앙]	명 상상 동 상상하다, 마음에 떠오르게 하다
■ 向 [xiàng 씨앙]	명 방향, 목표 동 향하다, 다가가다, 편들다 개 …을 향하여, …에게
向导 [xiàng dǎo 씨앙 다오]	명 가이드, 길 안내자, 〈전용〉 지도자 동 길을 안내하다
向来 [xiàng lái 씨앙 라이]	부 줄곧, 본래부터, 늘, 언제나

| 项链(儿)
[xiàng liàn(r) 씨앙 리앤] | 명 목걸이 |

■ 象
[xiàng 씨앙] | 명 〈동물〉 코끼리, 형상(形狀), 모양
동 모방하다, 흉내 내다 |

| 橡皮
[xiàng pí 씨앙 피] | 명 고무지우개, 유화(硫化) 고무의 통칭 |

| 橡皮膏
[xiàng pí gāo 씨앙 피 까오] | 명 반창고 |

| 削
[xiāo 씨아오] | 동 (칼로) 깎다, 껍질을 벗기다, 삭감하다, 제거하다 |

| 消除
[xiāo chú 씨아오 추] | 동 (걱정·장애 등을) 제거하다, 없애다, 해소하다, 퇴치하다, 풀다 |

| 消费
[xiāo fèi 씨아오 페이] | 명 소비 (＊소비자 消费者 xiāo fèi zhě)
동 소비하다 |

| 消耗
[xiāo hào 씨아오 하오] | 명 소모, 소비
동 소모하다, 소비하다, 소모시키다 |

| 消化
[xiāo · huà 씨아오 화] | 명 〈생리〉 소화 동 소화하다, (배운 지식을) 소화하다 |

| 消极
[xiāo jí 씨아오 지] | 형 소극적이다, 부정(否定)적이다 |

□ 消灭 [xiāo miè 씨아오 미에]	동 소멸하다, 없어지다, 멸망하다, 소멸시키다, 없애다
□ 消失 [xiāo shī 씨아오 쓰]	동 소실하다, 사라지다, 없어지다
□ 消息 [xiāo·xi 씨아오 시]	명 소식, 정보, 뉴스, 보도, 기사, 기별, 편지
□ 萧条 [xiāo tiáo 씨아오 티아오]	형 적막하다, 스산하다, 불경기이다, 불황이다 명 불경기, 불황, 부진
□ 销毁 [xiāo huǐ 씨아오 후이]	동 폐기하다, 녹여 없애다, 소각하다
■ 小 [xiǎo 시아오]	형 작다, 적다, 가장 어린 부 약간, 조금, 잠시 명 어린아이, 연소자
□ 小便 [xiǎo biàn 시아오 삐앤]	명 소변, 오줌 동 소변을 보다
□ 小费 [xiǎo fèi 시아오 페이]	명 〈구어〉 팁(tip)
□ 小孩(儿) [xiǎo hái(r) 시아오 하이]	명 〈구어〉 어린이, 어린 아이
■ 小姐 [xiǎo·jie 시아오 지에]	명 〈존칭〉 아가씨, 양(孃), 미스(Miss)

小看 [xiǎo kàn 시아오 칸]	동 〈구어〉 경시하다, 깔보다, 우습게 보다, 얕보다
小朋友 [xiǎo péng·you 시아오 펑 요우]	명 아동, 어린 아이, 꼬마 친구 [어른이 어린이를 친근하게 부를 때]
小气 [xiǎo·qi 시아오 치]	형 인색하다, 쩨쩨하다, 옹졸하다 동 인색하게 굴다, 쩨쩨하게 놀다
小说(儿) [xiǎo shuō(r) 시아오 쑤오]	명 소설 (*소설가 小说家 xiǎo shuō jiā)
■ 小心 [xiǎo·xīn 시아오 씬]	동 조심하다, 주의하다 형 조심스럽다, 세심하다, 주의깊다
小学 [xiǎo xué 시아오 쉬에]	명 초등학교, 〈문어〉 소학
效法 [xiào fǎ 씨아오 파]	동 본받다, 모방하다
效果 [xiào guǒ 씨아오 구오]	명 효과, 효능, 〈연극·영화〉 효과
■ 笑 [xiào 씨아오]	동 웃다, 비웃다, 조소하다 명 웃음(거리)
笑话 [xiào·hua 씨아오 후아]	명 우스갯소리, 농담, 웃음거리 동 비웃다

■ 些 [xiē 씨에]	양 약간, 몇, 조금 [확정적이 아닌 적은 수량을 나타냄], 얼마쯤[약간]
□ 协商 [xié shāng 시에 쌍]	명 협상, 협의 동 협상하다, 협의하다
□ 协助 [xié zhù 시에 쭈]	명 도움, 조력(助力) 동 협조하다, 원조하다, 보좌하다
□ 协作 [xié zuò 시에 쭤]	명 협력, 제휴 동 협력하다, 제휴하다
■ 鞋 [xié 시에]	명 신발, 구두
■ 写 [xiě 시에]	동 글씨를 쓰다, 글을 짓다, (인물을) 묘사하다, (그림을) 그리다
□ 写字台 [xiě zì tái 시에 쯔 타이]	명 사무용 테이블, 책상
■ 血 [xiě 시에]	명 〈구어〉 피, 혈액
□ 泄密 [xiè//mì 씨에 미]	동 〈문어〉 비밀을 누설하다, 비밀이 새다
■ 谢 [xiè 씨에]	동 감사[사례]하다, 거절[사양]하다, 사과[사죄]하다, 시들다 명 감사, 사례

谢绝 [xiè jué 씨에 쥐에]	동 사절하다, 정중히 거절하다
懈怠 [xiè dài 씨에 따이]	형 게으르다, 태만하다, 경솔하다, 정중하지 못하다
■ 心 [xīn 씬]	명 〈생리〉심장, 마음, 생각, 사상, 감정, (사물의) 가운데, 중심
心病 [xīn bìng 씬 삥]	명 화병, 울화병, (마음속의) 걱정, 근심, 수심
心情 [xīn qíng 씬 칭]	명 심정, 기분, 마음
心事 [xīn·shì 씬 쓰]	명 심사, 걱정거리, 근심, 수심, 시름, 마음속으로 바라는 일, 염원
心思 [xīn·si 씬 스]	명 생각, 염두, 머리, (하고 싶은) 심정, 기분
心疼 [xīn téng 씬 텅]	동 몹시 사랑하다, 매우 아끼다, 애석해하다, 아까워하다
心意 [xīn yì 씬 이]	명 성의, 마음, 생각, 의사, 의향, 뜻
心愿 [xīn yuàn 씬 위앤]	명 염원, 바람, 심원, 원망(愿望)

心脏 [xīn zàng 씬 짱]	몡 〈생리〉 심장, 〈비유〉 중심부, 심장부
心中 [xīn zhōng 씬 쫑]	몡 심중, 마음 속
辛苦 [xīn·ku 씬 쿠]	혱 수고롭다, 고되다, 힘들다 동 〈상투어〉 수고했습니다, 수고하십시오
辛勤 [xīn qín 씬 친]	혱 부지런하다, 근면하다
欣赏 [xīn shǎng 씬 상]	동 감상하다, 즐기다, 좋다고 여기다, 마음에 들어하다
■ 新 [xīn 씬]	혱 새롭다, 새것의, 신혼의 뷔 갓, 새로 동 일신하다, 새롭게 하다
新式 [xīn shì 씬 쓰]	몡 신식, 신형 혱 신식의, 신형의
■ 新闻 [xīn wén 씬 원]	몡 (신문, 방송 등의) 뉴스, 신문, 새소식, 신기한 소식
新鲜 [xīn·xiān 씬 씨앤]	혱 신선하다, 싱싱하다, (공기가) 신선하다, 보기 드물다, 신기하다
■ 薪水 [xīn·shui 씬 수이]	몡 땔나무와 물, 〈전용〉 급료, 봉급, 월급

■ 信 [xìn 씬]	동 믿다, 마음대로 하다 형 확실[진실]하다 명 신용, 신의, 편지, 정보
□ 信封(儿) [xìn fēng(r) 씬 펑]	명 편지 봉투
□ 信奉 [xìn fèng 씬 펑]	동 (종교 등을) 믿다, 신봉하다, 믿고 이행하다
□ 信赖 [xìn lài 씬 라이]	명 신뢰, 신용 동 신뢰하다, 믿다, 신용하다
□ 信念 [xìn niàn 씬 니앤]	명 신념, 믿음, 신조
□ 信息 [xìn xī 씬 씨]	명 소식, 기별, 정보(情報)
□ 信心 [xìn xīn 씬 씬]	명 믿음, 자신감, 신심
□ 信仰 [xìn yǎng 씬 양]	명 신앙, 신조, 믿음 동 (주장·주의·종교 등을) 믿다, 신봉하다
■ 信用卡 [xìn yòng kǎ 씬 용 카]	명 신용카드
□ 兴 [xīng 씽]	동 흥(성)하다, 유행하다, 성행시키다, 일으키다, 일어나다, 허가하다

□ 兴奋 [xīng fèn 씽 펀]	몡 〈생리〉 흥분, 자극 통 흥분하다, 감격하다, 감동하다
□ 星 [xīng 씽]	몡 별, 천체, 〈비유〉 유명한 사람, 스타, 작은 방울, (저울대의) 저울눈
■ 星期 [xīng qī 씽 치]	몡 요일(曜日), 주(週), 주일, 〈약칭〉 '星期日(일요일)'의 준말
■ 星期天 [xīng qī tiān 씽 치 티앤]	몡 일요일
■ 星星 [xīng·xing 씽 싱]	몡 〈구어〉 별
■ 行李 [xíng·li 싱 리]	몡 여행짐, 행장, 수화물
□ 行人 [xíng rén 싱 런]	몡 행인, 통행인, 여행자
□ 行驶 [xíng shǐ 싱 스]	통 (차·배 등이) 다니다, 운항하다, 운행하다
□ 形成 [xíng chéng 싱 청]	통 형성하다, 이루다, 구성하다
□ 形式 [xíng shì 싱 쓰]	몡 형식, 형태

形势 [xíng shì 싱 쓰]	명 형세, 상황, 정세(情勢), 기세, 형편, 지세(地勢), 지형
形态 [xíng tài 싱 타이]	명 형태, 모양, 〈언어〉 단어(單語)의 어형(語形) 변화 형식
形象 [xíng xiàng 싱 씨앙]	명 (구체적인) 형상, 모양, (문학작품 속의) 형상, 이미지(image)
形状 [xíng zhuàng 싱 쭈앙]	명 외형, 겉모양, 형상
醒 [xǐng 싱]	동 (취기·마취 등에서) 깨어나다, (잠에서) 깨다, 깨닫다 형 분명하다
兴趣 [xìng qù 씽 취]	명 흥미, 취미, 흥취, 재미, 의향, 의욕
性格 [xìng gé 씽 거]	명 성격, 천성, 개성
性命 [xìng mìng 씽 밍]	명 생명, 목숨
性质 [xìng zhì 씽 쯔]	명 성질, 천성, 성격
■ 幸福 [xìng fú 씽 푸]	명 행복 형 행복하다

- **幸亏**
  [xìng kuī 씽 쿠이]
  _튀 다행히, 운 좋게, 요행으로

- **兄弟**
  [xiōng dì 씨옹 띠]
  _명 형제, 형과 동생

- **雄厚**
  [xióng hòu 시옹 호우]
  _형 (인력·물자 등이) 풍부하다, 충분하다, 매우 든든하다

- **雄伟**
  [xióng wěi 시옹 웨이]
  _형 우람하다, 웅장하고 훌륭하다

- **熊猫**
  [xióng māo 시옹 마오]
  _명 〈동물〉 판다(panda)

- **休息**
  [xiū·xi 씨우 시]
  _명 휴식, 휴양, 휴업
  _동 휴식하다, 휴양하다, 휴업하다

- **修**
  [xiū 씨우]
  _동 꾸미다, 장식하다, 고치다, 집필하다, 건설하다, 배우다, 도를 닦다

- **修正**
  [xiū zhèng 씨우 쩡]
  _동 수정하다, 고치다, 정정하다

- **虚假**
  [xū jiǎ 쒸 지아]
  _명 허위, 거짓
  _형 허위의, 거짓의, 허위적이다

- **虚弱**
  [xū ruò 쒸 뤄]
  _형 (몸이) 약하다, 허약하다, (국력·병력이) 약하다

□ 虚伪 [xū wěi 쒸 웨이]	명 허위, 거짓, 위선 형 허위적이다, 위선적이다, 거짓이다
□ 虚心 [xū xīn 쒸 씬]	형 허심하다, 겸허하다
□ 需求 [xū qiú 쒸 치우]	명 수요, 요구, 필요 동 요구되다, 필요로 하다
■ 许多 [xǔ duō 쉬 뚜오]	형 허다한, 대단히[매우] 많은, 좋다, 상당하다
□ 恤衫 [xù shān 쒸 싼]	명 〈음역어〉 셔츠(shirts)
□ 宣布 [xuān bù 쒸앤 뿌]	동 선포하다, 공표하다, 선언하다, 발표하다
□ 宣传 [xuān chuán 쒸앤 추안]	명 선전 동 선전하다, 널리 알리다
□ 宣告 [xuān gào 쒸앤 까오]	동 선고하다, 선포하다, 발표하다
□ 喧闹 [xuān nào 쒸앤 나오]	형 소란스럽다, 떠들썩하다, 야단법석하다, 시끄럽다
□ 选举 [xuǎn jǔ 쉬앤 쥐]	명 선거, 선출 동 선거하다, 선출하다

选修 [xuǎn xiū 쉬앤 씨우]	동 선택 과목으로 이수하다, 선택하여 배우다
选择 [xuǎn zé 쉬앤 저]	동 선택하다, 고르다
学 [xué 쉬에]	동 배우다, 학습하다, 모방하다, 흉내 내다 명 학교, 학식, 학문, 학과
学生 [xué·sheng 쉬에 성]	명 학생, 견습생, 실습생, 〈방언〉 사내아이
学习 [xué xí 쉬에 시]	명 학습, 공부 동 배우다, 학습하다, 본받다, 모방하다
学校 [xué xiào 쉬에 씨아오]	명 학교
雪 [xuě 쉬에]	명 눈 형 (눈처럼) 희다, 빛나다 동 (원한·치욕 등을) 씻다, 풀다
询问 [xún wèn 쉰 원]	동 문의하다, 알아보다, 질문하다
驯从 [xùn cóng 쒼 총]	형 온순하다, 순종하다, 얌전하다
迅速 [xùn sù 쒼 쑤]	형 신속하다, 빠르다, 급속하다

CHINESE
KOREAN
WORDS
DICTIONARY

Y

Y

- 压服 [yā//fú 야 푸] ⑧ 위압하다, 힘으로 굴복시키다, 눌러 복종시키다

- 压力 [yā lì 야 리] ⑲ 〈물리〉 압력, (추상적인) 압력, 과중한 부담

- 压迫 [yā pò 야 포] ⑲ 압박, 억압
  ⑧ 압박하다, 억압하다

- 压缩 [yā suō 야 쑤오] ⑧ (경비·인원 등을) 줄이다, 삭감하다, 압축하다

- 压制 [yā zhì 야 쯔] ⑧ 억누르다, 억압하다, 억제하다, 압착하여 만들다

- 鸭子 [yā·zi 야 즈] ⑲ 〈조류〉 오리

- 牙齿 [yá chǐ 야 츠] ⑲ 이, 치아

- 牙膏 [yá gāo 야 까오] ⑲ 치약

- 牙刷 [yá shuā 야 쑤아] ⑲ 칫솔

牙疼 [yá téng 야 텅]	명 치통(齒痛) 형 이가 아프다
延长 [yán cháng 이앤 창]	동 늘이다, 연장하다 명 연장
严格 [yán gé 이앤 거]	형 엄격하다, 엄하다 동 엄격히 하다
严禁 [yán jìn 이앤 찐]	동 엄금하다
严厉 [yán lì 이앤 리]	형 준엄하다, 호되다, 매섭다
严密 [yán mì 이앤 미]	형 엄밀하다, 치밀하다, 주도면밀하다, (사물의 결합이) 빈틈없다
严肃 [yán sù 이앤 쑤]	형 엄숙하다, 진지하다, 허술한 데가 없다 동 엄숙하게 하다
严重 [yán zhòng 이앤 쭝]	형 엄중하다, 중대하다, 심각하다, 모질다
研究 [yán jiū 이앤 찌우]	명 연구, 검토, 고려 동 연구하다, 검토하다, 고려하다
研制 [yán zhì 이앤 쯔]	동 연구 제작[제조]하다, 개발하다

- **盐**
  [yán 이앤]
  명 소금, 〈화학〉 염

- **颜色**
  [yán sè 이앤 써]
  명 색채, 색(깔), 〈문어〉 안색, 얼굴빛, 〈속어〉 무서운 얼굴빛이나 행동

- **掩盖**
  [yǎn gài 이앤 까이]
  동 뒤덮다, 덮다, 덮어 씌우다, 감추다, 숨기다

- **掩护**
  [yǎn hù 이앤 후]
  동 엄호하다, 몰래 보호하다
  명 엄폐물

- **掩饰**
  [yǎn shì 이앤 쓰]
  동 (잘못·결점을) 숨기다, 속이다

- **眼镜(儿)**
  [yǎn jìng(r) 이앤 찡]
  명 안경

- **眼睛**
  [yǎn·jing 이앤 징]
  명 눈의 통칭, 안중(眼中), 안목(眼目), 보는 눈

- **眼看**
  [yǎn kàn 이앤 칸]
  부 이제, 곧, 순식간에 동 눈으로 보고만 있다, 빤히 보면서 …하다

- **眼泪**
  [yǎn lèi 이앤 레이]
  명 눈물

- **演员**
  [yǎn yuán 이앤 위앤]
  명 배우, 연기자, 출연자

演奏 [yǎn zòu 이앤 쪼우]	명 연주 동 연주하다
厌恶 [yàn wù 옌 우]	동 혐오하다, 싫어하다
咽 [yàn 옌]	동 (음식물 등을) 삼키다, 넘기다, (말을) 거두다, (화를) 삼키다
宴会 [yàn huì 옌 후이]	명 파티, 연회
■ 羊 [yáng 양]	명 〈동물〉 양
阳台 [yáng tái 양 타이]	명 발코니, 베란다, 빨래를 말리는 시렁대
洋葱 [yáng cōng 양 총]	명 〈식물〉 양파, 옥파
养成 [yǎng chéng 양 청]	동 양성하다, 기르다, 키우다
样品 [yàng pǐn 양 핀]	명 견본, 견본품, 샘플
■ 要求 [yāo qiú 야오 치우]	명 요구, 요망, 요청 동 요구하다, 요망하다, 요청하다

□ 腰 [yāo 야오]	몡 허리, 바지의 허리 부분, 허리에 차는 주머니, (사물의) 중간, 중턱
□ 邀请 [yāo qǐng 야오 칭]	몡 초청, 초대 동 초청하다, 초대하다
□ 摇滚乐 [yáo gǔn yuè 야오 군 위에]	몡 〈음악〉 록(rock) 음악, 로큰롤
□ 遥远 [yáo yuǎn 야오 위앤]	형 요원하다, 아득히 멀다
■ 药 [yào 야오]	몡 약, 약물, 화학 약품 동 〈문어〉 약으로 치료하다, 약으로 죽이다
■ 药房 [yào fáng 야오 팡]	몡 약국, 약방, (병원·진료소 내의) 약국
□ 药膏 [yào gāo 야오 까오]	몡 〈약학〉 연고(軟膏), 고약
■ 要 [yào 야오]	형 중요하다, 요긴하다 몡 요점, 관건 동 원하다, 청구하다, 부탁하다
■ 要紧 [yào jǐn 야오 진]	형 중요하다, 요긴하다, 심각하다, 엄중하다
■ 要是 [yào·shi 야오 스]	접 만일 …한다면, 만약 …하면, 가령 …라면

钥匙 [yào·shi 야오 스]	명 열쇠, 키(key), 〈비유〉(문제를 해결하는) 방법, 방도
■ 爷爷 [yé·ye 예 예]	명 할아버지, 조부, 〈경어〉할아버지와 같은 연배의 어른에 대한 존칭
■ 也 [yě 예]	부 …도, 또한, 그래도, …마저도 조 판단·결정·의문의 어기를 나타냄
■ 也许 [yě xǔ 예 쉬]	부 아마도, 어쩌면, 아마, 혹시
业务 [yè wù 예 우]	명 업무, 일, 실무
业余 [yè yú 예 위]	형 과외의, 여가의, 아마추어의
叶子 [yè·zi 예 즈]	명 〈속어〉(식물의) 잎, 트럼프
■ 夜 [yè 예]	명 밤, 밤중
■ 一 [yī 이]	수 하나, 1 명 첫째, 첫 번째 형 같다, 다른, 또 하나의, 모든, 하나의
■ 一般 [yī bān 이 빤]	형 일반적이다, 보통이다, 마찬가지다, 같다, 비슷하다

□ 一辈子 [yī bèi·zi 이 뻬이 즈]	명 〈구어〉 한평생, 일생(一生)
■ 一点儿 [yī diǎnr 이 디앨]	수량 조금, 약간, 적은 것, 작은 것, 전혀, 조금도
■ 一定 [yī dìng 이 띵]	형 고정된, 일정한, 상당한, 필연적인, 특정의 부 꼭, 반드시
■ 一共 [yī gòng 이 꽁]	부 모두, 도합, 합계, 전부
■ 一会儿 [yī huìr 이 후일]	부 잠시, 잠깐, 곧, 잠깐 사이에
■ 一起 [yī qǐ 이 치]	부 같이, 더불어, 함께 명 한 곳, 한데, 같은 곳
□ 一切 [yī qiè 이 치에]	형 모든, 온갖 명 일체, 모든 것
□ 一向 [yī xiàng 이 씨앙]	부 (이전부터 지금까지) 줄곧, 내내, 언제나 명 근래, 최근, 근간
■ 一样 [yī yàng 이 양]	형 똑같다, 동일하다, …같다, …와 비슷하다
■ 一直 [yī zhí 이 즈]	부 줄곧, 내내, 계속해서, 끊임없이, 똑바로, 곧장, 곧바로, …에 이르기까지

- **衣服**
  [yī·fu 이 푸]
  - 몡 옷, 의복

- 衣柜
  [yī guì 이 꾸이]
  - 몡 옷장, 장롱

- 医生
  [yī shēng 이 썽]
  - 몡 의사, 의원

- **医院**
  [yī yuàn 이 위앤]
  - 몡 의원, 병원

- 依旧
  [yī jiù 이 찌우]
  - 뷔 여전히, 의연히
  - 혱 의구하다, 예전 그대로다

- 依据
  [yī jù 이 쮜]
  - 몡 근거, 바탕, 의거, 증거, 기초
  - 동 의거하다, 근거로 하다, 증거하다

- 依靠
  [yī kào 이 카오]
  - 동 의지하다, 기대다, 의뢰하다
  - 몡 의지가 되는 사람이나 물건

- 依然
  [yī rán 이 란]
  - 혱 의연하다, 여전하다, 예전 그대로다, 전과 다름이 없다

- 依照
  [yī zhào 이 짜오]
  - 동 …에 의하다, …에 따르다, …에 비추다

- 仪表
  [yí biǎo 이 비아오]
  - 몡 풍채, 의표, 의용(儀容), 계기(計器), 계량기, 미터(meter)

仪器 [yí qì 이 치]	명 (실험·측량용의 비교적 정밀한) 기기, 기구, 측정 기구
姨妈 [yí mā 이 마]	명 〈구어〉 (결혼한) 이모
遗产 [yí chǎn 이 찬]	명 유산, 유물
遗憾 [yí hàn 이 한]	명 유감, 유한 형 유감스럽다
遗迹 [yí jì 이 찌]	명 유적, 흔적, 자취
遗留 [yí liú 이 리우]	동 남기다, 남겨 놓다, 남아 있다, 남겨두다
遗嘱 [yí zhǔ 이 주]	명 유언, 유언장
疑问 [yí wèn 이 원]	명 의문
疑心 [yí xīn 이 씬]	명 의심 동 의심하다, …이 아닌가 하고 생각하다
■ 已经 [yǐ·jing 이 징]	부 이미, 벌써

- **以后** [yǐ hòu 이 호우]
  - 명 이후, 다음, 금후, 향후

- **以前** [yǐ qián 이 치앤]
  - 명 이전

- **以为** [yǐ wéi 이 웨이]
  - 동 …라고 생각하다, …라고 여기다, 알다, 인정하다

- **椅子** [yǐ·zi 이 즈]
  - 명 의자

- **义务** [yì wù 이 우]
  - 명 의무
  - 형 무보수의, 봉사의

- **亿** [yì 이]
  - 수 1억, 고대, 10만, 〈비유〉 대단히 많은 수 동 〈문어〉 예측[추측] 하다

- **艺术** [yì shù 이 쑤]
  - 명 예술, 〈문어〉 기술, 기능
  - 형 예술적이다, 미적(美的)이다

- **议论** [yì lùn 이 룬]
  - 명 의론, 논의, 시비 동 의론하다, 비평하다, 논의하다, 왈가왈부하다

- **抑制** [yì zhì 이 쯔]
  - 명 〈생리〉 억제, 억압
  - 동 억제하다, 억누르다

- **意见** [yì·jiàn 이 찌앤]
  - 명 의견, (다른) 견해, 이의, 불만

意识 [yì shí 이 스]	명 의식 동 의식하다, 깨닫다
■ 意思 [yì·si 이 스]	명 생각, 의견, (말의) 뜻, 의미, 흥미, 성의, 조짐 동 성의를 표시하다
意外 [yì wài 이 와이]	명 의외(의 사고), 뜻밖(의 재난) 형 의외다, 뜻밖이다
■ 因此 [yīn cǐ 인 츠]	접 그러므로, (그) 때문에, 그래서
因而 [yīn' ér 인 얼]	접 따라서, 때문에, 그런 까닭에, 그러므로, 그래서
因特网 [yīn tè wǎng 인 터 왕]	명 〈음역어〉 인터넷
■ 因为 [yīn·wèi 인 웨이]	접 왜냐하면 (…때문이다) 개 …때문에, …로 인하여
■ 阴 [yīn 인]	명 음(陰), 태음(太陰), 그늘, 뒷면 형 흐린, 움푹한, 숨겨진, 음흉하다
音乐 [yīn yuè 인 위에]	명 음악
音乐会 [yīn yuè huì 인 위에 후이]	명 음악회, 콘서트

| 音乐家 [yīn yuè jiā 인 위에 찌아] | 명 음악가 |

■ 银行 [yín háng 인 항] | 명 은행 |

□ 银河 [yín hé 인 허] | 명 〈천문〉 은하, 은하수 |

□ 引导 [yǐn dǎo 인 다오] | 동 인도하다, 이끌다, 안내하다 |

□ 饮料 [yǐn liào 인 리아오] | 명 음료 |

□ 隐藏 [yǐn cáng 인 창] | 동 숨기다, 숨다, 감추다, 비밀로 하다 |

□ 隐约 [yǐn yuē 인 위에] | 형 희미하다, 분명치 않다, 어렴풋하다, 은은하다 |

□ 印象 [yìn xiàng 인 씨앙] | 명 인상 |

■ 应该 [yīng gāi 잉 까이] | 조동 마땅히 …해야 한다, …하는 것이 당연하다, 응당 …할 것이다 |

□ 英雄 [yīng xióng 잉 시옹] | 명 영웅
형 영웅적이다 |

□ 英勇 [yīng yǒng 잉 용]	형 영용하다, 영특하고 용맹하다
□ 婴儿 [yīng' ér 잉 얼]	명 영아, 갓난아기, 젖먹이
□ 迎接 [yíng jiē 잉 찌에]	동 마중하다, 영접하다, (일을) 맞이하다
■ 赢 [yíng 잉]	동 이기다, 승리하다, 남다, 이득을 보다, (성공해서) 획득하다, 얻다
□ 影星 [yǐng xīng 잉 씽]	명 (유명한) 영화배우
■ 影子 [yǐng · zi 잉 즈]	명 그림자, (거울에 비친) 모습, 희미하게 보이는 윤곽이나 형상
□ 应酬 [yìng · chou 잉 초우]	명 응대, 교제, 사교, 접대 동 응대하다, 교제하다, 사교하다, 접대하다
□ 应付 [yìng fù 잉 푸]	동 감당하다, 대응하다, 대처하다, 대비하다, 대강하다, 얼버무리다,
□ 应邀 [yìng yāo 잉 야오]	동 초대에 응하다, 초청을 받아들이다
□ 应用 [yìng yòng 잉 용]	명 응용, 사용 동 응용하다, 사용하다

단어	뜻
■ 硬 [yìng 잉]	형 단단하다, 굳다, (의지가) 강경하다, 능력있다 부 무리하게, 억지로
■ 硬件 [yìng jiàn 잉 찌앤]	명 〈전자〉 하드웨어(hardware), (생산·연구 등의) 기계 설비 및 장비
□ 拥护 [yōng hù 용 후]	명 옹호, 지지 동 옹호하다, 지지하다
□ 拥有 [yōng yǒu 용 요우]	동 (많은 것을) 가지다, 소유하다, 보유하다
□ 庸才 [yōng cái 용 차이]	명 〈문어〉 평범한 사람, 용재, 범재(凡才)
□ 永久 [yǒng jiǔ 용 지우]	명 영구, 영원 형 영구하다, 영원하다
□ 勇敢 [yǒng gǎn 용 간]	형 용감하다
□ 勇气 [yǒng qì 용 치]	명 용기
□ 踊跃 [yǒng yuè 용 위에]	동 (기뻐서) 껑충 뛰다, 펄쩍 뛰어오르다 형 활기차다, 열렬하다
■ 用 [yòng 용]	동 사용하다, (사람을) 부리다, 필요하다, 〈경어〉 먹다 명 비용, 쓸모, 효용

- **用处**
  [yòng·chu 용 추]
  명 용도, 용처, 쓸모

- **用功**
  [yòng//gōng 용 꿍]
  동 열심히 공부하다, 힘써 배우다

- 优点
  [yōu diǎn 요우 디앤]
  명 장점, 우수한 점

- 优良
  [yōu liáng 요우 리앙]
  형 우량하다, 우수하다, 훌륭하다

- 优秀
  [yōu xiù 요우 씨우]
  형 우수하다, 뛰어나다

- 优越
  [yōu yuè 요우 위에]
  형 우월하다, 뛰어나다, 우량하다

- 忧伤
  [yōu shāng 요우 쌍]
  동 가슴 아파하다, 근심으로 괴로워하다, 근심하고 슬퍼하다

- 幽默
  [yōu mò 요우 모]
  명 〈음역어〉 유머(humor), 해학
  형 유머러스하다, 익살맞다

- 悠久
  [yōu jiǔ 요우 지우]
  형 유구하다, 장구하다

- 由于
  [yóu yú 요우 위]
  개 …때문에, …로 인하여
  접 …때문에, …로 인하여

□ 邮件 [yóu jiàn 요우 찌앤]	명 우편물
■ 邮局 [yóu jú 요우 쥐]	명 〈약칭〉 우체국
■ 邮票 [yóu piào 요우 피아오]	명 우표
□ 犹豫 [yóu yù 요우 위]	동 망설이다, 주저하다, 머뭇거리다
■ 油 [yóu 요우]	명 기름 동 (기름 등을) 바르다, 칠하다, 기름이 묻다 형 교활하다
□ 油滑 [yóu huá 요우 후아]	형 (나쁜 의미로) 교활하다
□ 油腻 [yóu nì 요우 니]	형 기름지다, 기름기가 많다, 느끼하다 명 기름진 식품, 느끼한 음식, 기름때
■ 游泳 [yóu//yǒng 요우 용]	동 수영하다, 헤엄치다 명 (yóu yǒng) 수영, 헤엄
□ 友爱 [yǒu' ài 요우 아이]	명 우애 형 우애롭다
□ 友好 [yǒu hǎo 요우 하오]	명 절친한 친구 형 우호적이다

□ 友情 [yǒu qíng 요우 칭]	몡 우정, 우의(友誼)
□ 友谊 [yǒu yì 요우 이]	몡 우의, 친선
■ 有 [yǒu 요우]	동 있다, 소유하다, 존재하다, 나타나다, 풍부하다 대 어느, 어떤
□ 有害 [yǒu//hài 요우 하이]	형 유해하다, 해롭다 동 유해하게 되다, 해롭게 되다
□ 有力 [yǒu lì 요우 리]	형 힘이 있다, 힘이 세다, 강력하다, 유력하다
□ 有利 [yǒu lì 요우 리]	형 유리하다, 유익하다
□ 有礼貌 [yǒu lǐ mào 요우 리 마오]	형 예의 있다, 예의 바르다
□ 有魅力 [yǒu mèi lì 요우 메이 리]	형 매력적이다, 매력 있다
□ 有名 [yǒu//míng 요우 밍]	형 유명하다, 정당한 이유가 있다
□ 有望 [yǒu wàng 요우 왕]	동 유망하다, 가능성이 있다, 희망적이다

□ 有效 [yǒu xiào 요우 씨아오]	형 유효하다, 효력이 있다, 효과가 있다
□ 有益 [yǒu yì 요우 이]	형 유익하다, 이롭다, 유리하다
■ 又 [yòu 요우]	부 또, 다시, 또한, 한편, 그 위에, 게다가, …하고도, …할지 …할지, 그런데
■ 右 [yòu 요우]	명 우측, 오른쪽, 〈전용〉 서쪽, 서방 형 가장 낫다, (정치적) 우익이다
□ 幼儿园 [yòu'ér yuán 요우 얼 위앤]	명 유아원, 유치원
□ 幼稚 [yòu zhì 요우 쯔]	형 나이가 어리다, (정도·수준 등이) 낮다, 유치하다, 미숙하다
□ 于是 [yú shì 위 쓰]	접 그리하여, 그래서, 이리하여
■ 鱼 [yú 위]	명 물고기, 생선
□ 愉快 [yú kuài 위 콰이]	형 유쾌하다, 즐겁다, 기쁘다, 기분이 좋다
□ 愚蠢 [yú chǔn 위 춘]	형 미련하다, 어리석다, 우둔하다

Y

与 [yǔ 위]	동 주다, 베풀다, 사귀다, 상대하다, 찬성하다 개 …에게 접 …과[와]
与其 [yǔ qí 위 치]	접 …하기보다, …하느니 (차라리)
宇宙 [yǔ zhòu 위 쪼우]	명 〈천문〉 우주, 〈철학〉 일체의 물질과 그 존재 형식의 총체
羽毛球 [yǔ máo qiú 위 마오 치우]	명 〈체육〉 배드민턴, (배드민턴의) 셔틀콕 (shuttle cock)
■ 雨 [yǔ 위]	명 비 동 (비, 눈 등이) 내리다
玉米 [yù mǐ 위 미]	명 〈식물〉 옥수수
郁闷 [yù mèn 위 먼]	형 (마음이) 답답하고 괴롭다, 우울하다, 울적하다
浴室 [yù shì 위 쓰]	명 욕실, 목욕탕
预报 [yù bào 위 빠오]	명 예보 동 예보하다
预备 [yù bèi 위 뻬이]	명 예비, 준비 동 예비하다, 준비하다

预订 [yù dìng 위 띵]	명 예약, (예약) 주문 동 예약하다, (예약) 주문하다
预防 [yù fáng 위 팡]	명 예방 동 예방하다
预告 [yù gào 위 까오]	명 예고 동 예고하다, 미리 알리다
原稿 [yuán gǎo 위앤 가오]	명 원고, 초고, 원화(原畵)
■ 原来 [yuán lái 위앤 라이]	명 원래, 본래 형 본래의, 원래의 부 원래, 애초, 처음부터, 알고 보니
原理 [yuán lǐ 위앤 리]	명 원리
原谅 [yuán liàng 위앤 리앙]	동 〈겸양어〉 양해하다, 용서하다, 용인하다
原料 [yuán liào 위앤 리아오]	명 원료, 소재
原始 [yuán shǐ 위앤 스]	명 원시, 최초 형 원시의, 최초의, 일차의
原先 [yuán xiān 위앤 씨앤]	명 처음, 원래, 본래 부 처음, 원래, 본래

| 原因
[yuán yīn 위앤 인] | 명 원인 |

■ 圆珠笔
[yuán zhū bǐ 위앤 쭈 비] | 명 볼펜 |

□ 援助
[yuán zhù 위앤 쭈] | 명 원조, 지원
동 원조하다, 지원하다 |

□ 缘故
[yuán gù 위앤 꾸] | 명 연고, 까닭, 원인, 이유 |

■ 远
[yuǎn 위앤] | 형 (거리·시간상) 멀다, 소원하다, (차이가) 크다, 심원하다 동 멀리하다 |

■ 院子
[yuàn·zi 위앤 즈] | 명 뜰, 정원 |

□ 愿望
[yuàn wàng 위앤 왕] | 명 소원, 바람, 희망 |

■ 愿意
[yuàn·yi 위앤 이] | 동 원하다, 희망하다, 동의하다
조동 …하기를 바라다 |

□ 约定
[yuē dìng 위에 띵] | 명 약정, 약속
동 약정하다, 약속하다 |

□ 约会
[yuē·huì 위에 후이] | 명 만날 약속
동 만날 것을 약속하다 |

约束 [yuē shù 위에 쑤]	몡 단속, 제약, 구속 동 단속하다, 제약하다, 구속하다, 속박하다
月 [yuè 위에]	몡 〈천체〉 달, 월 [시간의 단위], 달처럼 둥글게 생긴 것 형 매월[매달]의
月亮 [yuè·liang 위에 리앙]	몡 〈천체〉 달
月台 [yuè tái 위에 타이]	몡 플랫폼(platform), (옥외의) 테라스
乐谱 [yuè pǔ 위에 푸]	몡 〈음악〉 악보
乐器 [yuè qì 위에 치]	몡 악기
越 [yuè 위에]	동 건너다, 넘다, (순서를) 뛰어넘다 형 (감정이) 격앙되다 분 점점, 더욱 더
云 [yún 윈]	몡 구름
运动 [yùn dòng 윈 똥]	몡 (물체의) 운동, 〈철학〉 운동, 〈체육〉 운동, 스포츠, (정치·문화의) 운동
运动鞋 [yùn dòng xié 윈 똥 시에]	몡 운동화

运动员 [yùn dòng yuán 윈 뚱 위앤]	몡 〈체육〉 운동 선수, (선거 등의) 운동원
运气 [yùn·qi 윈 치]	몡 운명, 운세, 운수, 행운 혱 운이 좋다, 행운이다
运输 [yùn shū 윈 쑤]	몡 운송, 수송, 운수 동 운송하다, 수송하다, 운수하다
运送 [yùn sòng 윈 쏭]	동 (사람·물자 등을) 운송하다, 수송하다
运行 [yùn xíng 윈 싱]	동 (천체나 배·차량이) 운행하다
运用 [yùn yòng 윈 용]	몡 운용, 활용, 응용 동 운용하다, 활용하다, 응용하다
运转 [yùn zhuǎn 윈 주안]	동 회전하다, 돌다, 운행하다, (기계가) 돌아가다, (기계를) 운전하다, 운송하다
酝酿 [yùn niàng 윈 니앙]	동 술을 빚다, 양조하다, 내포하다, 미리 준비하다, (조건을) 마련하다
熨斗 [yùn dǒu 윈 도우]	몡 다리미, 인두

CHINESE
KOREAN
WORDS
DICTIONARY

Z

Z

- 扎
  [zā 짜]
  - 동 묶다, 매다, 동이다

- **杂志**
  [zá zhì 자 쯔]
  - 명 잡지, 잡기(雜記)

- 灾害
  [zāi hài 짜이 하이]
  - 명 재해, 피해

- 栽培
  [zāi péi 짜이 페이]
  - 동 재배하다, 심어 가꾸다, 배양하다, (인재를) 기르다, 발탁하다

- **再**
  [zài 짜이]
  - 부 다시, 또, 재차, 더욱, 그 위에, 이 이상 …한다면, 아무리 …한다 해도

- 再婚
  [zài hūn 짜이 훈]
  - 명 재혼
  - 동 재혼하다

- 再说
  [zài shuō 짜이 쑤오]
  - 동 …한 뒤에 정하다[하기로 하다]
  - 접 게다가, 덧붙여 말하자면

- **在**
  [zài 짜이]
  - 동 존재하다, 생존하다, 속해 있다
  - 개 …에, …에(서), …내에, …에게는

- 暂时
  [zàn shí 짠 스]
  - 형 일시적이다, 잠시적이다, 잠깐이다 부 잠시, 잠깐

| 344 |

赞成 [zàn chéng 짠 청]	동 찬성하다, 동의하다, 〈문어〉 성공하도록 도와주다
□ 赞美 [zàn měi 짠 메이]	동 찬미하다, 찬양하다
□ 赞扬 [zàn yáng 짠 양]	명 찬양, 상찬(賞贊) 동 찬양하다, 칭찬하다
□ 赞助 [zàn zhù 짠 쭈]	명 찬조, 협조, 지지 동 찬조하다, 협찬하다, 협조하다, 지지하다
□ 糟蹋 [zāo·tà 짜오 타]	동 낭비하다, 못쓰게 만들다, 망치다, 모욕하다, 짓밟다, 유린하다
□ 早饭 [zǎo fàn 자오 판]	명 조반, 아침밥
■ 早上 [zǎo·shang 자오 상]	명 아침
□ 早已 [zǎo yǐ 자오 이]	부 오래전에, 이미, 벌써, 훨씬 전에 명 〈방언〉 옛날, 이전
■ 造 [zào 짜오]	동 제작하다, 건설하다, 날조하다 명 (소송의) 당사자, 〈방언〉 수확, 시대
□ 造成 [zào chéng 짜오 청]	동 조성하다, 만들다, 형성하다, (좋지 않은 상황을) 초래하다

造句 [zào//jù 짜오 쮜]	동 글을 짓다, 작문하다
责备 [zé bèi 저 뻬이]	동 꾸짖다, 비난하다, 탓하다, 책망하다
责任 [zé rèn 저 런]	명 책임
怎么 [zěn·me 전 머]	대 어떻게, 왜, 어떤, 아무리 …해도, 그다지, 어떠하다, 뭐라고? 아니!
怎么样 [zěn·me yàng 전 머 양]	대 어떠하다, 어떻게 하다[어떻습니까?], 그리 …않다, 별로 …않다
憎恶 [zēng wù 쩡 우]	명 증오 동 증오하다, 미워하다
增加 [zēng jiā 쩡 찌아]	동 증가하다, 보태다, 늘리다 명 〈전자〉 증가(augment)
增进 [zēng jìn 쩡 찐]	동 증진하다, 늘리다, 증진시키다
增添 [zēng tiān 쩡 티앤]	동 더하다, 보태다, 첨가하다, 더 갖추다, 늘리다
增长 [zēng zhǎng 쩡 장]	동 증가하다, 늘어나다, 신장되다, 높아지다

炸 [zhá 자]	동 (기름에) 튀기다, 〈방언〉 (야채를) 데치다
炸酱面 [zhá jiàng miàn 자 찌앙 미앤]	명 자장면
沾光 [zhān//guāng 짠 꾸앙]	동 덕을 보다, 은혜를 입다, 신세를 지다
展开 [zhǎn//kāi 잔 카이]	동 펴다, 펼치다, 벌이다, 전개하다, 진행하다
展览会 [zhǎn lǎn huì 잔 란 후이]	명 전시회, 전람회
展望 [zhǎn wàng 잔 왕]	동 (먼 곳·미래를) 내다보다, 전망하다, 두루 바라보다 명 전망, 미래상
崭新 [zhǎn xīn 잔 씬]	형 참신하다, 아주 새롭다
占据 [zhàn jù 짠 쮜]	동 (지역·장소를) 점거하다, 강점하다, (위치·지위를) 차지하다
占领 [zhàn lǐng 짠 링]	동 점령하다, 점유하다
占线 [zhàn//xiàn 짠 씨앤]	동 (전화가) 통화중이다

占有 [zhàn yǒu 짠 요우]	동 점유하다, 점거하다, (어떤 지위를) 차지하다, 소유하다, 보유하다
战斗 [zhàn dòu 짠 또우]	명 전투, 투쟁 동 전투하다, 투쟁하다
战略 [zhàn lüè 짠 뤼에]	명 〈군사〉 전략, 〈비유〉 (투쟁의 기본 방침으로) 전략
战胜 [zhàn shèng 짠 셩]	동 싸워 이기다, 승리하다, 전승하다, 이겨 내다, 극복하다
战术 [zhàn shù 짠 쑤]	명 〈군사〉 전술, 〈비유〉 전술, 부분적 문제를 해결하는 방법
战争 [zhàn zhēng 짠 쩡]	명 전쟁
■ 站 [zhàn 짠]	동 서다, 일어나다, 멈추다, 견디다 명 정거장, 역, 기관, 사무소
■ 张 [zhāng 짱]	동 펴다, 늘어놓다, 보다, 과장하다, 개업하다 양 장, 개 [평면인 것을 셀 때]
■ 长 [zhǎng 장]	동 자라다, 나다, 생기다, 늘어나다 형 (나이가) 많다, 항렬이 높다, 맏이의
掌握 [zhǎng·wò 장 워]	동 파악하다, 정통하다, 주관하다, 관리하다, 장악하다, 지배하다

| 丈夫
[zhàng·fu 짱 푸] | 명 남편 |

| 障碍
[zhàng'ài 짱 아이] | 명 장애, 방해
동 방해하다 |

| 招待
[zhāo dài 짜오 따이] | 동 초대하다, 접대하다, 환대하다
명 접대원, 접대인 |

| 招呼
[zhāo·hu 짜오 후] | 동 부르다, 분부하다, 알리다, 돌보다, 인사하다, 〈방언〉 주의하다, 싸우다 |

■ 着急
[zháo//jí 자오 지]   동 조급해하다, 초조해하다, 걱정하다, 마음을 졸이다, 안달하다

| 找钱
[zhǎo//qián 자오 치앤] | 동 (돈을) 거슬러 주다, 돈을 마련하다
명 (zhǎo qián) 거스름돈 |

| 召唤
[zhào huàn 짜오 환] | 동 부르다, 불러모으다 |

■ 照
[zhào 짜오]   동 빛나다, 비춰보다, (사진·영화를) 찍다 명 사진, 면허증, 허가증

| 照顾
[zhào·gù 짜오 꾸] | 동 돌보다, 보살피다, 고려하다, 주의하다, 손님이 물건을 사러오다 |

■ 照片
[zhào piàn 짜오 피앤]   명 사진

- **照相机**
  [zhào xiàng jī 짜오 씨앙 찌]
  몡 사진기, 카메라

- **这**
  [zhè 쩌]
  때 이, 이것, 이때, 지금

- **这个**
  [zhè·ge 쩌 거]
  때 이, 이것, 〈구어〉 (동사·형용사의 앞에 쓰여) 과장의 뜻을 나타냄

- **这里**
  [zhè·lǐ 쩌 리]
  때 이곳, 여기

- **着**
  [·zhe 저]
  조 …하고 있(는 중이)다, …해 있다, …한 채로 있다, …하면서 …하다

- **针**
  [zhēn 쩐]
  몡 바늘, 침, 주사, 바늘 모양의 물건
  동 〈의학〉 침으로 병을 치료하다

□ **珍贵**
  [zhēn guì 쩐 꾸이]
  혱 진귀하다, 보배롭고 귀중하다

□ **珍惜**
  [zhēn xī 쩐 씨]
  동 (진귀하게 여겨) 아끼다, 소중히 여기다, 귀중하게 여기다

- **真**
  [zhēn 쩐]
  혱 진실하다, 참되다, 확실하다
  몡 진면목, 진실 분 정말, 참으로

□ **真理**
  [zhēn lǐ 쩐 리]
  몡 진리

真实 [zhēn shí 쩐 스]	명 진실 형 진실하다
枕头 [zhěn·tou 전 토우]	명 베개
■ 阵 [zhèn 쩐]	명 진영, 진지, (군대의) 진, 전쟁터 양 한때, 잠시 동안, 차례, 바탕
阵雨 [zhèn yǔ 쩐 위]	명 소나기, 갑자기 내리는 비
镇静 [zhèn jìng 쩐 찡]	동 진정하다, 마음을 가라앉히다 형 냉정하다, 침착하다
镇压 [zhèn yā 쩐 야]	동 진압하다, 탄압하다, 〈구어〉 처단하다, 사형에 처하다
■ 争 [zhēng 쩡]	동 다투다, 논쟁하다, 경쟁하다 형 〈방언〉 모자라다 부 〈문어〉 어떻게
争夺 [zhēng duó 쩡 두오]	동 쟁탈하다, 다투다, 싸워서 빼앗다
争论 [zhēng lùn 쩡 룬]	명 쟁론, 논쟁 동 쟁론하다, 논쟁하다
争取 [zhēng qǔ 쩡 취]	동 쟁취하다, 얻다, 획득하다, 이룩하다, …을 목표로 노력하다

征服 [zhēng fú 쩡 푸]	통 정복하다, 극복하다
征求 [zhēng qiú 쩡 치우]	통 (서면·구두 방식으로) 널리 구하다, 모집하다
蒸 [zhēng 쩡]	통 (증기로) 찌다, 데우다, 증발하다, 김이 오르다
整顿 [zhěng dùn 정 뚠]	명 정돈, 정비 통 정돈하다, 정비하다
整理 [zhěng lǐ 정 리]	명 정리, 정돈 통 정리하다, 정돈하다
整体 [zhěng tǐ 정 티]	명 전체, 총체
整天 [zhěng tiān 정 티앤]	명 하루 종일, 온종일
正 [zhèng 쩡]	형 똑바르다, 정면의, 정직하다 통 고치다, 바로잡다 부 바로, 마침
正当 [zhèng dàng 쩡 땅]	형 정당하다, 적절하다, (인품이) 바르고 곧다, 단정하다
正好 [zhèng hǎo 쩡 하오]	부 (때)마침, 공교롭게도 형 알맞다, 꼭 맞다, 딱 좋다

□ 正经 [zhèng·jing 쩡 징]	형 (태도가) 올바르다, 단정하다, 진지한, 정당한, 정식의, 정규의
□ 正派 [zhèng pài 쩡 파이]	형 (품행·태도가) 바르다, 정직하다, 단정하다
□ 正确 [zhèng què 쩡 취에]	형 올바르다, 옳다, 정확하다, 틀림없다
□ 正式 [zhèng shì 쩡 쓰]	명 정식, 공식 형 정식의, 공식의
□ 正在 [zhèng zài 쩡 짜이]	부 한창 …하고 있는 중이다, 마침 …하고 있다, 바야흐로
□ 证明 [zhèng míng 쩡 밍]	명 증명, 증명서, 소개장 동 증명하다
■ 政府 [zhèng fǔ 쩡 푸]	명 정부, 관청
□ 支持 [zhī chí 쯔 츠]	동 지지하다, 후원하다, 지탱하다, 견디다
□ 支配 [zhī pèi 쯔 페이]	명 지배, 지도, 안배, 할당 동 지배하다, 지도하다, 안배하다, 할당하다
□ 支援 [zhī yuán 쯔 위앤]	명 지원, 원조 동 지원하다, 원조하다

只 [zhī 쯔]	양 마리, 척 [배를 셀 때], 짝, 쪽, 개 형 단일의, 단독의
芝麻 [zhī·ma 쯔 마]	명 〈식물〉 참깨, 〈비유〉 깨알같이 작은 것, 사소한 것[일]
枝 [zhī 쯔]	명 (초목의) 가지 양 가지, 자루, 대, 정(펜 종류)
知道 [zhī·dao 쯔 다오]	동 알다, 이해하다, 깨닫다
执行 [zhí xíng 즈 싱]	동 집행하다, 실행하다, 실시하다 명 〈전자〉 실행(execute)
直播 [zhí bō 즈 뽀]	명 동 〈농업〉 직파(하다), 〈매스컴〉 생방송 [생중계] (하다)
职业 [zhí yè 즈 예]	명 직업, 일
植物 [zhí wù 즈 우]	명 식물
只 [zhī 즈]	부 오직, 단지, 오직 …밖에 없다 접 그러나, 다만, 하지만
只好 [zhī hǎo 즈 하오]	부 부득이, 하는 수 없이

■ 只要 [zhǐ yào 즈 야오]	접 만약 …라면, …하기만 하면
■ 纸 [zhǐ 즈]	명 종이 양 장, 매, 통 [편지·문서의 장수를 셀 때]
■ 指 [zhǐ 즈]	동 가리키다, 지적하다, (머리털이) 곤두서다, 의지하다 양 손가락 굵기
□ 指导 [zhǐ dǎo 즈 다오]	명 지도, 교도, 지도원, 코치 동 지도하다, 교도하다
■ 指头 [zhǐ·tou 즈 토우]	명 손가락, 발가락
□ 指引 [zhǐ yǐn 즈 인]	동 인도하다, 이끌다, 지도하다, 안내하다
□ 指责 [zhǐ zé 즈 저]	명 책망, 지탄, 질책, 비난 동 책망하다, 질책하다, 비난하다
□ 至于 [zhì yú 쯔 위]	동 …할 지경이다, …정도에 이르다 개 …로 말하면, …에 관해서는
□ 志愿 [zhì yuàn 쯔 위앤]	명 지원, 포부, 희망, 자원 동 지원하다, 희망하다, 자원하다
□ 治好 [zhì hǎo 쯔 하오]	동 완치되다, 완치하다

| 治理 [zhì lǐ 쯔 리] | 동 통치하다, 관리하다, 다스리다, 정비하다, 정리하다 |

| 治疗 [zhì liáo 쯔 리아오] | 명 치료 동 치료하다 |

| 制定 [zhì dìng 쯔 띵] | 동 (법규·계획 등을) 만들다, 제정하다 |

| 制造 [zhì zào 쯔 짜오] | 동 제조하다, 만들다, 제작하다, (상황·분위기 등을) 조성하다 |

| 制止 [zhì zhǐ 쯔 즈] | 동 제지하다, 저지하다, 강력하게 막다 |

| 制作 [zhì zuò 쯔 쭤] | 동 제작하다, 만들다, 제조하다 |

| 质量 [zhì liàng 쯔 리앙] | 명 〈물리〉 질량, 질과 양, 품질, 질, 질적인 내용 |

■ 中 [zhōng 쫑] — 명 중앙, 한가운데, 안, 중간, 중급, 중개인 형 적당하다, 치우치지 않다

| 中餐 [zhōng cān 쫑 찬] | 명 중국 요리, 중국 음식 |

| 中断 [zhōng duàn 쫑 뚜안] | 동 중단하다[되다], 끊다, 끊기다 |

■ 中间 [zhōng jiān 쯍 찌앤]	몡 가운데, 속, 중앙, 한가운데, 중심, (두 사물의) 사이, 중간
□ 中药 [zhōng yào 쯍 야오]	몡 한방약(漢方藥), 한약, 중국 의약
□ 中止 [zhōng zhǐ 쯍 즈]	동 중지하다, 중단하다, 도중에 그만두다
□ 忠诚 [zhōng chéng 쯍 청]	혱 충성스럽다, 충실하다, 성실하다
□ 忠实 [zhōng shí 쯍 스]	혱 충실하다, 충직하다, 진실하다, 참되다
□ 终于 [zhōng yú 쯍 위]	閉 결국, 마침내, 드디어, 끝내
■ 钟 [zhōng 쯍]	몡 〈구어〉 종, 시계, 시, 시간
■ 钟头 [zhōng tóu 쯍 토우]	몡 〈구어〉 시간
■ 种 [zhǒng 종]	몡 씨, 종자, (생물 분류의) 종, 종류, 종족, 담력 양 가지, 종, 종류
■ 重 [zhòng 쯍]	몡 중량, 무게 혱 무겁다, (정도가) 심하다, 비싸다, 중요하다, 신중하다

□ 重大 [zhòng dà 쫑 따]	형 중대하다, (매우) 크다
□ 重视 [zhòng shì 쫑 쓰]	명 중시, 중요시 동 중시하다, 중요시하다
□ 周到 [zhōu·dào 쪼우 따오]	형 꼼꼼하다, 세심하다, 주도면밀하다
□ 周密 [zhōu mì 쪼우 미]	형 주도면밀하다, 세밀하다, 빈틈없다
■ 猪 [zhū 쭈]	명 〈동물〉 돼지
□ 猪肉 [zhū ròu 쭈 로우]	명 돼지고기
□ 主持 [zhǔ chí 주 츠]	동 주재하다, 주관하다, 책임지고 집행하다, 옹호하다, 주장하다
□ 主持人 [zhǔ chí rén 주 츠 런]	명 사회자, 진행자
□ 主动 [zhǔ dòng 주 똥]	명 주동, 주도권 형 능동적이다, 자발적이다, 주동적이다, 적극적이다
□ 主观 [zhǔ guān 주 꾸안]	명 주관 형 주관적이다

- **主机**
  [zhǔ jī 주 찌]
  명 본체, 〈군사〉 편대장기(編隊長機)

- **主角(儿)**
  [zhǔ jué(r) 주 쥐에]
  명 〈연극·영화〉 주연, 주인공, 주요 인물, 중심 인물

- **主人**
  [zhǔ·rén 주 런]
  명 (손님을 맞이하는 사람) 주인, 소유주, 임자, 중심이 되는 인물[존재], 당사자

- **主要**
  [zhǔ yào 주 야오]
  형 주요하다, 주되다
  부 주로, 대부분

- **主意**
  [zhǔ·yi 주 이]
  명 (일정한) 생각, 취의(趣意), 취지, 아이디어, 주견, 의견, 방법

- **主张**
  [zhǔ zhāng 주 짱]
  명 주장, 견해, 의견
  동 주장하다, 결정하다

- **煮**
  [zhǔ 주]
  동 삶다, 익히다, 끓이다

- **嘱咐**
  [zhǔ·fù 주 푸]
  동 분부하다, 당부하다, 알아듣게 말하다

- **住**
  [zhù 쭈]
  동 살다, 거주하다, 머무르다, 멎다, 정지하다, 멎게[정지하게] 하다

- **住院**
  [zhù//yuàn 쭈 위앤]
  동 (병원에) 입원하다

| 注意
[zhù//yì 쭈 이] | 몡 (zhù yì) 주의, 조심 동 주의하다, 조심하다, 신경을 쓰다, 유의하다 |

| 祝贺
[zhù hè 쭈 허] | 몡 축하
동 축하하다 |

| 祝愿
[zhù yuàn 쭈 위앤] | 몡 축원
동 축원하다 |

| 著名
[zhù míng 쭈 밍] | 형 저명하다, 유명하다 |

| 抓紧
[zhuā//jǐn 쭈아 진] | 동 (방법·훈련 등을) 바짝 다잡다, 꽉 틀어쥐다, 힘을 들이다 |

| 专业
[zhuān yè 쭈안 예] | 몡 (대학 등의) 전공, 학과(學科), 전문적인 업무[업종] |

| 转变
[zhuǎn biàn 주안 삐앤] | 몡 전환, 변환
동 전환하다, 변환하다 |

| 转播
[zhuǎn bō 주안 뽀] | 몡 중계 방송
동 중계 방송하다 |

| 转达
[zhuǎn dá 주안 다] | 동 (말을) 전하다, 전달하다 |

| 转告
[zhuǎn gào 주안 까오] | 동 전언(傳言)하다, 전하여 알리다, 전달하다 |

转化 [zhuǎn huà 주안 화]	몡 전화(轉化) 동 〈철학〉 전화(轉化)하다, 변하다
庄严 [zhuāng yán 쭈앙 이앤]	혱 장엄하다, 장중하다, 정중하고 엄숙하다
装备 [zhuāng bèi 쭈앙 뻬이]	몡 설비, 장비, 설치 동 장비하다, 장치하다, 설치하다
装饰 [zhuāng shì 쭈앙 쓰]	몡 장식, 장식품, 치장 동 장식하다, 치장하다
装置 [zhuāng zhì 쭈앙 쯔]	몡 장치, 설비 동 장치하다, 설치하다
壮大 [zhuàng dà 쭈앙 따]	혱 장대하다, 강대하다 동 강대해지다, 장대해지다, 강화하다
壮丽 [zhuàng lì 쭈앙 리]	혱 장려하다, 웅장하고 아름답다
状况 [zhuàng kuàng 쭈앙 쾅]	몡 상황, 정황, 형편, 상태
状态 [zhuàng tài 쭈앙 타이]	몡 상태, 〈물리〉 물질이 존재하는 상태(status)
撞 [zhuàng 쭈앙]	동 부딪치다, 충돌하다, 우연히 만나다, 마주치다, 시험해 보다, 뛰어들다

■ 准备 [zhǔn bèi 준 뻬이]	동 준비하다, 대비하다, …할 예정[계획]이다, …하려고 하다
□ 准时 [zhǔn shí 준 스]	명 정확한 시간, 정각, 정시 형 시간이 정확하다
□ 拙劣 [zhuō liè 쭈오 리에]	형 졸렬하다, 서툴다
■ 桌子 [zhuō·zi 쭈오 즈]	명 탁자, 테이블
□ 着陆 [zhuó//lù 주오 루]	동 (비행기가) 착륙하다, 〈체육〉 착지하다, 터치다운(touchdown) 하다
□ 资料 [zī liào 쯔 리아오]	명 자료, 재료, (생산·생활 등의) 필수품
□ 仔细 [zǐ xì 즈 씨]	형 자세하다, 세밀하다, 꼼꼼하다, 〈방언〉 검소하다 동 주의[조심]하다
■ 字 [zì 쯔]	명 글자, 문자, 자음(字音), 서체, 단어, 어휘, (본명 대신 부르는) 자(字)
■ 字典 [zì diǎn 쯔 디앤]	명 자전
□ 自豪 [zì háo 쯔 하오]	동 스스로 긍지를 느끼다[자랑스럽게 여기다], 자긍심을 갖다

■ 自己 [zì jǐ 쯔 지]	대 자기, 자신, 자기에게 속한 것
□ 自满 [zì mǎn 쯔 만]	명 자만, 자신만만 형 자만하다, 자신만만하다, 오만하다
■ 自行车 [zì xíng chē 쯔 싱 처]	명 자전거
□ 自由 [zì yóu 쯔 요우]	명 자유 형 자유롭다
□ 自愿 [zì yuàn 쯔 위앤]	명 자원 동 자원하다, 스스로 원하다
□ 自助餐 [zì zhù cān 쯔 쭈 찬]	명 뷔페(buffet 프), 셀프서비스(self service)식의 식사
□ 宗教 [zōng jiào 쫑 찌아오]	명 종교
□ 综合 [zōng hé 쫑 허]	명 종합 동 종합하다
■ 总 [zǒng 종]	동 총괄하다, 한데 모으다 형 전체의, 우두머리의 부 항상, 결국, 대개
□ 总结 [zǒng jié 종 지에]	명 총괄, 총화, 총결산 동 총괄하다, 총화하다, 총결산하다

总括 [zǒng kuò 종 쿼]	명 총괄, 개괄 동 총괄하다, 개괄하다
总是 [zǒng shì 종 쓰]	부 반드시, 꼭, 절대로, 결국, 아무튼, 어쨌든, 아무래도, 늘, 언제나
总算 [zǒng suàn 종 쏸]	부 겨우, 간신히, 전체적으로 보아 …인 편이다, 대체로 …한 셈이다
总之 [zǒng zhī 종 쯔]	접 요컨대, 총체적으로 말하면, 하여간, 어쨌든
■ 走 [zǒu 조우]	동 걷다, 〈문어〉 달아나다, 옮기다, 출발하다, 통과하다, 왕래하다
走廊 [zǒu láng 조우 랑]	명 복도, (두 지역을 연결하는) 좁고 긴 지대, 회랑(回廊) 지대
租房 [zū//fáng 쭈 팡]	동 집을 빌리다[세내다] 명 (zū fáng) 빌려 사는 집, 셋집
■ 足球 [zú qiú 주 치우]	명 〈체육〉 축구, 축구공
诅咒 [zǔ zhòu 주 쪼우]	동 〈문어〉 저주하다
阻碍 [zǔ ài 주 아이]	명 방해, 장애 동 가로막다, 방해하다, 장애가 되다

| 阻力
[zǔ lì 주 리] | 명 〈물리〉항력, 저항, 저항력, 방해, 장애물 |

| 阻止
[zǔ zhǐ 주 즈] | 동 막다, 가로막다, 저지하다 |

| 组成
[zǔ chéng 주 청] | 동 조성하다, 구성하다, 조직하다, 편성하다 |

| 钻研
[zuān yán 쭈안 이앤] | 동 깊이 연구하다, 파고들다, 탐구하다 |

■ 嘴
[zuǐ 주이] | 명 입, (기물의) 부리, 주둥이, 말, 말솜씨

| 嘴唇
[zuǐ chún 주이 춘] | 명 입술의 통칭 |

■ 最
[zuì 쭈이] | 명 최고, 으뜸
부 가장, 제일

| 最好
[zuì hǎo 쭈이 하오] | 형 가장 좋다, 제일 좋다
부 가장 좋기는, 제일 바람직한 것은 |

| 尊敬
[zūn jìng 쭌 찡] | 명 존경
동 존경하다 |

| 尊严
[zūn yán 쭌 이앤] | 명 존엄, 존엄성
형 존엄하다, 존귀하고 장엄하다 |

尊重 [zūn zhòng 쭌 쫑]	동 존중하다 형 점잖다
遵守 [zūn shǒu 쭌 소우]	동 준수하다, 지키다
昨天 [zuó tiān 주오 티앤]	명 어제
左 [zuǒ 주오]	명 왼쪽, 동쪽, 옆 형 어긋나다, 비뚤어지다, 틀리다, 좌익[급진적]이다
左右 [zuǒ yòu 주오 요우]	명 좌우, 양측, 측근, 안팎, 내외 동 좌우하다, 지배하다
作风 [zuò fēng 쮜 펑]	명 (일·생활 등의) 태도, 기풍, (작가의) 작풍, 풍격, 수법
作料(儿) [zuò·liao(r) 쮜 리아오]	명 조미료, 양념, 양념감
作品 [zuò pǐn 쮜 핀]	명 작품, 방법, 수법, 방식
作为 [zuò wéi 쮜 웨이]	명 행위, 거동, 보람 동 …로 여기다[삼다], 〈전용〉 …의 신분[자격]이다
作业 [zuò yè 쮜 예]	명 숙제, (생산상의) 작업, 〈군사〉 훈련 동 (군사·생산상의) 작업을 하다

作者 [zuò zhě 쭤 저]	명 지은이, 작자, 저자, 필자
■ 坐 [zuò 쭤]	동 앉다, 타다, 놓다, 위치하다, 올려놓다, 고정되다 명 자리, 좌석
座谈 [zuò tán 쭤 탄]	명 좌담, 간담 동 좌담하다, 간담하다, 이야기를 나누다
■ 做 [zuò 쭤]	동 짓다, 제조하다, 만들다, 글을 쓰다, 종사하다, (행사를) 치르다, 담당하다
做法 [zuò fǎ 쭤 파]	명 (만드는) 방법, (하는) 방식
做饭 [zuò//fàn 쭤 판]	동 밥을 하다, 취사하다, 식사 준비를 하다
做梦 [zuò//mèng 쭤 멍]	동 꿈을 꾸다, 〈전용〉 환상하다, 공상하다
做人 [zuò rén 쭤 런]	동 행동하다, 처세하다, (올바른) 사람이 되다 명 사람 됨됨이
做主 [zuò//zhǔ 쭤 주]	동 (자신의) 생각대로 처리하다, 결정권을 갖다, (일을) 주관하다
做作 [zuò·zuo 쭤 주오]	명 가식, 꾸밈, 작위(作爲) 동 가식하다, 짐짓 …인 체하다, 일부러 꾸미다

마음이 크는 명언 한마디

구르는 돌에는 이끼가 끼지 않는다.
流水不腐, 户枢不蠹。
[liú shuǐ bù fǔ, hù shū bú dù 리우수이뿌푸, 후쑤부두]

개미구멍이 둑을 무너뜨린다.
千里长堤, 溃於蚁穴。
[qiān lǐ cháng dī, kuì yú yǐ xué 치앤리창띠, 쿠이위이쉬에]

집안이 화목해야 만사가 잘 된다.
家内和睦万事亨通。
[jiā nèi hé mù wàn shì hēng tōng 찌아네이허무 완쓰헝통]

젊어서 고생은 사서도 한다.
少年吃苦花钱买。
[shǎo nián chī kǔ huā qián mǎi 사오니앤츠쿠 후아치앤마이]

범의 굴에 들어가야 범을 잡는다.
不入虎穴, 焉得虎子。
[bú rù hǔ xué, yān dé hǔ zǐ 부루후쉬에, 이앤더후즈]

천리 길도 한걸음부터다.
千里之行, 始於足下。
[qiān lǐ zhī xíng, shǐ yú zú xià 치앤리쯔싱, 스위주씨아]

발 없는 말이 천리를 간다.
说话没脚走千里。
[shuō huà méi jiǎo zǒu qiān lǐ 쑤오화메이 지아오조우치앤리]

부록 | 책속의 책

현대 중국어 사용빈도순
필수 중국어 상용한자 2500자

중국한자는 중국어 학습의 기본! ○ ○ ○

중국어 학습에서 빼놓을 수 없는 것이 바로 중국한자입니다. 중국 사람들에게도 한자는 배우고 익히기에 만만치 않은 글자인데, 그래서 중국어를 배울 때 가장 큰 걱정 중 하나가 그 많은 한자를 어떻게 외워야 되는가 하는 것입니다. 이처럼 중국한자는 중국어 학습의 기본으로 중국한자를 모르고서는 중국어의 달인이 될 수 없습니다.

이 책에서는 현대 중국어 빈도순 필수 중국어 상용한자 2,500자를 수록하여 중국어회화 학습의 기틀을 다지도록 하였습니다. 한자는 최대 8, 9만자에 이르지만, 실제로 중국 사람들이 일상생활에서 많이 사용하는 한자는 2,500자 정도로, 이 정도의 한자만 익힌다면 실생활에서 중국어를 쓰는데 별 문제가 없습니다.

Point 1 필수 중국어 상용한자 2500자 수록!!

현대 중국어에서 사용 빈도가 높은 필수 중국어 상용한자 2,500자를 수록하였습니다. 이 책에 수록한 한자는 '중국언어문자공작위원회'와 '국가교육위원회' 등에서 선정한 최신 자료를 참고하여 선정, 정리하였습니다. 이 정도의 한자만 익힌다면 기초 중국어는 물론 중급 수준 이상의 중국어 실력을 갖출 수 있습니다.

Point 2   한자는 간체자와 번체자 순으로 별도 표기!!

한자를 많이 알고 있다고 생각하는 사람들도 막상 중국에 가보면 간판이나 주변에 보이는 한자 가운데 모르는 한자가 너무 많다는 것을 알 수 있습니다. 우리가 알고 있고 흔히 쓰는 한자를 번체자(繁体字)라 하고, 이것을 단순화시켜 간략하게 줄여 만든 한자를 약자(略字)라는 의미로 간체자(简体字)라고 하는데, 현재 중국에서는 번체자를 쓰지 않고 이 간체자를 쓰고 있습니다. 이 책에서는 중국어 학습을 위한 한자의 기초를 확실히 다지고 학습효과를 높이기 위해서, 각 한자는 간체자와 번체자 순으로 배치하였습니다.

Point 3   한자의 음과 뜻은 물론 발음과 성조 학습!!

중국에서는 뜻글자인 한자의 발음을 로마자로 표기하여 쉽고 정확하게 발음을 익힐 수 있도록 하였습니다. 중국어 발음부호라고 할 수 있는 '한어병음(汉语拼音)'은 한어병음방안(汉语拼音方案)에 따라 표음부호로서 공식 제정되어 표준말의 보급에 절대적인 공헌을 하고 있습니다. 이 책에서는 각 한자의 중국어 발음과 성조, 한자의 뜻과 음을 함께 표기하였습니다. 2,500자의 한자 발음만 익히면 중국 출판물의 95% 정도를 읽을 수 있을 것입니다.

中國語 상용한자 2500자

간체	번체	병음	발음	뜻	한자
的	的	de, dì	더, 띠	[조사]/과녁	적
一	一	yī	이	하나	일
了	了	le, liǎo	러, 리아오	[어조사]	료
是	是	shì	쓰	옳다	시
不	不	bù	뿌	아니다	불/부
我	我	wǒ	워	나	아
在	在	zài	짜이	~에(서) 있다	재
有	有	yǒu	요우	가지다, 있다	유
人	人	rén	런	사람	인
这	這	zhè	쩌	이(것)	저
他	他	tā	타	그(사람)	타
们	們	men	먼	~들, 무리	든
来	來	lái	라이	오다	래
个	個	gè, ge	꺼, 거	낱, 개, 명	개
上	上	shàng, shang	쌍, 상	지난(번), 위	상
地	地	de, dì	더, 띠	[조사]/땅	지
大	大	dà	따	크다, 많다	대
着	着	zhe, zháo, zhuó	저, 자오, 주	~하고 있다, 붙다, 입다	착
就	就	jiù	찌우	곧, 이루다, 나아가다	취
你	你	nǐ	니	너	니

中國語 상용한자 2500자

简	繁	拼音	한글	简	繁	拼音	한글
说	說	shuō, shuì	쑤오, 쑤이 말하다 설/설득하다 세	那	那	nà	나 저, 그 나
到	到	dào	따오 ~까지, 이르다 도	会	會	huì, kuài	후이, 콰이 모이다/합계 회
和	和	hé, hè, huo	허, 후오 화하다, 합치다 화	主	主	zhǔ	주우 주인 주
子	子	zǐ	즈 아들 자	时	時	shí	스 때 시
要	要	yào, yāo	야오 중요하다/요구하다 요	出	出	chū	추 나가다 출
里	裏	lǐ	리 속, 안, 가운데/리 리	下	下	xià	씨아 아래 하
么	麼	me	머 [접미사]/그런가 마	国	國	guó	구오 나라 국
得	得	de, dé	더 [조사]/얻다 득	过	過	guò, guo	꿔, 구오 지나다, 초월하다 과
去	去	qù, qu	취 가다 거	为	爲	wèi, wéi	웨이 하다/위하여 위
也	也	yě	이에 [어조사]/~도 야	好	好	hǎo, hào	하오 좋다, 좋아하다 호

| 373 |

中國語 상용한자 2500자

看	看	kàn, kān	칸 / 보다/지키다 간
生	生	shēng	썽 / 낳다 생
可	可	kě	커 / 가하다 가
以	以	yǐ	이 / ~로(써), ~에서 이
还	還	hái, huán	하이, 후안 / 아직, 돌아오다, 뒤돌아보다 환
学	學	xué	쉬에 / 배우다 학
起	起	qǐ	취 / 일어나다 기
都	都	dōu, dū	또우,뚜 / 모두/수도 도
年	年	nián	니앤 / 해, 년 년
小	小	xiǎo	시아오 / 작다 소

没	沒	méi, mò	메이, 모 / 없다/숨다 몰
能	能	néng	넝 / 능하다, 잘하다, 재능 능
多	多	duō	뚜오 / 많다 다
天	天	tiān	티안 / 하늘 천
工	工	gōng	꽁 / 일꾼, 작업 공
家	家	jiā	찌아 / 집 가
把	把	bǎ, bà	바, 빠 / 쥐다/자루 파
动	動	dòng	똥 / 움직이다 동
用	用	yòng	용 / 쓰다 용
对	對	duì	뚜이 / 옳다, 대답하다 대

中國語 상용한자 2500자

简	繁	拼音	한국음	뜻
中	中	zhōng, zhòng	중	가운데, 적중하다
作	作	zuò	작	하다, 여기다
自	自	zì	쯔	자기, 스스로, ~부터
发	發	fā	파	보내다 발
又	又	yòu	요우	또, 다시 우
同	同	tóng, tòng	퉁	같다 동
民	民	mín	민	백성 민
面	麵	miàn	미앤	국수/얼굴 면
想	想	xiǎng	시앙	생각하다, ~하려고 하다 상
样	樣	yàng	양	모양 양
成	成	chéng	청	이루다 성
义	義	yì	이	정의 의
后	後	hòu	호우	뒤, 후
她	她	tā	타	그녀 타
头	頭	tóu, tou	토우	머리 두
经	經	jīng	찡	지나다 경
产	産	chǎn	찬	낳다 산
道	道	dào	따오	길, 도로 도
十	十	shí	스	열, 십
什	甚	shén, shí	선, 스	무엇 심/열, 십

| 375 |

中國語 상용한자 2500자

简体	繁體	拼音	훈음
进	進	jìn	나아가다 진
心	心	xīn	마음 심
现	現	xiàn	현재 현
然	然	rán	그러할 연
只	隻	zhǐ, zhī	마리, 쪽, 짝 척/다만 지
种	種	zhǒng, zhòng	종/심다 종
老	老	lǎo	늙다, 노인 로
事	事	shì	일, 일하다 사
从	從	cóng	따르다, ~부터 종
分	分	fēn, fèn	나누다/성분 분
前	前	qián	앞 전
些	些	xiē	조금, 약간 사
点	點	diǎn	점, 방울 점
开	開	kāi	열다 개
而	而	ér	[접속사] 이
很	很	hěn	매우 흔
方	方	fāng	네모, 막 방
于	於	yú	[어조사]/~에(서) 어
行	行	xíng, háng	가다 행/줄, 열 항
长	長	cháng, zhǎng	길다, 어른, 자라다 장

| 376 |

中國語 상용한자 2500자

간체	번체	병음	한글음	뜻	훈
见	見	jiàn	찌앤	보이다/의견	견
水	水	shuǐ	수이	물	수
两	兩	liǎng	리앙	둘	량
走	走	zǒu	조우	걷다	주
高	高	gāo	까오	높다	고
三	三	sān	싼	셋	삼
象	象	xiàng	씨앙	형상	상
回	回	huí	후이	돌다, 번	회
实	實	shí	스	충실하다	실
当	當	dāng, dàng	땅	~이 되다, 간주하다	당
气	氣	qì	치	기체	기
问	問	wèn	원	묻다	문
它	它	tā	타	그(것), 저(것)	타
给	給	gěi, jǐ	게이, 지	~에게 공급하다	급
手	手	shǒu	소우	손	수
全	全	quán	취앤	완전하다	전
部	部	bù	뿌	부분	부
二	二	èr	얼	둘	이
力	力	lì	리	힘	력
正	正	zhèng, zhēng	쩡	바르다/정월	정

中國語 상용한자 2500자

简体	繁體	拼音	한글 발음	뜻	한자
定	定	dìng	띵	정하다	정
意	意	yì	이	뜻, 생각	의
命	命	mìng	밍	명하다	명
几	幾	jǐ, jī	지, 찌	몇/거의	기
机	機	jī	찌	기계	기
党	黨	dǎng	당	정당, 파벌	당
所	所	suǒ	수오	장소, 하는바	소
向	向	xiàng	씨앙	향하다	향
战	戰	zhàn	짠	싸우다	전
己	己	jǐ	지	자기	기
知	知	zhī	쯔	알다	
物	物	wù	우	물건	
理	理	lǐ	리	이치, 결	
声	聲	shēng	썽	소리	
等	等	děng	덩	기다리다, 같다	
打	打	dǎ, dá	다	치다, 때리다, 공격하다	
话	話	huà	화	말, 이야기	
本	本	běn	번	근본	
社	社	shè	써	단체	
边	邊	biān	삐앤	가, 방면	

中國語 상용한자 2500자

外	外	wài / 와이 / 바깥 외
法	法	fǎ / 파 / 법, 방법 법
化	化	huà / 화 / 변하다 화
之	之	zhī / 쯔 / [조사] ~의/[지시] 이/가다 지
如	如	rú / 루 / 같다, 같게 하다 여
情	情	qíng / 칭 / 감정 정
候	候	hòu / 호우 / 때, 기다리다 후
眼	眼	yǎn / 이앤 / 눈 안
无	無	wú / 우 / 없다 무
但	但	dàn / 딴 / 다만, 그러나 단

呢	呢	ne / 너 / [의문조사] 니
使	使	shǐ / 스 / 시키다, 부리다 사
重	重	zhòng, chóng / 쫑, 총 / 무겁다, 겹치다 중
叫	叫	jiào / 찌아오 / ~하게 하다, 부르짖다 규
身	身	shēn / 썬 / 몸, 스스로 신
间	間	jiān, jiàn / 찌앤 / 사이, 중간/틈 간
业	業	yè / 예 / 일/이미 업
反	反	fǎn / 판 / 반대의 반
真	真	zhēn / 쩐 / 진실하다 진
明	明	míng / 밍 / 밝다, 알다 명

中國語 상용한자 2500자

简体	繁體	拼音	발음	뜻	음
听	聽	tīng	팅	듣다	청
才	才	cái	차이	재능, 비로소	재
放	放	fàng	팡	놓아주다	방
革	革	gé	거	바꾸다	혁
路	路	lù	루	길, 도로	로
四	四	sì	쓰	넷	사
别	別	bié	비에	다르다/나누다	별
做	做	zuò	쭤	만들다, 되다	주
志	志	zhì	쯔	뜻, 의지	지
文	文	wén	원	글, 문자	문
已	已	yǐ	위	이미	
级	級	jí	지	등급	
怎	怎	zěn	전	어째서	
最	最	zuì	쭈이	가장	
吧	吧	bā	빠	[어조사]	
量	量	liàng, liáng	리앙	용량, 양/헤아리다, 재다	
电	電	diàn	띠앤	전기	
车	車	chē	처	차	
先	先	xiān	씨앤	먼저	
妈	媽	mā	마	엄마	

| 380 |

中國語 상용한자 2500자

新	新	xīn	씬
		새롭다	신

口	口	kǒu	코우
		입, 입구	구

干	幹	gàn	깐
		줄기, (일 등을)하다	간

军	軍	jūn	쮠
		군대	군

制	製	zhì	쯔
		만들다, 제도	제

度	度	dù, duó	뚜, 두오
		법칙 도/짐작하다	탁

解	解	jiě	지에
		이해하다, 풀다	해

活	活	huó	후오
		살다	활

加	加	jiā	찌아
		더하다	가

因	因	yīn	인
		인하다, ~때문에	인

体	體	tǐ	티
		몸	체

少	少	shǎo, shào	사오, 싸오
		적다, 잃다/젊다	소

山	山	shān	싼
		산	산

代	代	dài	따이
		대신하다	대

五	五	wǔ	우
		다섯	오

政	政	zhèng	쩡
		정치	정

阶	階	jiē	찌에
		계단	계

光	光	guāng	꾸앙
		빛, 영광, 빛내다	광

门	門	mén	먼
		문	문

员	員	yuán	위앤
		종사원	원

中國語 상용한자 2500자

住	住	zhù	쭈 / 살다 주
常	常	cháng	창 / 자주, 보통 상
关	關	guān	꾸안 / 닫다, 관계 관
各	各	gè	꺼 / 여러, 각각 각
原	原	yuán	위앤 / 최초의, 본래 원
比	比	bǐ	비 / 비교하다, ~보다 비
月	月	yuè	위에 / 달 월
建	建	jiàn	찌앤 / 세우다 건
变	變	biàn	삐앤 / 바뀌다 변
次	次	cì	츠 / 순서, 횟수 차

第	第	dì	띠 / 차례, 제
应	應	yīng, yìng	잉 / ~해야 한다, 대답하다
条	條	tiáo	티아오 / 가지, 조목
太	太	tài	타이 / 몹시, 매우
合	合	hé	허 / 합치다
争	爭	zhēng	쩡 / 다투다
吃	吃	chī	츠 / 먹다
利	利	lì	리 / 이롭다
再	再	zài	짜이 / 다시
果	果	guǒ	구오 / 과실

中國語 상용한자 2500자

简	繁	拼音	한글	뜻	음
表	表	biāo	비아오	겉, 나타내다/시계	표
立	立	lì	리	서다	립
快	快	kuài	콰이	빠르다	쾌
题	題	tí	티	제목	제
西	西	xī	씨	서쪽	서
总	總	zǒng	종	늘, 총괄하다	총
思	思	sī	쓰	생각하다	사
由	由	yóu	요우	~부터, 원인	유
结	結	jié, jiē	지에, 찌에	매다/(씨앗을)맺다	결
白	白	bái	바이	흰색/헛되다	백
提	提	tí	티	들다, 내다	제
平	平	píng	피잉	평평하다	평
百	百	bǎi	바이	백	백
东	東	dōng	똥	동쪽	동
领	領	lǐng	링	이끌다/목, 옷깃	령
性	性	xìng	씽	성질	성
您	您	nín	닌	당신, 귀하	니
书	書	shū	쑤	책, 적다	서
队	隊	duì	뚜이	행렬, 팀, 무리	대
花	花	huā	후아	꽃/쓰다	화

| 383 |

中國語 상용한자 2500자

简体	繁體	拼音	한글음	뜻	한자
亲	親	qīn	친	친하다	친
被	被	bèi	뻬이	이불, 덮다	피
决	決	jué	쥐에	결정하다/결코	결
教	教	jiào, jiāo	찌아오	가르치다	교
论	論	lùn	룬	논하다	론
内	內	nèi	네이	안, 내부	내
跟	跟	gēn	껀	~와/뒤꿈치	근
吗	嗎	ma	마	[어조사]	마
相	相	xiāng, xiàng	씨앙	서로/외모	상
笑	笑	xiào	씨아오	웃다	소
完	完	wán	완	완전하다	완
科	科	kē	커	과, 조목	과
其	其	qí	치	그(의)	기
啊	啊	a, ā	아	[어조사]	아
展	展	zhǎn	잔	펼치다	전
许	許	xǔ	쉬	허락하다/쯤, 가량	허
资	資	zī	쯔	재물	자
者	者	zhě	저	자, 것	자
公	公	gōng	꽁	공공의	공
更	更	gèng, gēng	껑	더욱 갱/바꾸다	경

中國語 상용한자 2500자

简体	繁體	병음	발음	뜻	한국음
带	帶	dài	따이	띠/지니다	대
风	風	fēng	펑	바람	풍
线	線	xiàn	씨앤	실, 선	선
九	九	jiǔ	지우	아홉	구
导	導	dǎo	다오	인도하다	도
造	造	zào	짜오	만들다	조
呀	呀	yā, ya	야	(감탄) 아! 야!	하
系	繫	jì, xì	찌, 씨	매다/계통	계
日	日	rì	르	일, 태양	일
斗	鬪	dòu, dǒu	또우, 도우	싸우다/말	투/두
敌	敵	dí	디	적수, 상대	적
指	指	zhǐ	즈	손가락, 가리키다	지
农	農	nóng	농	농사	농
直	直	zhí	즈	곧다, 직접	직
哪	哪	nǎ	나	어느	나
并	並	bìng	삥	또한, 결코	병
万	萬	wàn	완	만	만
流	流	liú	리우	흐르다	류
接	接	jiē	찌에	잇다	접
通	通	tōng	통	통하다	통

| 385 |

中國語 상용한자 2500자

界	界	jiè / 찌에 경계 계
便	便	biàn, pián / 삐앤, 피앤 곧, 편(리)하다 편
共	共	gòng / 꽁 함께 공
位	位	wèi / 웨이 위치 위
难	難	nán, nàn / 난 어렵다, 곤란하다 난
数	數	shǔ, shù / 수, 쑤 세다/수 수
色	色	sè / 써 색깔 색
往	往	wǎng / 왕 가다, 향하여 왕
记	記	jì / 찌 기억하다 기
世	世	shì / 쓰 세대, 일생 세

根	根	gēn / 껀 뿌리, 근본
任	任	rèn / 런 맡다, 믿다
区	區	qū / 취 구별, 지구
认	認	rèn / 런 알다, 인정하다
将	將	jiāng, jiàng / 찌앙 장차/장군
处	處	chǔ, chù / 추 살다/곳
今	今	jīn / 찐 지금, 바로
望	望	wàng / 왕 바라보다
女	女	nǚ / 뉘 여자, 딸
群	群	qún / 췬 무리

中國語 상용한자 2500자

运	運	yùn	윈	운행하다 운
觉	覺	jué, jiào	쥐에, 찌아오	느끼다 각/잠 교
石	石	shí, dàn	스, 딴	돌/섬 석
孩	孩	hái	하이	어린아이 해
研	研	yán	이앤	연구하다 연
每	每	měi	메이	매, ~마다 매
半	半	bàn	빤	반, 절반 반
火	火	huǒ	후오	불, 화재 화
形	形	xíng	싱	모양, 형상 형
师	師	shī	스	스승 사

件	件	jiàn	찌앤	일, 사건 건
爱	愛	ài	아이	사랑하다 애
办	辦	bàn	빤	처리하다 판
步	步	bù	뿌	걸음 보
识	識	shí	스	알다 식
治	治	zhì	쯔	다스리다 치
写	寫	xiě	시에	쓰다 사
信	信	xìn	씬	편지, 믿다 신
热	熱	rè	러	열, 덥다 열
众	眾	zhòng	쭝	많다, 무리 중

| 387 |

中國語 상용한자 2500자

究	究	jiū | 찌우 탐구하다 구		或	或	huò | 훠 아마, 또는 혹
计	計	jì | 찌 계산하다 계		设	設	shè | 써 세우다 설
八	八	bā | 빠 여덟 팔		报	報	bào | 빠오 신문, 알리다 보
强	强	qiáng, qiǎng | 치양 강하다, 강제로 하다 강		算	算	suàn | 쏸 계산하다, ~로 여기다 산
却	却	què | 취에 오히려 각		此	此	cǐ | 츠 이것, 여기 차
特	特	tè | 터 특별하다 특		切	切	qiè, qiē | 치에 부합되다, 자르다 절
拿	拿	ná | 나 잡다, 쥐다 나		必	必	bì | 삐 반드시 필
连	連	lián | 리앤 잇다, 조차 련		站	站	zhàn | 짠 역, 서다 참
改	改	gǎi | 가이 고치다 개		管	管	guǎn | 구안 관, 관리하다 관
受	受	shòu | 쏘우 받다, 당하다 수		空	空	kōng, kòng | 콩 텅 비다/틈, 공간 공

中國語 상용한자 2500자

简体	繁体	拼音	한글음	뜻
远	遠	yuǎn	위앤	멀다 원
期	期	qī	치	시기 기
转	轉	zhuǎn, zhuàn	주안, 쭈안	바뀌다/돌다 전
早	早	zǎo	자오	아침, 이르다 조
观	觀	guān	꾸안	보다, 관점 관
告	告	gào	까오	알리다 고
料	料	liào	리아오	예상하다, 재료 료
海	海	hǎi	하이	바다 해
满	滿	mǎn	만	가득 차다 만
感	感	gǎn	간	느끼다 감
术	術	shù	쑤	기술 술
红	紅	hóng	훙	붉다 홍
谁	誰	shuí, shéi	수이, 쉐이	누구 수
该	該	gāi	까이	~해야 한다/그, 이 해
且	且	qiě	치에	또한, 잠시 차
死	死	sǐ	스	죽다 사
飞	飛	fēi	페이	날다 비
六	六	liù	리우	여섯 륙
马	馬	mǎ	마	말 마
河	河	hé	허	강 하

| 389 |

中國語 상용한자 2500자

简体	繁體	拼音	한글음	뜻	음
找	找	zhǎo	자오	찾다	조
讲	講	jiǎng	지앙	이야기하다	강
油	油	yóu	요우	기름	유
场	場	chǎng, cháng	창	장소/마당	장
脸	臉	liǎn	리앤	얼굴	검
似	似	sì, shì	쓰	닮다, 같다	사
取	取	qǔ	취	가지다	취
济	濟	jì	찌	구제하다	제
跑	跑	pǎo	파오	달리다	포
统	統	tǒng	통	계통, 통솔하다	통
坐	坐	zuò	쭤	앉다	좌
船	船	chuán	추안	배	선
土	土	tǔ	투	흙	토
质	質	zhì	쯔	성질, 바탕	질
服	服	fú	푸	옷, 따르다	복
务	務	wù	우	사무, 일	무
啦	啦	lā, la	라	[어조사]	랍
儿	兒	ér	얼	아이/[접미사]	아
让	讓	ràng	랑	양보하다, ~하게하다	양
够	夠	gòu	꼬우	모으다, 충분하다	구

中國語 상용한자 2500자

清	清	qīng / 칭 / 깨끗하다, 똑똑하다 청
越	越	yuè / 위에 / 넘다, 더욱더 월
与	與	yǔ, yù / 위 / 주다, ~와 참여하다 여
基	基	jī / 찌 / 기초 기
组	組	zǔ / 주 / 조직하다 조
神	神	shén / 선 / 신, 신성하다 신
爷	爺	yé / 이에 / 어르신 야
照	照	zhào / 짜오 / 비추다 조
极	極	jí / 지 / 지극히 극
爸	爸	bà / 빠 / 아빠 파

青	青	qīng / 칭 / 푸르다 청
团	團	tuán / 투안 / 단체/둥글다 단
七	七	qī / 치 / 일곱 칠
品	品	pǐn / 핀 / 물품, 등급 품
整	整	zhěng / 정 / 완전하다 정
倒	倒	dǎo, dào / 다오, 따오 / 넘어지다/도리어 도
确	確	què / 취에 / 확실하다 확
钱	錢	qián / 치앤 / 돈, 동전 전
影	影	yǐng / 잉 / 그림자 영
保	保	bǎo / 바오 / 보호하다 보

中國語 상용한자 2500자

简	繁	拼音	한글	뜻
树	樹	shù	수	나무 수
劳	勞	láo	라오	노동, 일하다 로
块	塊	kuài	콰이	조각, 덩이 괴
准	準	zhǔn	준	허락하다, 정확하다 준
夜	夜	yè	이에	밤, 심야 야
轻	輕	qīng	칭	가볍다, 젊다 경
千	千	qiān	치앤	천 천
目	目	mù	무	눈/목차, 조목 목
字	字	zì	쯔	글자 자
名	名	míng	밍	이름 명
求	求	qiú	치우	구하다
紧	緊	jǐn	진	팽팽하다
片	片	piàn	피앤	조각, 편
近	近	jìn	찐	가깝다
刚	剛	gāng	깡	막, 방금/굳세다
程	程	chéng	청	과정
习	習	xí	시	익히다, 습관
历	歷	lì	리	겪다/과거의
深	深	shēn	썬	깊다, 어렵다
入	入	rù	루	들다, 수입

中國語 상용한자 2500자

容	容	róng	룡	용납하다 용
史	史	shǐ	스	역사 사
怕	怕	pà	파	두려워하다 파
病	病	bìng	삥	병, 결함 병
器	器	qì	치	기구, 그릇, 인재 기
离	離	lí	리	떠나다, ~로부터 리
底	底	dǐ	디	바닥, 끝 저
收	收	shōu	쏘우	거둬들이다 수
错	錯	cuò	춰	그르다, 틀림 착
米	米	mǐ	미	쌀 미

张	張	zhāng	짱	펴다 장
备	備	bèi	뻬이	갖추다, 설비 비
至	至	zhì	쯔	매우, 이르다 지
向	向	xiàng	씨앙	향하다/ ~로 향
装	裝	zhuāng	쭈앙	설치하다 장
席	席	xí	시	좌석, 자리 석
包	包	bāo	빠오	싸다, 보따리 포
黑	黑	hēi	헤이	검다, 어둡다 흑
铁	鐵	tiě	티에	쇠, 철 철
房	房	fáng	팡	집, 방 방

中國語 상용한자 2500자

简体	繁体	拼音	한글	뜻	음
类	類	lèi	레이	부류, 무리	류
村	村	cūn	춘	마을	촌
验	驗	yàn	이앤	검사하다	험
据	據	jù	쮜	의거하다	거
集	集	jí	지	모이다	집
屋	屋	wū	우	방, 집	옥
布	布	bù	뿌	베/선포하다	포
较	較	jiào	찌아오	비교하다, 비교적	교
交	交	jiāo	찌아오	내다, 사귀다	교
具	具	jù	쮜	기구, 용구	구
断	斷	duàn	뚜안	끊다	단
草	草	cǎo	차오	풀, 초고	초
规	規	guī	꾸이	규칙, 규정	규
胜	勝	shèng	썽	이기다, 낫다	승
晚	晚	wǎn	완	저녁, 늦은	만
南	南	nán	난	남쪽	남
苦	苦	kǔ	쿠	쓰다, 고되다	고
院	院	yuàn	위앤	뜰/단과대학	원
精	精	jīng	찡	정밀하다	정
买	買	mǎi	마이	사다	매

中國語 상용한자 2500자

市	市	shì / 쓰 — 시장, 도시 시	谈	談	tán / 탄 — 이야기하다 담
细	細	xì / 씨 — 가늘다 세	母	母	mǔ / 무우 — 어머니, 암컷 모
专	傳	chuán, zhuàn / 추안, 쭈안 — 전하다/전기 전	衣	衣	yī / 이 — 옷, 의복 의
北	北	běi / 베이 — 북쪽 북	委	委	wěi / 웨이 — 맡기다 위
及	及	jí / 지 — 이르다, 및 급	何	何	hé / 허 — 무엇 하
害	害	hài / 하이 — 손해, 해치다 해	须	須	xū / 쒸 — ~해야 한다 수
厂	廠	chǎng / 창 — 공장, 상점 창	击	擊	jī / 찌 — 치다 격
肖	消	xiāo / 씨아오 — 사라지다 소	需	需	xū / 쒸 — 필요로 하다 수
送	送	sòng / 쏭 — 보내다, 전송하다 송	调	調	diào, tiáo / 띠아오, 티아오 — 이동하다, 가락, 알맞다 조
只	織	zhī / 쯔 — 짜다 직	际	際	jì / 찌 — 사이, 중간 제

中國語 상용한자 2500자

咱	咱	zá, zán	자, 잔
		우리, 우리들	찰

拉	拉	lā	라
		끌다	랍

低	低	dī	띠
		낮다	저

脚	脚	jiǎo	지아오
		발, 밑동	각

友	友	yǒu	요우
		벗, 친하다	우

堅	堅	jiān	찌앤
		단단하다	견

音	音	yīn	인
		소리, 음절	음

安	安	ān	안
		편안하다	안

哥	哥	gē	꺼
		형	가

兴	興	xìng, xīng	씽
		흥하다/흥미	흥

技	技	jì	찌
		기능, 기술	

落	落	luò	뤄
		떨어지다	

睛	睛	jīng	찡
		눈동자	

况	況	kuàng	쾅
		상태, 하물며	

批	批	pī	피
		비판하다	

刻	刻	kè	커
		새기다, 시각	

非	非	fēi	페이
		비판하다, 그르다, 과실	

支	支	zhī	쯔
		버티다	

星	星	xīng	씽
		별	

急	急	jí	지
		초조하다, 급하다	

中國語 상용한자 2500자

简	繁	병음	한글	뜻	한자음
单	單	dān	딴	홑, 하나, 오직	단
派	派	pài	파이	파견하다	파
速	速	sù	쑤	빠르다, 속도	속
赶	趕	gǎn	간	따라가다, 서둘다	간
亡	忙	máng	망	바쁘다	망
垂	睡	shuì	쑤이	잠자다	수
气	汽	qì	치	수증기, 증기	기
亢	抗	kàng	캉	저항하다	항
娘	娘	niáng	니앙	어머니, 아가씨	낭
失	失	shī	쓰	잃다	실
压	壓	yā	야	누르다	압
围	圍	wéi	웨이	에워싸다	위
兵	兵	bīng	삥	병사	병
金	金	jīn	찐	금속	금
族	族	zú	주	가족, 겨레	족
答	答	dá, dā	다, 따	대답, 대답하다	답
虫	蟲	chóng	총	벌레	충
随	隨	suí	수이	따라가다	수
专	專	zhuān	쭈안	오로지, 전문적인	전
嘴	嘴	zuǐ	주이	입, 부리	취

中國語 상용한자 2500자

严	嚴	yán / 이앤 / 엄하다 엄
破	破	pò / 포오 / 깨다, 파손되다 파
士	士	shì / 쓰 / 총각, 선비 사
广	廣	guǎng / 구앙 / 넓다, 넓히다, 너비 광
复	復	fù / 푸우 / 회복하다 복/다시 부
台	臺	tái / 타이 / 대, 무대 대
句	句	jù / 쮜 / 문장, 마디 구
城	城	chéng / 청 / 성, 도시 성
议	議	yì / 이 / 의논하다 의
联	聯	lián / 리앤 / 연결하다 련

毛	毛	máo / 마오 / 털, 깃
客	客	kè / 커 / 손님, 여객
皮	皮	pí / 피이 / 피부, 가죽
商	商	shāng / 쌍 / 상의하다, 상업
艺	藝	yì / 이 / 기예, 기술
帮	幫	bāng / 빵 / 돕다, 무리
鱼	魚	yú / 위 / 물고기
亮	亮	liàng / 리앙 / 밝다
穿	穿	chuān / 추안 / 입다, 뚫다
式	式	shì / 쓰 / 양식, 의식

中國語 상용한자 2500자

持	持	chí / 츠 / 가지다 지
雨	雨	yǔ / 위 / 비 우
积	積	jī / 찌 / 쌓다 적
坏	壞	huài / 화이 / 나쁘다 괴
诉	訴	sù / 쑤 / 알리다 소
增	增	zēng / 쩡 / 증가하다 증
请	請	qǐng / 칭 / 요청하다 청
始	始	shǐ / 스 / 처음 시
食	食	shí / 스 / 먹다 식
桥	橋	qiáo / 치아오 / 다리, 교량 교
帝	帝	dì / 띠 / 제왕 제
饭	飯	fàn / 판 / 밥 반
举	舉	jǔ / 쥐 / 들다 거
陈	陳	chén / 천 / 늘어놓다, 펴다 진
节	節	jié / 지에 / 마디, 절조 절
推	推	tuī / 투이 / 밀다 추/퇴
息	息	xī / 씨 / 호흡, 쉬다 식
画	畫	huà / 화 / 그리다, 그림 화
号	號	hào, hǎo / 하오 / 날짜, 이름/소리치다 호
乎	乎	hū / 후 / [어조사] 호

中國語 상용한자 2500자

简体	繁体	拼音	한글음	뜻	한자
温	溫	wēn	원	따뜻하다	온
除	除	chú	추	제거하다	제
首	首	shǒu	소우	머리, 최고의	수
参	參	cān	찬	참가하다	참
达	達	dá	다	통하다	달
伟	偉	wěi	웨이	위대하다	위
板	板	bǎn	반	널빤지, 판목	판
约	約	yuē	위에	약속하다	약
背	背	bèi, bēi	뻬이	외우다/지다	배
育	育	yù	위	낳다, 기르다	육
灯	燈	dēng	떵	등, 등불	등
层	層	céng	청	층, 겹, 계단	층
钢	鋼	gāng	깡	강철	강
微	微	wēi	웨이	작다, 쇠하다	미
左	左	zuǒ	주오	왼쪽	좌
密	密	mì	미	빽빽하다	밀
愿	願	yuàn	위앤	원하다, 소원	원
般	般	bān	빤	같은, 일반의	반
图	圖	tú	투	그림	도
示	示	shì	쓰	보이다	시

| 400 |

中國語 상용한자 2500자

简体	繁体	拼音	한글음	뜻	한자
段	段	duàn	뚜안	토막, 단락	단
引	引	yǐn	인	끌다, 이끌다	인
势	勢	shì	쓰	세력, 권세	세
证	證	zhèng	쩡	증명하다	증
夫	夫	fū, fú	푸	남편/저, 그	부
靠	靠	kào	카오	기대다	고
冷	冷	lěng	렁	춥다, 차다	랭
易	易	yì	이	쉽다/바꾸다	이/역
则	則	zé	저	법칙/곧	칙/즉
阳	陽	yáng	양	양, 태양	양
卖	賣	mài	마이	팔다	매
欢	歡	huān	후안	즐겁다	환
美	美	měi	메이	아름답다	미
局	局	jú	쥐	한판, 국면	국
血	血	xuè, xiě	쒸에, 시에	피	혈
冲	衝	chōng, chòng	총	충돌하다/힘차다	충
静	靜	jìng	찡	조용하다	정
停	停	tíng	팅	멈추다	정
划	劃	huà, huá	화, 후아	긋다 획/젓다 화	
脑	腦	nǎo	나오	뇌, 두뇌	뇌

中國語 상용한자 2500자

简	繁	拼音	한글	뜻
权	權	quán	취앤	권세, 권리 권
修	修	xiū	씨우	수리하다 수
虽	雖	suī	쑤이	비록 수
沉	沈	chén, shěn	천, 선	잠기다 침/성 심
球	球	qiú	치우	공 구
伙	夥	huǒ	후오	동료, 무리 화
木	木	mù	무	나무 목
喜	喜	xǐ	시	기쁘다 희
忽	忽	hū	후	홀연히 홀
即	即	jí	지	곧 즉
跳	跳	tiào	티아오	뛰다 도
视	視	shì	쓰	보다 시
误	誤	wù	우	틀리다 오
父	父	fù	푸	아버지 부
显	顯	xiǎn	시앤	현저하다 현
留	留	liú	리우	머무르다 류
岁	歲	suì	쑤이	해, 살, 새해 세
古	古	gǔ	구	옛날 고
惊	驚	jīng	찡	놀라다 경
念	念	niàn	니앤	읽다 념

中國語 상용한자 2500자

简	繁	拼音	한글음	뜻	한자음
久	久	jiǔ	지우	오래다	구
旧	舊	jiù	찌우	낡다	구
纸	紙	zhǐ	즈	종이	지
养	養	yǎng	양	기르다	양
护	護	hù	후	보호하다	호
呼	呼	hū	후	내쉬다	호
雪	雪	xuě	쉬에	눈	설
朋	朋	péng	펑	벗, 친구	붕
药	藥	yào	야오	약, 약물	약
存	存	cún	춘	존재하다	존
突	突	tū	투	부딪다/갑자기	돌
助	助	zhù	쭈	돕다	조
令	令	lìng	링	명령하다	령
乡	鄉	xiāng	씨앙	시골, 고향	향
顶	頂	dǐng	딩	꼭대기	정
校	校	xiào	씨아오	학교	교
续	續	xù	쒸	계속하다	속
黄	黃	huáng	후앙	누렇다	황
敢	敢	gǎn	간	용감하다/감히	감
掉	掉	diào	띠아오	떨어뜨리다	도

| 403 |

中國語 상용한자 2500자

简体	繁體	拼音	한글	뜻	음
创	創	chuàng	추앙	창조하다	창
右	右	yòu	요우	오른쪽	우
激	激	jī	찌	격렬하다	격
姑	姑	gū	꾸	고모	고
旁	旁	páng	팡	옆	방
医	醫	yī	이	의사	의
价	價	jià	찌아	값, 가격	가
纪	紀	jì	찌	기강	기
沙	沙	shā	싸	모래	사
角	角	jiāo, jué	지아오, 쥐에	뿔/각색	각
章	章	zhāng	짱	문장, 규정	장
弟	弟	dì	띠	아우, 동생	제
材	材	cái	차이	재료	재
注	注	zhù	쭈	붓다	주
言	言	yán	이앤	말, 말하다	언
简	簡	jiǎn	지앤	간단하다	간
慢	慢	màn	만	느리다, 천천히	만
采	采	cǎi	차이	채취하다	채
查	查	chá	차	검사하다	사
另	另	lìng	링	그 밖의, 다른, 따로	령

防	防	fáng 팡 / 막다 방	故	故	gù 꾸 / 연고, 사고, 따라서 고
评	評	píng 핑 / 논평, 평하다 평	省	省	shěng, xǐng 성, 싱 / 성/절약하다 성
按	按	àn 안 / 누르다/~에 따라서 안	烟	烟	yān 이앤 / 연기, 담배 연
略	略	lüè 뤼에 / 간략하다/계략, 요약 략	棉	棉	mián 미앤 / 면화, 솜 면
喊	喊	hǎn 한 / 외치다 함	乱	亂	luàn 루안 / 혼란하다 란
枪	槍	qiāng 치앙 / 총 창	游	游	yóu 요우 / 놀다, 헤엄치다 유
伤	傷	shāng 쌍 / 상처 상	怪	怪	guài 꽈이 / 이상하다, 탓하다 괴
排	排	pái 파이 / 배열하다, 줄 배	府	府	fǔ 푸 / 관공서, 부서 부
室	室	shì 쓰 / 방, 실 실	唱	唱	chàng 창 / 노래하다 창
渐	漸	jiàn 찌앤 / 점차 점	初	初	chū 추 / 처음 초

中國語 상용한자 2500자

简体	繁体	拼音	한글	뜻	음
功	功	gōng	꽁	공로, 효과	공
床	床	chuáng	추앙	침대	상
律	律	lǜ	뤼	법률	률
烧	燒	shāo	싸오	태우다	소
烈	烈	liè	리에	강렬하다	렬
读	讀	dú	두	읽다	독
洋	洋	yáng	양	서양(의)	양
尽	盡	jìn	찐	다하다	진
封	封	fēng	펑	봉투, 통	봉
周	周	zhōu	쪼우	주위, 주일	주
县	縣	xiàn	씨앤		현
源	源	yuán	위앤	근원	원
姐	姐	jiě	지에	누나, 언니	
座	座	zuò	쭤	자리	
熟	熟	shú, shóu	수, 소우	익다	
担	擔	dān, dàn	딴	메다/짐	
痛	痛	tòng	통	아프다	
弹	彈	tán, dàn	탄, 딴	쏘다/탄환	
钟	鐘	zhōng	쭝	종, 시계	
杂	雜	zá	자	잡다하다	

中國語 상용한자 2500자

试	試	shì / 쓰 — 시험하다 **시**
继	繼	jì / 찌 — 계속하다 **계**
班	班	bān / 빤 — 반, 근무 **반**
搞	搞	gǎo / 가오 — 하다, 옆으로 치다 **고**
翻	翻	fān / 판 — 뒤집다, 번역하다 **번**
语	語	yǔ / 위 — 말, 말씀, 말하다 **어**
菜	菜	cài / 차이 — 채소, 요리 **채**
终	終	zhōng / 쭝 — 끝나다 **종**
充	充	chōng / 충 — 충만하다 **충**
困	困	kùn / 쿤 — 곤란하다 **곤**

摇	搖	yáo / 야오 — 흔들다 **요**
奶	奶	nǎi / 나이 — 젖 **내**
乐	樂	lè, yuè / 러, 위에 — 즐겁다 **락**/음악 **악**
奇	奇	qí, jī / 치, 찌 — 기이하다/홀수의 **기**
态	態	tài / 타이 — 모양 **태**
野	野	yě / 이에 — 들, 범위 **야**
责	責	zé / 저 — 책임 **책**
止	止	zhǐ / 즈 — 그치다 **지**
选	選	xuǎn / 쉬앤 — 고르다 **선**
喝	喝	hē, hè / 허 — 마시다/외치다 **갈**

| 407 |

中國語 상용한자 2500자

简	繁	拼音	한글	뜻	음
林	林	lín	린	수풀	림
差	差	chà, chā, chāi	차, 차이	다르다, 차이/파견하다	차
负	負	fù	푸	지다	부
例	例	lì	리	예	례
歌	歌	gē	꺼	노래	가
抓	抓	zhuā	쭈아	잡다	조
田	田	tián	티앤	밭, 논	전
称	稱	chēng, chèn	청, 천	일컫다/알맞다	칭
双	雙	shuāng	쑤앙	쌍	쌍
竟	竟	jìng	찡	결국, 뜻밖에	경
仅	僅	jǐn	진	겨우, 다만	근
待	待	dài	따이	대우하다, 기다리다	대
属	屬	shǔ	수	무리, 속하다	속
致	致	zhì	쯔	드리다	치
吸	吸	xī	씨	들이쉬다	흡
春	春	chūn	춘	봄	춘
窗	窗	chuāng	추앙	창(문)	창
哭	哭	kū	쿠	울다	곡
格	格	gé	거	격자, 표준	격
础	礎	chǔ	추	초석, 기초	초

中國語 상용한자 2500자

| 营 | 營 | yíng | 잉 | 경영하다 영 |

| 央 | 央 | yāng | 양 | 중앙 앙 |

| 暗 | 暗 | àn | 안 | 어둡다 암 |

| 莫 | 模 | mó, mú | 모, 무 | 모범/모형 모 |

| 换 | 換 | huàn | 환 | 바꾸다 환 |

| 标 | 標 | biāo | 삐아오 | 표지 표 |

| 曾 | 曾 | céng, zēng | 청, 쩡 | 일찍/거듭할 증 |

| 挥 | 揮 | huī | 후이 | 휘두르다 휘 |

| 维 | 維 | wéi | 웨이 | 매다, 유지하다 유 |

| 攻 | 攻 | gōng | 꽁 | 공격하다 공 |

| 祖 | 祖 | zǔ | 주 | 선조, 창시자 조 |

| 射 | 射 | shè | 써 | 쏘다 사 |

| 缺 | 缺 | quē | 취에 | 모자라다 결 |

| 叔 | 叔 | shū | 쑤 | 숙부 숙 |

| 妇 | 婦 | fù | 푸 | 부녀자 부 |

| 费 | 費 | fèi | 페이 | 비용 비 |

| 适 | 適 | shì | 쓰 | 적합하다 적 |

| 足 | 足 | zú | 주 | 발, 족하다 족 |

| 绝 | 絕 | jué | 쥐에 | 끊다, 결코 절 |

| 武 | 武 | wǔ | 우 | 무력(의) 무 |

中國語 상용한자 2500자

简	繁	병음	한글발음	뜻
益	益	yì	위	이익 **익**
课	課	kè	커	수업, 과 **과**
顾	顧	gù	꾸	돌보다, 돌아보다 **고**
骨	骨	gǔ	구	뼈 **골**
卫	衛	wèi	웨이	지키다 **위**
素	素	sù	쑤	본디 **소**
考	考	kǎo	카오	시험하다 **고**
检	檢	jiǎn	지앤	검사하다 **검**
懂	懂	dǒng	동	알다 **동**
仍	仍	réng	렁	여전히 **잉**
针	針	zhēn	쩐	바늘, 주사
替	替	tì	티	대신하다
货	貨	huò	후오	화폐, 상품
官	官	guān	꾸안	관리, 국가의
笔	筆	bǐ	비	붓
元	元	yuán	위앤	으뜸(의)
叶	葉	yè	이에	잎
演	演	yǎn	이앤	공연하다
牛	牛	niú	니우	소
短	短	duǎn	두안	짧다

中國語 상용한자 2500자

危	危	wēi	웨이	위험, 위험하다 위
副	副	fù	푸	부, 부대적인, 다음 부
投	投	tóu	토우	던지다 투
未	未	wèi	웨이	아직 ~않다 미
散	散	sàn, sǎn	싼, 산	흩어지다, 느슨하다 산
架	架	jià	찌아	선반 가
街	街	jiē	찌에	거리, 큰길 가
劲	勁	jìn, jìng	찐, 찡	힘/굳세다 경
降	降	jiàng, xiáng	찌앙, 시앙	내리다 강/항복하다 항
忘	忘	wàng	왕	잊다 망

景	景	jǐng	징	경치, 상황
印	印	yìn	인	도장, 인쇄하다
迫	迫	pò	포	닥치다, 급하다
配	配	pèi	페이	분배하다
握	握	wò	워	쥐다
司	司	sī	쓰	맡다
店	店	diàn	띠앤	가게
希	希	xī	씨	바라다
宝	寶	bǎo	바오	보배
嫂	嫂	sǎo	사오	형수

中國語 상용한자 2500자

广	礦	kuàng	쿠앙 — 광석 광
味	味	wèi	웨이 — 맛 미
普	普	pǔ	푸 — 보편적이다 보
爬	爬	pá	파 — 기다, 기어오르다 파
状	狀	zhuàng	쭈앙 — 상태 상
余	餘	yú	위 — 남다, 나 여
掌	掌	zhǎng	장 — 손바닥 장
勾	構	gòu	꼬우 — 구성하다 구
鼓	鼓	gǔ	구 — 북, 고무하다 고
顺	順	shùn	쑨 — 순조롭다 순

假	假	jiǎ, jià	지아, 찌아 — 거짓/휴가 가
境	境	jìng	찡 — 경계 경
粮	糧	liáng	리앙 — 양식 량
优	優	yōu	요우 — 우수하다 우
减	減	jiǎn	지앤 — 감소하다 감
伸	伸	shēn	썬 — 펴다 신
退	退	tuì	투이 — 물러나다 퇴
抱	抱	bào	빠오 — 안다 포
永	永	yǒng	용 — 길다 영
杀	殺	shā	싸 — 죽이다 살

中國語 상용한자 2500자

宣	宣	xuān	쒸앤	선포하다 선	绿	綠	lǜ	뤼 / 초록빛
含	含	hán	한	포함하다 함	腿	腿	tuǐ	투이 / 다리
镜	鏡	jìng	찡	거울 경	江	江	jiāng	찌앙 / 강
怀	懷	huái	후아이	품다 회	端	端	duān	뚜안 / 발단
奋	奮	fèn	펀	분발하다 분	映	映	yìng	잉 / 비치다
既	既	jì	찌	이미 기	银	銀	yín	인 / 은
斤	斤	jīn	찐	[양사] 근	列	列	liè	리에 / 늘어놓다
抬	擡	tái	타이	들다 대	酒	酒	jiǔ	지우 / 술
践	踐	jiàn	찌앤	실천하다 천	置	置	zhì	쯔 / 두다
盘	盤	pán	판	쟁반 반	洗	洗	xǐ	시 / 씻다

|414|

中國語 상용한자 2500자

射	謝	xiè / 씨에 / 감사하다, 시들다 사	浪	浪	làng / 랑 / 물결 랑
甚	甚	shèn / 썬 / 몹시 심	巴	巴	bā / 빠 / 바라다 파
王	王	wáng / 왕 / 왕, 임금 왕	案	案	àn / 안 / 안석, 사건 안
同	洞	dòng / 똥 / 구멍, 동굴 동	闹	鬧	nào / 나오 / 시끄럽다 뇨
独	獨	dú / 두 / 혼자, 오직 독	户	戶	hù / 후 / 문, 집 호
肉	肉	ròu / 로우 / 고기 육	犯	犯	fàn / 판 / 범하다 범
冬	冬	dōng / 똥 / 겨울 동	挂	掛	guà / 꾸아 / 걸다 괘
讨	討	tǎo / 타오 / 토벌하다 토	概	概	gài / 까이 / 대개 개
桌	桌	zhuō / 쭈오 / 탁자 탁	松	鬆	sōng / 쏭 / 느슨하다, 소나무 송
追	追	zhuī / 쭈이 / 쫓아가다 추	轮	輪	lún / 룬 / 바퀴 륜

中國語 상용한자 2500자

摆 擺	bǎi / 바이	벌여놓다 파
午 午	wǔ / 우	정오 오
策 策	cè / 처	계책 책
著 著	zhù / 쭈	현저하다 저
哎 哎	āi / 아이	아이고 애
脱 脱	tuō / 투오	벗다 탈
袋 袋	dài / 따이	주머니 대
露 露	lù, lòu / 루, 로우	이슬, 드러나다 로
仿 倣	fǎng / 팡	모방하다 방
守 守	shǒu / 소우	지키다 수

互 互	hù / 후	서로 호
云 雲	yún / 윈	구름, 말하다 운
猛 猛	měng / 멍	사납다 맹
摸 摸	mō / 모	더듬다 모
遍 遍	biàn / 삐앤	두루 편
嗯 嗯	ńg / 응	[감탄사] 응? 엉! 응!
预 預	yù / 위	미리 예
园 園	yuán / 위앤	정원 원
逐 逐	zhú / 주	쫓다 축
粉 粉	fēn / 펀	가루 분

鞋	鞋	xié	시에 신, 신발 혜	矛	矛	máo	마오 창 모
幸	幸	xìng	씽 행복 행	妹	妹	mèi	메이 여동생 매
堂	堂	táng	탕 대청, 홀 당	盾	盾	dùn	뚠 방패 순
某	某	mǒu	모우 아무 모	燃	燃	rán	란 연소하다 연
丰	豐	fēng	펑 풍부하다 풍	英	英	yīng	잉 꽃 영
唯	唯	wéi	웨이 오직 유	肯	肯	kěn	컨 수긍하다, 기꺼이 하다 긍
楚	楚	chǔ	추 분명하다 초	险	險	xiǎn	시앤 험하다 험
抽	抽	chōu	초우 빼내다 추	灰	灰	huī	후이 재 회
救	救	jiù	찌우 구제하다 구	超	超	chāo	차오 초월하다 초
闪	閃	shǎn	산 번개 섬	丝	絲	sī	쓰 실, 비단 사

中國語 상용한자 2500자

折	折	zhé, shé / 저, 서 / 꺾다, 손해보다 절
套	套	tào / 타오 / 덧씌우개 투
墙	墻	qiáng / 치앙 / 담장 장
扬	揚	yáng / 양 / 높이 들다 양
煤	煤	méi / 메이 / 석탄 매
遇	遇	yù / 위 / 만나다 우
判	判	pàn / 판 / 분별하다 판
硬	硬	yìng / 잉 / 단단하다 경
筑	築	zhù / 쭈 / 건축하다 축
铺	鋪	pū, pù / 푸 / 펴다/가게 포
鸡	鷄	jī / 찌 / 닭
吹	吹	chuī / 추이 / 불다
鬼	鬼	guǐ / 구이 / 귀신
枝	枝	zhī / 쯔 / 가지
恶	惡	è, wù / 어, 우 / 악행 악/미워하다
哈	哈	hā / 하 / 하하(웃는 소리)
男	男	nán / 난 / 남자
馆	館	guǎn / 구안 / 객사
限	限	xiàn / 씨앤 / 제한하다
股	股	gǔ / 구 / 넓적다리

中國語 상용한자 2500자

圆	圓	yuán	위앤
		둥글다	원

败	敗	bài	빠이
		지다	패

编	編	biān	삐앤
		엮다	편

碎	碎	suì	쑤이
		부수다	쇄

炼	煉	liàn	리앤
		단련하다	련

鲜	鮮	xiān, xiǎn	씨앤, 시앤
		신선하다, 드물다	선

湖	湖	hú	후
		호수	호

彻	徹	chè	처
		꿰뚫다	철

戏	戱	xì	씨
		놀이	희

练	練	liàn	리앤
		훈련하다	련

朵	朵	duǒ	뚜오
		꽃송이	타

佛	佛	fó	포
		부처	불

哦	哦	ó, ò	오
		[감탄사] 어! 오!	아

舞	舞	wǔ	우
		춤, 춤추다	무

测	測	cè	처
		측량하다	측

盖	蓋	gài	까이
		덮개, 덮다	개

移	移	yí	이
		이동하다	이

迎	迎	yíng	잉
		맞이하다	영

香	香	xiāng	씨앙
		향기, 향기롭다	향

耳	耳	ěr	얼
		귀	이

中國語 상용한자 2500자

간체	번체	병음	한글음	뜻	훈음
零	零	líng	링	영, 영세하다	령
钻	鑽	zuān, zuàn	쭈안	뚫다/송곳, 금강석	찬
旗	旗	qí	치	기	기
泪	泪	lèi	레이	눈물	루
瞧	瞧	qiáo	치아오	보다	초
震	震	zhèn	쩐	진동하다	진
束	束	shù	수	묶다, 묶음	속
毒	毒	dú	두	독, 마약	독
率	率	lǜ, shuài	뤼, 쑤아이	비율, 헤아리다/인솔하다	률/솔
玩	玩	wán	완	놀다	완
勇	勇	yǒng	용	용감하다	용
拍	拍	pāi	파이	치다	박
项	項	xiàng	씨앙	항목	항
灵	靈	líng	링	민첩하다	령
挺	挺	tǐng	팅	매우	정
沿	沿	yán	이앤	따르다	연
炮	炮	pào	파오	대포	포
毫	毫	háo	하오	잔털, 조금도	호
居	居	jū	쮜	살다	거
液	液	yè	이에	액체	액

中國語 상용한자 2500자

临	臨	lín / 린 — 임하다 림
碰	碰	pèng / 펑 — 부딪치다, 만나다 팽
企	企	qǐ / 치 — 바라다 기
努	努	nǔ / 누 — 힘쓰다 노
茶	茶	chá / 차 — 차 다
混	混	hùn, hún / 훈 — 섞다/흐리다 혼
季	季	jì / 찌 — 계절 계
嘛	嘛	má, ma / 마 — [어조사]/무엇 마
挑	挑	tiāo, tiǎo / 티아오 — 선택하다, 쳐들다 도
镇	鎭	zhèn / 쩐 — 진압하다 진
堆	堆	duī / 뚜이 — 쌓다, 무더기 퇴
穷	窮	qióng / 치옹 — 궁하다 궁
执	執	zhí / 즈 — 잡다 집
偷	偷	tōu / 토우 — 훔치다 투
耐	耐	nài / 나이 — 참다 내
碗	碗	wǎn / 완 — 주발 완
壮	壯	zhuàng / 쭈앙 — 건장하다 장
植	植	zhí / 즈 — 식물 식
厚	厚	hòu / 호우 — 두텁다 후
狗	狗	gǒu / 고우 — 개 구

中國語 상용한자 2500자

职	職	zhí / 즈 / 직무 직
雄	雄	xióng / 시옹 / 수컷 웅
输	輸	shū / 수 / 지다, 수송하다 수
倍	倍	bèi / 뻬이 / 곱 배
婶	嬸	shěn / 선 / 숙모 심
弱	弱	ruò / 뤄 / 약하다 약
丽	麗	lì / 리 / 아름답다 려
召	召	zhào / 짜오 / 부르다 소
虎	虎	hǔ / 후 / 범, 호랑이 호
善	善	shàn / 싼 / 착하다 선

警	警	jǐng / 징 / 경계하다 경
借	借	jiè / 찌에 / 빌다 차
良	良	liáng / 리앙 / 양호하다 량
羊	羊	yáng / 양 / 양 양
染	染	rǎn / 란 / 물들이다 염
休	休	xiū / 씨우 / 쉬다 휴
哩	哩	li / 리 / [어조사] 리
寒	寒	hán / 한 / 차다 한
升	昇	shēng / 썽 / 오르다 승
范	範	fàn / 판 / 모범, 범위 범

中國語 상용한자 2500자

削	削	xiāo, xuē / 씨아오, 쒸에 / 깎다 삭		圈	圈	quān, juàn / 취앤, 쮜앤 / 동그라미, 우리 권
姓	姓	xìng / 씽 / 성 성		篇	篇	piān / 피앤 / 편 편
牙	牙	yá / 야 / 이, 치아 아		否	否	fǒu / 포우 / 아니/부인하다 부
施	施	shī / 쓰 / 시행하다 시		鸟	鳥	niǎo / 니아오 / 새 조
悄	悄	qiāo, qiǎo / 치아오 / 고요하다 초		窝	窩	wō / 워 / 둥지 와
招	招	zhāo / 짜오 / 초대하다 초		默	默	mò / 모 / 침묵하다 묵
夺	奪	duó / 두오 / 빼앗다 탈		粗	粗	cū / 추 / 굵다 조
福	福	fú / 후 / 복 복		征	徵	zhēng / 쩡 / 모집하다 징/원정하다 정
麻	麻	má / 마 / 저리다, 삼 마		伍	伍	wǔ / 우 / 대오 오
剥	剝	bāo, bō / 빠오, 뽀 / 벗기다 박		阴	陰	yīn / 인 / 흐리다 음

| 423 |

中國語 상용한자 2500자

威	威	wēi	웨이	위엄 **위**
秋	秋	qiū	치우	가을 **추**
倾	傾	qīng	칭	기울다 **경**
陆	陸	lù	루	육지 **륙**
哲	哲	zhé	저	지혜롭다 **철**
索	索	suǒ	수오	찾다 **색**/노끈 **삭**
昨	昨	zuó	주오	어제 **작**
冰	冰	bīng	삥	얼음 **빙**
罪	罪	zuì	쭈이	죄 **죄**
票	票	piào	삐아오	표, 지폐 **표**

醒	醒	xǐng	싱	깨어나다 **성**
璃	璃	lí	리	유리 **리**
暴	暴	bào	빠오	사납다 **포**/폭로하다 **폭**
楼	樓	lóu	로우	건물, 층 **루**
顿	頓	dùn	뚠	잠시 멈추다 **돈**
免	免	miǎn	미앤	면하다 **면**
肩	肩	jiān	찌앤	어깨 **견**
壁	壁	bì	삐	벽 **벽**
藏	藏	cáng, zàng	창, 짱	간직하다, 창고 **장**
贵	貴	guì	꾸이	비싸다 **귀**

中國語 상용한자 2500자

简	繁	병음	한글	뜻	음
宽	寬	kuān	쿠안	넓다	관
异	异	yì	이	다르다	이
胡	鬍	hú	후	수염, 오랑캐	호
途	途	tú	투	길	도
累	累	lèi, lěi	레이	지치다, 포개다	루
艰	艱	jiān	찌앤	어렵다	간
探	探	tàn	탄	찾다	탐
孔	孔	kǒng	콩	구멍	공
忍	忍	rěn	런	참다	인
夏	夏	xià	씨아	여름	하
磨	磨	mó, mò	모	갈다/맷돌	마
徒	徒	tú	투	무리, 헛되이	도
若	若	ruò	뤄	같다, 만약	약
齐	齊	qí	치	가지런하다	제
玻	玻	bō	뽀	유리	파
补	補	bǔ	부	보완하다	보
逃	逃	táo	타오	달아나다	도
像	像	xiàng	씨앙	닮다, ~와 같다	상
横	橫	héng, hèng	헝	가로, 난폭하다	횡
偏	偏	piān	피앤	치우치다	편

中國語 상용한자 2500자

疑	疑	yí / 이 / 의심하다 의
曲	曲	qū, qǔ / 취 / 굽다/가락 곡
帐	帳	zhàng / 짱 / 장막 장
帽	帽	mào / 마오 / 모자 모
胸	胸	xiōng / 씨옹 / 가슴 흉
洲	洲	zhōu / 쪼우 / 대륙 주
财	財	cái / 차이 / 재물 재
冒	冒	mào / 마오 / 무릅쓰다 모
均	均	jūn / 쮠 / 고르다 균
缩	縮	suō / 쑤오 / 줄어들다 축
擦	擦	cā / 차 / 닦다, 비비다 찰
珠	珠	zhū / 쭈 / 진주 주
鼻	鼻	bí / 비 / 코 비
骂	罵	mà / 마 / 욕하다 매
颗	顆	kē / 커 / 낱알 과
腰	腰	yāo / 야오 / 허리 요
尖	尖	jiān / 찌앤 / 뾰족하다 첨
伯	伯	bó / 보 / 백부, 맏 백
纤	纖	xiān / 씨앤 / 가늘다 섬
井	井	jǐng / 징 / 우물 정

中國語 상용한자 2500자

爐	lú	루 / 난로 로
菌	jūn, jùn	쮠 / 세균, 버섯 균
遭	zāo	짜오 / 만나다 조
航	háng	항 / 운항하다 항
潮	cháo	차오 / 조수 조
承	chéng	청 / 계승하다 승
剩	shèng	썽 / 남다 잉
躺	tǎng	탕 / 드러눕다 당
禮	lǐ	리 / 예의 례
慌	huāng	후앙 / 당황하다 황

島	dǎo	다오 / 섬 도
穀	gǔ	구 / 곡식, 계곡 곡
撲	pū	푸 / 덮치다, 코를 찌르다 박
拖	tuō	투오 / 끌다 타
控	kòng	콩 / 통제하다, 고발하다 공
蛋	dàn	딴 / 알 단
獲	huò	후오 / 획득하다 획
傅	fù	푸 / 스승 부
酸	suān	쑤안 / 시다 산
眉	méi	메이 / 눈썹 미

中國語 상용한자 2500자

简体	繁體	拼音	발음	뜻	한자
刺	刺	cì	쓰	찌르다	자
肥	肥	féi	페이	살지다	비
播	播	bō	뽀	전파하다	파
训	訓	xùn	쒼	훈계하다	훈
迅	迅	xùn	쒼	신속하다	신
赞	贊	zàn	짠	돕다	찬
彩	彩	cǎi	차이	채색	채
附	附	fù	푸	덧붙이다	부
尾	尾	wěi	웨이	꼬리	미
纷	紛	fēn	펀	분분하다, 어지러워지다	분
阿	阿	ā, ē	아, 어	[어조사]/아첨하다	
阻	阻	zǔ	주	막다	
暖	暖	nuǎn	누안	따뜻하다	
克	克	kè	커	극복하다	
湿	濕	shī	쓰	축축하다	
爆	爆	bào	빠오	폭발하다	
俩	倆	liǎ	리아	두 사람	
愤	憤	fèn	펀	분노, 분노하다	
纺	紡	fǎng	팡	실을 뽑다	
亿	億	yì	이	억	

中國語 상용한자 2500자

浮 浮	fú / 무	뜨다 부
滾 滾	gǔn / 군	구르다 곤
趣 趣	qù / 취	취미 취
盆 盆	pén / 펀	동이 분
辩 辯	biàn / 삐앤	변론하다 변
糊 糊	hú / 후	풀칠하다 호
插 插	chā / 차	꽂다, 껴들다 삽
挤 擠	jǐ / 지	꽉 차다 제
蓝 藍	lán / 란	쪽빛 람
禁 禁	jīn, jìn / 찐	금하다, 견디다 금
协 協	xié / 시에	협조하다 협
牲 牲	shēng / 씽	가축 생
奔 奔	bēn, bèn / 뻔	달리다, 힘쓰다 분
隔 隔	gé / 거	사이에 두다 격
汗 汗	hàn / 한	땀 한
弯 彎	wān / 완	굽다 만
柴 柴	chái / 차이	땔나무 시
凉 凉	liáng / 리앙	차다, 서늘하다 량
迷 迷	mí / 미	혼미하다 미
缓 緩	huǎn / 후안	느리다 완

中國語 상용한자 2500자

간체	번체	병음	한글음	뜻	한자
介	介	jiè	찌에	끼다, 소개하다	개
献	獻	xiàn	씨앤	바치다	헌
卷	捲	juǎn, juàn	쥐안, 쮜안	말다/책	권
巧	巧	qiǎo	치아오	교묘하다	교
载	載	zài, zǎi	짜이, 자이	싣다, 기재하다	재
稳	穩	wěn	원	안온하다	온
净	凈	jìng	찡	깨끗하다	정
肚	肚	dù	뚜	배, 복부	두
渡	渡	dù	뚜	건너다	도
登	登	dēng	떵	오르다	등
剧	劇	jù	쮜	연극, 심하다	극
扩	擴	kuò	쿠오	넓히다	확
械	械	xiè	씨에	기계	계
膀	膀	bǎng, páng	방, 팡	어깨/방광	방
罢	罷	bà	빠	멈추다/그만두다	파
豆	豆	dòu	또우	콩	두
杆	桿	gǎn, gān	간, 깐	자루/막대	간
诗	詩	shī	쓰	시	시
付	付	fù	푸	교부하다	부
婆	婆	pó	포	노파	파

中國語 상용한자 2500자

简	繁	拼音	뜻·음
健	健	jiàn	건강하다 건
麦	麥	mài	보리, 밀 맥
晨	晨	chén	새벽 신
铜	銅	tóng	구리 동
叹	嘆	tàn	한숨 쉬다 탄
谓	謂	wèi	말하다 위
私	私	sī	사적인 사
幕	幕	mù	장막 막
波	波	bō	물결 파
沟	溝	gōu	도랑 구
咬	咬	yǎo	물다 교
辆	輛	liàng	대 량
淡	淡	dàn	싱겁다, 엷다 담
悲	悲	bēi	슬프다 비
腾	騰	téng	질주하다, 오르다 등
录	錄	lù	기록하다, 녹음하다 록
秘	秘	mì	비밀의 비
氧	氧	yǎng	산소 양
抢	搶	qiǎng	빼앗다, 앞다투다 창
阔	闊	kuò	넓다 활

中國語 상용한자 2500자

简体	繁体	병음	한글음	뜻	한자
涌	涌	yǒng	용	솟아나다	용
瓜	瓜	guā	꾸아	오이	과
扫	掃	sǎo	사오	쓸다	소
薄	薄	bó, báo	보, 바오	엷다, 사소하다	박
括	括	kuò	쿠어	묶다, 포괄하다	괄
棵	棵	kē	커	그루, 포기	과
甲	甲	jiǎ	지아	첫째 천간(십간의 첫째)	갑
软	軟	ruǎn	루안	부드럽다	연
归	歸	guī	꾸이	돌아가다	귀
凝	凝	níng	닝	엉기다	응
避	避	bì	삐	피하다	피
汉	漢	Hàn, hàn	한	한나라, 한족 남자	한
拔	拔	bá	바	빼다	발
愈	愈	yù	위	병이 낫다	유
份	份	fèn	펀	일부분	분
尺	尺	chǐ	츠	자, 길이	척
灾	災	zāi	짜이	재앙	재
贴	貼	tiē	티에	붙다, 붙이다	첩
寻	尋	xún	쉰	찾다	심
荣	榮	róng	롱	번영하다	영

中國語 상용한자 2500자

促	促	cù	추 — 재촉하다 촉
毕	畢	bì	삐 — 마치다 필
呆	呆	dāi	따이 — 어리석다, 머무르다 태
饿	餓	è	어 — 굶주리다 아
迹	跡	jì	찌 — 자취, 발자취 적
烦	煩	fán	판 — 답답하다 번
序	序	xù	쒸 — 차례 서
惯	慣	guàn	꾸안 — 익숙해지다 관
磁	磁	cí	스 — 자기, 자성 자
刑	刑	xíng	싱 — 형벌 형
援	援	yuán	위앤 — 당기다, 도우다 원
触	觸	chù	추 — 닿다 촉
梦	夢	mèng	멍 — 꿈, 꿈꾸다 몽
旅	旅	lǚ	뤼 — 나그네 려
灌	灌	guàn	꾸안 — 물대다 관
袖	袖	xiù	씨우 — 소매 수
怒	怒	nù	누 — 성내다 노
繁	繁	fán	판 — 많다 번
网	網	wǎng	왕 — 그물 망
跃	躍	yuè	위에 — 뛰다 약

中國語 상용한자 2500자

简体	繁體	拼音	한글음	뜻	한자
培	培	péi	페이	북돋우다	배
闻	聞	wén	원	듣다, 냄새 맡다	문
冻	凍	dòng	똥	얼다, 춥다	동
扎	扎	zhā, zhá	짜, 자	찌르다, 머물다	찰
庭	庭	tíng	팅	마당, 뜰	정
驼	駝	tuó	투오	낙타	타
丢	丢	diū	띠우	잃다	주
喂	喂	wèi	웨이	여보세요(부르는소리)	위
烂	爛	làn	란	문드러지다	란
博	博	bó	보	넓다	박
刷	刷	shuā	쑤아	솔, 솔질하다	솨
割	割	gē	꺼	쪼개다	할
殖	殖	zhí	즈	번성하다	식
肃	肅	sù	쑤	공경하다	숙
挖	挖	wā	와	파다	알
绍	紹	shào	싸오	잇다	소
吨	噸	dūn	뚠	톤(ton)	톤
遗	遺	yí	이	잃다, 남기다	유
喷	噴	pēn	펀	뿜어내다	분
梁	梁	liáng	리앙	들보	량

中國語 상용한자 2500자

简体	繁體	拼音	한글음	뜻	한자
讯	訊	xùn	쒼	캐묻다	신
凭	憑	píng	핑	기대다	빙
舒	舒	shū	쑤	펴다, 펴지다	서
闲	閑	xián	시앤	한가하다	한
监	監	jiān	찌앤	살피다	감
脏	臟	zàng	짱	내장	장
夹	夾	jiā	찌아	끼다, 끼우다	협
泛	泛	fàn	판	뜨다	범
拼	拼	pīn	핀	물리치다, 붙이다	병
吓	嚇	xià, hè	씨아, 허	놀라게 하다, 노하다	혁
废	廢	fèi	페이	폐하다	폐
狂	狂	kuáng	쿠앙	미치다	광
操	操	cāo	카오	쥐다, 잡다	조
厉	厲	lì	리	갈다	려
玉	玉	yù	위		옥
旋	旋	xuán	쉬앤	돌다	선
损	損	sǔn	순	덜다	손
兄	兄	xiōng	씨옹	맏이	형
役	役	yì	이	부리다	역
滑	滑	huá	후아	미끄럽다	활

| 435 |

中國語 상용한자 2500자

简	繁	拼音	한글음	뜻	훈
托	托	tuō	투오	받쳐 들다	탁
敬	敬	jìng	찡	공경하다	경
虑	慮	lǜ	뤼	생각하다	려
骑	騎	qí	치	걸터앉다	기
绩	績	jī	찌	실을 잣다	적
哼	哼	hēng	헝	신음하다	형
亡	亡	wáng	왕	달아나다, 망하다	망
劝	勸	quàn	취앤	권장하다	권
订	訂	dìng	띵	바로잡다	정
闭	閉	bì	삐	닫다, 닫히다	폐
宇	宇	yǔ	위	집, 지붕	우
残	殘	cán	찬	손상시키다, 모자라다	잔
谋	謀	móu	모우	꾀하다	모
颜	顔	yán	이앤	얼굴	안
塑	塑	sù	쑤	흙으로 빚다	소
惟	惟	wéi	웨이	오직, 다만	유
恨	恨	hèn	헌	원망하다	한
箱	箱	xiāng	씨앙	상자	상
授	授	shòu	쏘우	주다	수
戴	戴	dài	따이	착용하다	대

中國語 상용한자 2500자

简	繁	拼音	한글음	뜻	한자
搬	搬	bān	빤	옮기다	반
析	析	xī	씨	분석하다	석
溜	溜	liū	리우	미끄러지다	류
销	銷	xiāo	씨아오	녹다, 팔다	소
锅	鍋	guō	꾸오	솥	과
侧	側	cè	처	곁, 옆	측
龙	龍	lóng	룽	용	룡
污	污	wū	우	더럽다	오
蜂	蜂	fēng	펑	벌	봉
昏	昏	hūn	훈	저녁때	혼
纯	純	chún	춘	순수하다	순
途	途	tú	투	길, 도로	도
仗	仗	zhàng	짱	기대다	장
浓	濃	nóng	농	짙다	농
惜	惜	xī	씨	아끼다	석
蒸	蒸	zhēng	쩡	찌다	증
赛	賽	sài	싸이	겨루다	새
胆	膽	dǎn	단	쓸개	담
狠	狠	hěn	헌	잔인하다	한
凡	凡	fán	판	평범하다, 모든, 모두	범

中國語 상용한자 2500자

简	繁	拼音	한글	뜻
盛	盛	shèng, chéng	셩, 청	왕성하다/담다, 채우다 성
贫	貧	pín	핀	가난하다 빈
抖	抖	dǒu	도우	떨다 두
迟	遲	chí	츠	늦다 지
拥	擁	yōng	용	끌어안다 옹
舍	捨	shě, shè	서, 써	버리다/집 사
敌	敵	dí	디	맞서다 적
绳	繩	shéng	성	줄, 새끼 승
荡	蕩	dàng	땅	흔들다, 흔들리다 탕
腐	腐	fǔ	푸	썩다 부
恐	恐	kǒng	콩	두려워하다 공
仔	仔	zǐ	즈	자세하다, 어리다 자
额	額	é	어	이마, 일정한 액수 액
茫	茫	máng	망	아득하다 망
仪	儀	yí	이	의식 의
域	域	yù	위	땅, 국토 역
乘	乘	chéng	청	타다 승
怜	憐	lián	리앤	가엾게 생각하다 련
瓶	瓶	píng	핑	병 병
勤	勤	qín	친	부지런하다 근

中國語 상용한자 2500자

简体	繁体	拼音	발음	뜻	한자
陷	陷	xiàn	씨앤	함락하다	함
吐	吐	tǔ, tù	투	토하다	토
违	違	wéi	웨이	어기다	위
猿	猿	yuán	위앤	원숭이	원
聚	聚	jù	쮜	모이다	취
述	述	shù	쑤	진술하다	술
典	典	diǎn	디앤	법, 책	전
绕	繞	rào	라오	두르다	요
伏	伏	fú	푸	엎드리다	복
幅	幅	fú	푸	너비	폭
敲	敲	qiāo	치아오	두드리다	고
捕	捕	bǔ	부	사로잡다	포
尊	尊	zūn	쭌	귀하다	존
匪	匪	fěi	페이	강도	비
释	釋	shì	쓰	해석하다	석
疯	瘋	fēng	펑	실성하다	풍
距	距	jù	쮜	거리	거
疼	疼	téng	텅	아프다	동
虚	虛	xū	쒸	공허하다	허
牧	牧	mù	무	목축하다	목

中國語 상용한자 2500자

简体	繁体	拼音	한글음	뜻	훈
睁	睜	zhēng	쩡	눈뜨다	정
隐	隱	yǐn	인	숨기다	은
脉	脈	mài	마이	혈맥	맥
埋	埋	mái, mán	마이, 만	묻다, 파묻다	매
踏	踏	tà, tā	타	발로 밟다	답
款	款	kuǎn	쿠안	금액, 항목	관
垂	垂	chuí	추이	드리우다	수
缝	縫	féng, fèng	펑	바느질하다, 꿰매다	봉
贯	貫	guàn	꾸안	꿰뚫다	관
德	德	dé	더	덕, 행위	덕
匆	匆	cōng	총	총망하다	총
捧	捧	pěng	펑	받들다	봉
苍	蒼	cāng	창	푸르다	창
珍	珍	zhēn	쩐	진귀하다	진
毁	毀	huǐ	후이	헐다, 상처 입히다	훼
摄	攝	shè	써	섭취하다, 찍다	섭
躲	躲	duǒ	두오	숨다	타
荒	荒	huāng	후앙	거칠다	황
竹	竹	zhú	주	대, 대나무	죽
壳	殼	ké, qiào	커, 치아오	껍데기	각

中國語 상용한자 2500자

婚	婚	hūn / 훈 / 결혼하다 **혼**	宜	宜	yí / 이 / 적합하다 **의**
歼	殲	jiān / 찌앤 / 섬멸하다 **섬**	驶	駛	shǐ / 스 / 빨리 달리다 **사**
胞	胞	bāo / 빠오 / 포의, 친형제 **포**	皱	皺	zhòu / 쪼우 / 주름 **추**
炸	炸	zhá, zhà / 자, 짜 / 폭파하다, 기름튀기다 **작**	塞	塞	sāi, sài / 싸이 / 막히다 **색**/변방 **새**
杯	杯	bēi / 뻬이 / 잔, 그릇 **배**	椅	椅	yǐ / 이 / 의자 **의**
摔	摔	shuāi / 쑤아이 / 내던지다 **솔**	稍	稍	shāo / 싸오 / 약간 **초**
闷	悶	mēn, mèn / 먼 / 답답하다, 우울하다 **민**	稼	稼	jià / 찌아 / 심다, 곡식 **가**
蒙	蒙	méng, měng / 멍 / 받다/속이다 **몽**	雷	雷	léi / 레이 / 천둥 **뢰**
飘	飄	piāo / 피아오 / 회오리바람 **표**	棒	棒	bàng / 빵 / 막대기 **봉**
宙	宙	zhòu / 쪼우 / (무한)시간 **주**	糖	糖	táng / 탕 / 사탕, 엿 **당**

中國語 상용한자 2500자

伴	伴	bàn	빤
		짝, 동료	반

| 词 | 詞 | cí | 츠 |
| | | 말, 단어 | 사 |

| 撞 | 撞 | zhuàng | 쭈앙 |
| | | 부딪히다 | 당 |

| 揭 | 揭 | jiē | 찌에 |
| | | 떼다 | 게 |

| 蜜 | 蜜 | mì | 미 |
| | | 벌꿀 | 밀 |

| 挨 | 挨 | āi, ái | 아이 |
| | | 차례대로 하다, 당하다 | 애 |

| 捉 | 捉 | zhuō | 쭈오 |
| | | 손에 쥐다 | 착 |

| 悉 | 悉 | xī | 씨 |
| | | 알다 | 실 |

| 巩 | 鞏 | gǒng | 공 |
| | | 견고하다 | 공 |

| 尘 | 塵 | chén | 천 |
| | | 먼지, 자취 | 진 |

| 搭 | 搭 | dā | 따 |
| | | (막을)치다, 연결되다 | |

| 瘦 | 瘦 | shòu | 쏘우 |
| | | 여위다 | |

| 稿 | 稿 | gǎo | 가오 |
| | | 볏짚, 초고 | |

| 貌 | 貌 | mào | 마오 |
| | | 얼굴, 용모 | |

| 恰 | 恰 | qià | 치아 |
| | | 알맞다 | |

| 笼 | 籠 | lǒng, lóng | 롱 |
| | | 바구니, 덮어씌우다 | |

| 添 | 添 | tiān | 티앤 |
| | | 보태다 | |

| 亩 | 畝 | mǔ | 무 |
| | | (면적단위) 묘 | |

| 俺 | 俺 | ǎn | 안 |
| | | 나, 자신, 우리 | |

| 稀 | 稀 | xī | 씨 |
| | | 드물다 | |

中國語 상용한자 2500자

措	措	cuò	춰	조치하다, 배치하다 **조**
猜	猜	cāi	차이	추측하다, 의심하다 **시**
浅	淺	qiǎn	치앤	얕다 **천**
核	核	hé	허	과실의 씨, 핵 **핵**
肠	腸	cháng	창	창자, 마음 **장**
粒	粒	lì	리	알갱이 **립**
柜	櫃	guì	꾸이	함, 옷장 **궤**
漠	漠	mò	모	사막, 망막하다 **막**
丈	丈	zhàng	짱	길이의 단위, 어른 **장**
啥	啥	shá	사	무엇 **사**

忆	憶	yì	이	기억하다 **억**
尤	尤	yóu	요우	더욱, 특히 **우**
漫	漫	màn	만	질펀하다 **만**
秀	秀	xiù	씨우	빼어나다 **수**
牵	牽	qiān	치앤	끌어당기다 **견**
乏	乏	fá	파	부족하다 **핍**
乌	烏	wū	우	까마귀 **오**
裂	裂	liè	리에	금가다 **렬**
焦	焦	jiāo	찌아오	그을리다 **초**
滴	滴	dī	띠	물방울, 방울져 떨어지다 **적**

| 443 |

中國語 상용한자 2500자

逼	逼	bī	삐	扯	扯	chě	처
		핍박하다	핍			잡아당기다	

寄	寄	jì	찌	轰	轟	hōng	홍
		맡기다, 부치다	기			울리다, 수레소리	

骗	騙	piàn	피앤	辉	輝	huī	후이
		속이다	편			불빛, 광채	

峰	峰	fēng	펑	仰	仰	yǎng	양
		산봉우리	봉			우러르다	

绪	緒	xù	쒸	掩	掩	yǎn	이앤
		실마리, 비롯함	서			가리다	

纱	紗	shā	싸	娃	娃	wá	와
		깁, 외올실	사			갓난아기	

雾	霧	wù	우	唤	唤	huàn	환
		안개	무			부르다	

串	串	chuàn	추안	吞	吞	tūn	툰
		실로 꿰다	천			삼키다	

障	障	zhàng	짱	铃	鈴	líng	링
		가로막다	장			방울	

骆	駱	luò	뤄	斜	斜	xié	시에
		낙타	락			비스듬하다	

中國語 상용한자 2500자

襄 攘	rǎng 랑	외치다 양
昔 獵	liè 리에	사냥하다 렵
皇 皇	huáng 후앙	임금 황
车 庫	kù 쿠	곳집 고
少 吵	chǎo, chāo 차오	시끄럽다 초
沙 秒	miǎo 미아오	(단위) 초/수염 묘
匚 匠	jiàng 찌앙	장인 장
象 緣	yuán 위앤	이유, 인연 연
刹 劑	jì 찌	약 짓다, 조제한 약 제
谄 稻	dào 따오	벼 도

哇 哇	wā 와	앙앙, 엉엉(울음소리) 왜
浑 渾	hún 훈	흐리다, 모두 혼
刮 刮	guā 꾸아	칼날로 깎다 괄
恢 恢	huī 후이	넓다 회
晓 曉	xiāo 시아오	새벽 효
坡 坡	pō 포	비탈, 고개 파
允 允	yǔn 윈	승낙하다 윤
臂 臂	bì 삐	팔 비
锋 鋒	fēng 펑	창날, 칼날 봉
洁 潔	jié 지에	깨끗하다 결

中國語 상용한자 2500자

蹲	蹲	dūn, cún	뚠, 춘
		쪼그려 앉다, 발을 빼다	준

| 审 | 審 | shěn | 선 |
| | | 살피다 | 심 |

| 荷 | 荷 | hè, hé | 허 |
| | | 연, 어깨에 메다 | 하 |

| 丛 | 叢 | cóng | 총 |
| | | 모이다 | 총 |

| 歇 | 歇 | xiē | 씨에 |
| | | 휴식하다 | 헐 |

| 振 | 振 | zhèn | 쩐 |
| | | 진동하다, 구제하다 | 진 |

| 胃 | 胃 | wèi | 웨이 |
| | | 위 | 위 |

| 详 | 詳 | xiáng | 시앙 |
| | | 자세하다 | 상 |

| 炕 | 炕 | kàng | 캉 |
| | | 중국식 온돌 | 항 |

| 径 | 徑 | jìng | 찡 |
| | | 좁은 길 | 경 |

| 苗 | 苗 | miáo | 미아오 |
| | | 모, 묘종 | |

| 辈 | 輩 | bèi | 뻬이 |
| | | 무리, 세대 | |

| 晃 | 晃 | huǎng, huàng | 후앙 |
| | | 빛나다, 흔들리다 | |

| 箭 | 箭 | jiàn | 찌앤 |
| | | 화살 | |

| 扭 | 扭 | niǔ | 니우 |
| | | 비틀다 | |

| 坑 | 坑 | kēng | 컹 |
| | | 구덩이 | |

| 辟 | 闢 | pì, bì | 피, 삐 |
| | | 개척하다, 열다, 군주 | |

| 掏 | 掏 | tāo | 타오 |
| | | 끄집어내다 | |

| 哀 | 哀 | āi | 아이 |
| | | 슬프다 | |

| 孤 | 孤 | gū | 꾸 |
| | | 외롭다 | |

中國語 상용한자 2500자

		gōng	공
宮	宮		궁전 궁

		gǒng	공
拱	拱		두 손을 올려 절하다 공

		sēn	썬
森	森		삼림 삼

		hào	하오
耗	耗		소비하다 모

		hàn	한
焊	焊		용접하다 한

		mò	모
末	末		끝 말

		xiōng	씨옹
凶	凶		불길하다 흉

		wèi	웨이
慰	慰		위로하다 위

		láng	랑
狼	狼		이리 랑

		chún	춘
唇	唇		입술 순

		hóu	호우
猴	猴		원숭이 후

		shū	쑤
殊	殊		다르다 수

		shí	스
拾	拾		줍다 습

		ō	오
噢	噢		에! 오! 오

		zòng	쭝
纵	縱		세로 종

		pào, pāo	파오
泡	泡		거품, 부풀어진 모양 포

		jīn	찐
巾	巾		수건, 헝겊 건

		bǎo	바오
饱	飽		배부르다 포

		huì	후이
汇	彙		모으다, 집대성하다 회

		chì	츠
翅	翅		날개, 나는 모양 시

| 447 |

中國語 상용한자 2500자

哟	哟	yō, yo	요 [어조사]/탄식하는 소리 **약**

脾	脾	pí	피 / 지라 **비**

漂	漂	piāo, piǎo	피아오 / 표류하다, 표백하다 **표**

暂	暫	zàn	짠 / 잠시 **잠**

渠	渠	qú	취 / 도랑 **거**

兔	兔	tù	투 / 토끼 **토**

牺	犧	xī	씨 / 희생 **희**

漆	漆	qī	치 / 옻칠 **칠**

岩	巖	yán	이앤 / 바위 **암**

牢	牢	láo	라오 / (가축)우리, 둘러싸다 **뢰**

码	碼	mǎ	마 / 숫자, 셈하다

智	智	zhì	쯔 / 지혜

牌	牌	pái	파이 / 간판

棚	棚	péng	펑 / 선반

脆	脆	cuì	추이 / 취약하다, 무르다

祝	祝	zhù	쭈 / 기원하다

寸	寸	cùn	춘 / 마디

访	訪	fǎng	팡 / 찾다

聪	聰	cōng	총 / 총명하다

贡	貢	gòng	꽁 / 바치다

中國語 상용한자 2500자

| 扔 | 扔 | rēng | 렁 |
| | | 내버리다 | 잉 |

| 幼 | 幼 | yòu | 요우 |
| | | 어리다 | 유 |

| 妙 | 妙 | miào | 미아오 |
| | | 묘하다 | 묘 |

| 糟 | 糟 | zāo | 짜오 |
| | | 지게미, 그르치다 | 조 |

| 扶 | 膚 | fū | 푸 |
| | | 살갗 | 부 |

| 峡 | 峽 | xiá | 시아 |
| | | 골짜기 | 협 |

| 爹 | 爹 | diē | 띠에 |
| | | 아버지 | 다 |

| 颤 | 顫 | chàn, zhàn | 찬, 짠 |
| | | 흔들리다, 떨다 | 전 |

| 桃 | 桃 | táo | 타오 |
| | | 복숭아 | 도 |

| 寂 | 寂 | jì | 찌 |
| | | 고요하다 | 적 |

| 签 | 簽 | qiān | 치앤 |
| | | 서명하다 | 첨 |

| 纲 | 綱 | gāng | 깡 |
| | | 벼리 | 강 |

| 励 | 勵 | lì | 리 |
| | | 힘쓰다 | 려 |

| 晶 | 晶 | jīng | 찡 |
| | | 수정 | 정 |

| 诚 | 誠 | chéng | 청 |
| | | 정성 | 성 |

| 宿 | 宿 | sù | 쑤 |
| | | 묵다, 노련하다 | 숙 |

| 仇 | 仇 | chóu | 초우 |
| | | 원수 | 구 |

| 辛 | 辛 | xīn | 씬 |
| | | 맵다 | 신 |

| 递 | 遞 | dì | 띠 |
| | | 넘겨주다 | 체 |

| 奴 | 奴 | nú | 누 |
| | | 종, 노예 | 노 |

| 449 |

中國語 상용한자 2500자

趁	趁	chèn	천	润	潤	rùn	룬
		좇다, 기회를 타다 진				윤택하다	

| 疲 | 疲 | pí | 피 | 甜 | 甜 | tián | 티앤 |
| | | 지치다 피 | | | | 달다 | |

| 盐 | 鹽 | yán | 이앤 | 狱 | 獄 | yù | 위 |
| | | 소금 염 | | | | 감옥 | |

| 塘 | 塘 | táng | 탕 | 坦 | 坦 | tǎn | 탄 |
| | | 제방, 못 당 | | | | 평탄하다 | |

| 享 | 享 | xiǎng | 시앙 | 匹 | 匹 | pǐ | 피 |
| | | 누리다 향 | | | | 필, 짝 | |

| 舅 | 舅 | jiù | 찌우 | 漏 | 漏 | lòu | 로우 |
| | | 외삼촌 구 | | | | 새다 | |

| 挡 | 擋 | dǎng | 당 | 筋 | 筋 | jīn | 찐 |
| | | 막다 당 | | | | 힘줄 | |

| 尚 | 尚 | shàng | 쌍 | 屈 | 屈 | qū | 취 |
| | | 숭상하다 상 | | | | 굽히다 | |

| 卵 | 卵 | luǎn | 루안 | 陪 | 陪 | péi | 페이 |
| | | 알 란 | | | | 모시다 | |

| 延 | 延 | yán | 이앤 | 疗 | 療 | liáo | 리아오 |
| | | 연장하다 연 | | | | 치료하다 | |

| 450 |

中國語 상용한자 2500자

简	繁	拼音	한글음	뜻	음
渔	漁	yú	위	고기 잡다	어
柱	柱	zhù	쭈	기둥	주
齿	齒	chǐ	츠	이	치
晴	晴	qíng	칭	개다	청
舱	艙	cāng	창	객실	창
披	披	pī	피	옷을 걸치다, 입다	피
遵	遵	zūn	쭌	좇다, 따르다	준
腔	腔	qiāng	치앙	빈 속	강
裤	褲	kù	쿠	바지	고
扣	扣	kòu	코우	채우다, 구류하다	구
售	售	shòu	쏘우	팔다, 팔리다	수
刊	刊	kān	칸	새기다	간
奖	獎	jiǎng	지앙	장려하다	장
饼	餅	bǐng	빙	떡, 전	병
傲	傲	ào	아오	거만하다	거
猪	猪	zhū	쭈	돼지	저
摘	摘	zhāi	짜이	손으로 따다	적
硫	硫	liú	리우	유황	류
启	啓	qǐ	치	열다	계
蚕	蠶	cán	찬	누에	잠

| 451 |

中國語 상용한자 2500자

宗 宗	zōng | 쭝 조상, 친족/일의 기본 종	趟 趟	tàng | 탕 차례, 번 장
芦 蘆	lú | 루 갈대 로	赤 赤	chì | 츠 붉다, 텅 비다 조
扶 扶	fú | 푸 떠받치다 부	墨 墨	mò | 모 먹, 형벌이름 묵
蛇 蛇	shé | 서 뱀 사	洪 洪	hóng | 훙 크다, 큰물 홍
凳 凳	dèng | 떵 걸상 등	棍 棍	gùn | 꾼 막대기 곤
窑 窯	yáo | 야오 기와 굽는 가마 요	涨 漲	zhǎng, zhàng | 장, 짱 물이 붇다, 확대하다 창
撤 撤	chè | 처 거두다 철	斯 斯	sī | 쓰 이것 사
符 符	fú | 푸 부호, 부신 부	锻 鍛	duàn | 뚜안 단조하다 단
番 番	fān | 판 차례, 종류 번	鸣 鳴	míng | 밍 울다 명
估 估	gū | 꾸 평가하다 고	傻 傻	shǎ | 사 어리석다 ?

中國語 상용한자 2500자

亏	虧	kuī / 쿠이 / 부족하다, 손해보다 휴
叛	叛	pàn / 판 / 배반하다 반
碑	碑	bēi / 뻬이 / 비석 비
疾	疾	jí / 지 / 질병 질
吊	弔	diào / 띠아오 / 조문하다, 매달다 조
欣	欣	xīn / 씬 / 기쁘다 흔
池	池	chí / 츠 / 못 지
轨	軌	guǐ / 구이 / 궤도 궤
剑	劍	jiàn / 찌앤 / 칼 검
悟	悟	wù / 우 / 깨닫다 오
咳	咳	hāi, ké / 하이, 커 / 야! 이봐!/기침하다 해
赏	賞	shǎng / 상 / 상, 상주다 상
莫	莫	mò / 모 / 없다, ~해서 안 된다 막
拨	撥	bō / 뽀 / 밀어서 움직이다 발
版	版	bǎn / 반 / 널, (인쇄)판 판
岗	崗	gǎng / 강 / 산등성이 강
挣	掙	zhèng / 쩡 / 돈벌다 쟁
甘	甘	gān / 깐 / 달다 감
旱	旱	hàn / 한 / 가물다 한
撒	撒	sā / 싸 / 뿌리다 살

| 453 |

中國語 상용한자 2500자

간체	번체	병음	한글음	뜻	한자음
偶	偶	ǒu	오우	짝(수)	우
盟	盟	méng	멍	동맹	맹
喘	喘	chuǎn	추안	헐떡이다	천
杨	楊	yáng	양	버드나무	양
堵	堵	dǔ	두	막다	도
罗	羅	luó	루오	새그물	라
瓦	瓦	wǎ	와	기와	와
碳	碳	tàn	탄	탄소	탄
驾	駕	jià	찌아	타다, 거마	가
译	譯	yì	이	번역하다	역
凑	湊	còu	초우	모이다	주
岭	嶺	lǐng	링	재, 큰 산맥	령
逗	逗	dòu	또우	희롱하다	두
康	康	kāng	캉	편안하다	강
筒	筒	tǒng	통	대롱	통
厌	厭	yàn	이앤	싫다	염
锁	鎖	suǒ	수오	잠그다, 자물쇠	쇄
拢	攏	lǒng	롱	(입)다물다, 다가가다	롱
锐	銳	ruì	루이	날카롭다	예
瞪	瞪	dèng	떵	바로보다, 주시하다	징

中國語 상용한자 2500자

纠	糾	jiū	찌우	얽히다, 바로잡다	규
砍	砍	kǎn	칸	베다	감
壤	壤	rǎng	랑	흙, 땅	양
拣	揀	jiǎn	지앤	고르다	간
膜	膜	mó	모	막, 얇은 꺼풀	막
炭	炭	tàn	탄	숯	탄
竟	竟	jìng	찡	마침내	경
盒	盒	hé	허	통, 찬합	합
迈	邁	mài	마이	내딛다	매
朗	朗	lǎng	랑	밝다	랑

溶	溶	róng	롱	용해하다	용
魔	魔	mó	모	마귀	마
铅	鉛	qiān	치앤	납	연
泼	潑	pō	포	뿌리다, 물이 새다	발
衡	衡	héng	헝	저울대, 헤아리다	형
扇	扇	shàn	싼	부채	선
柔	柔	róu	로우	부드럽다	유
敏	敏	mǐn	민	재빠르다	민
幻	幻	huàn	환	변하다, 환상, 환영	환
瞎	瞎	xiā	씨아	눈멀다	할

| 455 |

中國語 상용한자 2500자

鲸	鯨	jīng / 찡 / 고래 경
择	擇	zé / 저 / 가리다 택
乙	乙	yǐ / 이 / 둘째 천간 을
纹	紋	wén / 원 / 무늬 문
惨	慘	cǎn / 찬 / 비참하다 참
耕	耕	gēng / 껑 / 밭 갈다, 고르다 경
童	童	tóng / 통 / 어린이, 아이 동
钉	釘	dīng, dìng / 띵 / 못, 못을 박다 정
抄	抄	chāo / 차오 / 베끼다 초
摊	攤	tān / 탄 / 늘어놓다 탄
挽	挽	wǎn / 완 / 잡아당기다 만
臭	臭	chòu / 초우 / 구리다 취
钓	釣	diào / 띠아오 / 낚시질하다 조
桶	桶	tǒng / 통 / 통 통
哨	哨	shào / 싸오 / 망보다 초
舌	舌	shé / 서 / 혀 설
肝	肝	gān / 깐 / 간 간
眠	眠	mián / 미앤 / 잠자다 면
厅	廳	tīng / 팅 / 큰방, 청 청
碍	礙	ài / 아이 / 방해하다 애

| 456 |

中國語 상용한자 2500자

简	繁	拼音	한글	뜻	음
篮	籃	lán	란	바구니	람
弃	棄	qì	치	(내)버리다, 잊어버리다	기
哗	嘩	huá	후아	시끄럽다	화
琴	琴	qín	친	거문고	금
秧	秧	yāng	양	모종	양
蚀	蝕	shí	스	손해보다, 침식하다	식
苹	蘋	píng	핑	사과(나무)	평
愁	愁	chóu	초우	근심, 근심하다	수
阅	閱	yuè	위에	읽다	열
截	截	jié	지에	자르다, 가로막다	절
顽	頑	wán	완	미련하다	완
涉	涉	shè	써	건너다, 거닐다	섭
崇	崇	chóng	총	높다	숭
歪	歪	wāi	와이	비뚤다	왜
欠	欠	qiàn	치앤	빚지다, 모자라다	흠
瓷	瓷	cí	츠	사기그릇	자
盼	盼	pàn	판	바라다	반
捏	捏	niē	니에	손가락으로 집다	날
黏	黏	nián, zhān	니앤, 짠	찰지다, 달라붙다	점
咽	咽	yān	이앤	목구멍	인

中國語 상용한자 2500자

伞	傘	sǎn | 산 우산 산	燕	燕	yàn, yān | 이앤 제비/나라이름 옌
脖	脖	bó | 보 목(덜미) 발	株	株	zhū | 쭈 그루 주
厘	釐	lí | 리 센티 리	滩	灘	tān | 탄 여울, 물가 탄
嘿	嘿	hēi | 헤이 어이! 묵	宅	宅	zhái | 자이 집, 저택 택
夸	誇	kuā | 쿠아 과장하다 과	拒	拒	jù | 쮜 대항하다, 거절하다 거
呵	呵	hē | 허 꾸짓다, 숨을 내쉬다 가	榴	榴	liú | 리우 석류 류
欺	欺	qī | 치 속이다 기	愉	愉	yú | 위 유쾌하다 유
遮	遮	zhē | 쩌 가리다 차	紫	紫	zǐ | 즈 자주빛 자
骄	驕	jiāo | 찌아오 교만하다 교	返	返	fǎn | 판 돌아가다 반
鸦	鴉	yā | 야 까마귀 아	丧	喪	sàng, sāng | 쌍 상실하다, 장의 상

| 458 |

中國語 상용한자 2500자

膠	jiāo 찌아오	아교 교
脂	zhī 쯔	지방 지
鄰	lín 린	이웃, 이웃한 린
肺	fèi 페이	폐, 허파 폐
梅	méi 메이	매화나무 매
湯	tāng 탕	더운물, 국 탕
租	zū 쭈	세내다 조
亭	tíng 팅	정자 정
浸	jìn 찐	물에 담그다 침
醉	zuì 쭈이	취하다 취

丘	qiū 치우	언덕 구
妻	qī 치	아내 처
撈	lāo 라오	건져내다 로
彼	bǐ 비	저, 그 피
漑	gài 까이	물대다 개
砂	shā 싸	모래 사
胎	tāi 타이	태아 태
懶	lǎn 란	게으르다 라
蠟	là 라	밀랍 랍
扁	biǎn 비앤	넓적하다, 평평하다 편

中國語 상용한자 2500자

| 弊 | 弊 | bì | 삐 |
| | | 부정행위, 폐해 | 폐 |

| 吼 | 吼 | hǒu | 호우 |
| | | 울부짖다 | 후 |

| 堤 | 堤 | dī | 띠 |
| | | 둑 | 제 |

| 嗓 | 嗓 | sǎng | 상 |
| | | 목구멍 | 상 |

| 届 | 屆 | jiè | 찌에 |
| | | 때가 되다, 기회 | 계 |

| 并 | 幷 | bìng | 삥 |
| | | 아우르다 | 병 |

| 苇 | 葦 | wěi | 웨이 |
| | | 갈대 | 위 |

| 朴 | 樸 | pǔ | 푸 |
| | | 순박하다 | 박 |

| 塔 | 塔 | tǎ | 타 |
| | | 탑, 절, 불당 | 탑 |

| 蝗 | 蝗 | huáng | 후앙 |
| | | 누리 | 황 |

| 眯 | 眯 | mī | 미 |
| | | 실눈 뜨다 | |

| 隶 | 隸 | lì | 리 |
| | | 속하다, 노예 | |

| 泉 | 泉 | quán | 취앤 |
| | | 샘물 | |

| 悔 | 悔 | huǐ | 후이 |
| | | 뉘우치다 | |

| 愣 | 愣 | lèng | 렁 |
| | | 멍해지다 | |

| 纬 | 緯 | wěi | 웨이 |
| | | 씨, 가로, 위도 | |

| 烛 | 燭 | zhú | 주 |
| | | 초, 양초, 촛불 | |

| 患 | 患 | huàn | 환 |
| | | 재난, 걸리다 | |

| 抹 | 抹 | mǒ, mò | 모 |
| | | 바르다, 발라 고르다 | |

| 搜 | 搜 | sōu | 쏘우 |
| | | 찾다 | |

中國語 상용한자 2500자

喜 嘻	xī	씨 / 웃다, 아! **희**
付 咐	fù	푸 / 분부하다 **부**
昆 昆	kūn	쿤 / 형, 맏이 **곤**
怨 怨	yuàn	위앤 / 원한 **원**
谷 俗	sú	수 / 풍속, 속되다 **속**
次 慾	yù	위 / 욕망, 바라다 **욕**
购 購	gòu	꼬우 / 사다 **구**
庆 慶	qìng	칭 / 축하하다 **경**
林 淋	lín	린 / 물 뿌리다, 젖다 **림**
霜 霜	shuāng	쑤앙 / 서리 **상**
丫 丫	yā	야 / 아귀, 소녀 **아**
咧 咧	liě	리에 / 입 벌리다 **렬**
猫 猫	māo	마오 / 고양이 **묘**
辑 輯	jí	지 / 모으다 **집**
炎 炎	yán	이앤 / 무덥다, 염증 **염**
姿 姿	zī	쯔 / 용모, 자태 **자**
栏 欄	lán	란 / 난간, 칼럼 **란**
鞭 鞭	biān	삐앤 / 채찍 **편**
抑 抑	yì	이 / 누르다, 억압하다 **억**
伪 僞	wěi	웨이 / 거짓 **위**

中國語 상용한자 2500자

简体	繁體	拼音	한글	뜻
桩	椿	zhuāng	쭈앙	말뚝 장
拦	攔	lán	란	막다, 가로막다 란
犹	猶	yóu	요우	오히려, ~와 같다 유
邮	郵	yóu	요우	우편 우
冤	冤	yuān	위앤	억울하다 원
衬	襯	chèn	천	받쳐 입다 친
胀	脹	zhàng	짱	팽창하다 창
蔽	蔽	bì	삐	가리다 폐
综	綜	zōng	쭝	합치다 종
捆	捆	kǔn	쿤	묶다 곤
辞	辭	cí	츠	말, 언사
饮	飲	yǐn	인	마시다
隆	隆	lóng	롱	성대하다
肢	肢	zhī	쯔	팔다리
枯	枯	kū	쿠	시들다
梯	梯	tī	티	사다리, 층계
魂	魂	hún	훈	혼령
耀	耀	yào	야오	빛나다, 비치다
描	描	miáo	미아오	묘사하다
冶	冶	yě	이에	제련하다

中國語 상용한자 2500자

		병음	훈음
栽	栽	zāi 짜이	심다 재
橘	橘	jú 쥐	귤, 귤나무 귤
柳	柳	liǔ 리우	버드나무 류
跨	跨	kuà 콰	활보하다, 초월하다 과
嫁	嫁	jià 찌아	시집가다 가
丁	丁	dīng 띵	성년남자 정
卧	臥	wò 워	눕다 와
悬	懸	xuán 쉬앤	매달다 현
锦	錦	jǐn 진	비단 금
饥	饑	jī 찌	배고프다 기
盗	盜	dào 따오	훔치다 도
罩	罩	zhào 짜오	덮다 조
胖	胖	pàng 팡	뚱뚱하다 반
昂	昂	áng 앙	쳐들다 앙
港	港	gǎng 강	항구 항
恳	懇	kěn 컨	간절하다 간
绑	綁	bǎng 방	묶다, 감다 방
哄	哄	hōng, hǒng 홍	속이다 공/떠들석하다 홍
爽	爽	shuǎng 수앙	밝다, 맑다 상
餐	餐	cān 찬	먹다, 식사 찬

中國語 상용한자 2500자

简体	繁體	拼音	한글 발음	뜻	음
仙	仙	xiān	씨앤	신선	선
勾	勾	gōu	꼬우	삭제하다, 결탁하다	구
绘	繪	huì	후이	그리다	회
衫	衫	shān	싼	윗옷	삼
掠	掠	lüè	뤼에	빼앗다	략
宪	憲	xiàn	씨앤	법령	헌
胳	胳	gē	꺼	겨드랑이	각
掀	掀	xiān	씨앤	치켜들다, 번쩍 들다	흔
华	華	huá, Huá	후아	꽃부리, 화려하다/중국	화
饰	飾	shì	쓰	장식하다	식
拳	拳	quán	취앤	주먹	
酒	酒	jiǔ	지우	술	
览	覽	lǎn	란	보다	
阀	閥	fá	파	가문	
搁	擱	gē	꺼	놓다	
撕	撕	sī	쓰	찢다	
盯	盯	dīng	띵	주시하다	
悠	悠	yōu	요우	멀다, 오래다	
翼	翼	yì	이	날개	
裁	裁	cái	차이	재단하다	

| 464 |

中國語 상용한자 2500자

霉	黴	méi	메이	곰팡이 미
仓	倉	cāng	창	창고 창
匀	勻	yún	윈	균등하다 균
予	予	yǔ, yú	위	나/주다 여
姨	姨	yí	이	이모 이
辨	辨	biàn	삐앤	판별하다 변
逢	逢	féng	펑	만나다 봉
驴	驢	lǘ	뤼	당나귀 려
键	鍵	jiàn	찌앤	건반 건
踩	踩	cǎi	차이	밟다 채

潜	潛	qián	치앤	자맥질하다 잠
扰	擾	rǎo	라오	어지럽히다 요
驻	駐	zhù	쭈	멈추다 주
框	框	kuāng	쿠앙	테두리 광
罐	罐	guàn	꾸안	항아리 관
袭	襲	xí	시	습격하다 습
雀	雀	què	취에	참새 작
跌	跌	diē	띠에	(걸려)넘어지다 질
痕	痕	hén	헌	자취, 자국 흔
喉	喉	hóu	호우	목구멍 후

| 465 |

中國語 상용한자 2500자

简体	繁体	拼音	한글	뜻	음
搅	攪	jiǎo	지아오	휘젓다	교
矮	矮	ǎi	아이	작다	왜
浇	澆	jiāo	찌아오	뿌리다, 물대다	요
媳	媳	xí	시	며느리	식
闯	闖	chuǎng	추앙	뛰어들다	틈
蛙	蛙	wā	와	개구리	와
填	填	tián	티앤	채우다	전
蓬	蓬	péng	펑	쑥, 흐트러지다	봉
疏	疏	shū	쑤	트다, 소홀하다	소
忧	憂	yōu	요우	걱정하다	우
频	頻	pín	핑	자꾸, 자주	
脊	脊	jǐ	지	척추, 등뼈	
啪	啪	pā	파	땅땅, 짝짝(부딪치는 소리)	
驰	馳	chí	츠	질주하다	
豁	豁	huō, huò	후오, 휘	찢어지다, 확 트이다	
催	催	cuī	추이	독촉하다	
帘	簾	lián	리앤	발, 커튼	
旦	旦	dàn	딴	아침	
督	督	dū	뚜	감독하다	
侦	偵	zhēn	쩐	탐색하다, 염탐하다	

中國語 상용한자 2500자

壶	壺	hú / 후 / 주전자 호	倡	倡	chàng / 창 / 이끌다 창
筐	筐	kuāng / 쿠앙 / 광주리 광	兽	獸	shòu / 쏘우 / 짐승 수
陈	陳	chén / 천 / 늘어놓다 진	艳	艷	yàn / 이앤 / 곱다 염
滋	滋	zī / 쯔 / 자라나다 자	籍	籍	jí / 지 / 서적, 장부 적
丑	醜	chǒu / 초우 / 못생기다 추	鼠	鼠	shǔ / 수 / 쥐 서
霸	霸	bà / 빠 / 맹주 패	崖	崖	yá / 야 / 벼랑 애
颠	顚	diān / 띠앤 / 넘어지다 전	叠	疊	dié / 디에 / 포개다 첩
岂	豈	qǐ / 치 / 어찌 기	症	症	zhèng / 쩡 / 질병 증
妥	妥	tuǒ / 투오 / 타당하다 타	斥	斥	chì / 츠 / 꾸짖다 척
辫	辮	biàn / 삐앤 / 변발 변	粪	糞	fèn / 펀 / 대변 분

中國語 상용한자 2500자

酷	酷	kù / 쿠 / 잔혹하다 혹
攀	攀	pān / 판 / 기어오르다 반
摧	摧	cuī / 추이 / 쳐부수다 최
嗡	嗡	wēng / 웡 / 붕붕, 앵앵(벌레, 날개 소리) 옹
庙	廟	miào / 미아오 / 사당 묘
僚	僚	liáo / 리아오 / 관리 료
拜	拜	bài / 빠이 / 절하다 배
绵	綿	mián / 미앤 / 솜/연속되다 면
轴	軸	zhóu / 조우 / 축, 굴대 축
扮	扮	bàn / 빤 / 분장하다 분

伐	伐	fá / 파 / 베다 벌
勃	勃	bó / 보 / 왕성하다 발
跪	跪	guì / 꾸이 / 무릎 꿇다 궤
袄	襖	ǎo / 아오 / 중국식 저고리 오
抚	撫	fǔ / 푸 / 위로하다 무
雕	雕	diāo / 띠아오 / 새기다 조
熊	熊	xióng / 시옹 / 곰 웅
劣	劣	liè / 리에 / 못하다, 적다 열
尝	嘗	cháng / 창 / 맛보다 상
坟	墳	fén / 펀 / 무덤 분

中國語 상용한자 2500자

抛	抛	pāo / 빠오 / 던지다 포
厨	廚	chú / 추 / 부엌, 주방 주
哏	哏	gén / 건 / 우습다 근
戚	戚	qī / 치 / 친척 척
眨	眨	zhǎ / 자 / 눈을 깜박이다 잡
卡	卡	qiǎ / 치아 / 세관/걸리다, 죄다 잡
忠	忠	zhōng / 쭁 / 충성 충
芽	芽	yá / 야 / 싹 아
愧	愧	kuì / 쿠이 / 부끄럽다 괴
戒	戒	jiè / 찌에 / 경계하다 계
恼	惱	nǎo / 나오 / 화내다 뇌
肌	肌	jī / 찌 / 근육 기
踢	踢	tī / 티 / 차다 척
裳	裳	cháng, shang / 창, 상 / 치마/의상 상
咕	咕	gū / 꾸 / 꼬꼬 고
豪	豪	háo / 하오 / 호걸 호
畅	暢	chàng / 창 / 순조롭다 창
摩	摩	mó / 모 / 마찰하다 마
辣	辣	là / 라 / 맵다 랄
碱	鹼	jiǎn / 지앤 / 소금기, 알칼리, 소다 감

中國語 상용한자 2500자

简体	繁體	拼音	한글음	뜻	한자
钩	鉤	gōu	꼬우	갈고리	구
槽	槽	cáo	차오	가축의 구유	조
堡	堡	bǎo	바오	보루	보
恒	恒	héng	헝	항구하다	항
御	御	yù	위	어거하다, 몰다	어
妄	妄	wàng	왕	망령되다	망
贝	貝	bèi	뻬이	조개	패
萄	萄	táo	타오	포도	도
胁	脅	xié	시에	옆구리	협
晒	曬	shài	싸이	쬐다, 내리쬐다	쇄
葡	葡	pú	푸	포도(나무)	포
畜	畜	chù, xù	추, 쒸	가축, 짐승/기르다	축
碧	碧	bì	삐	청옥, 푸르다	벽
墩	墩	dūn	뚠	작은 언덕	돈
裹	裹	guǒ	구오	싸매다	과
剪	剪	jiǎn	지앤	가위, 자르다	전
渴	渴	kě	커	목마르다	갈
拆	拆	chāi	차이	떼다	탁
纶	綸	lún, guān	룬, 꾸안	청색실끈, 낚싯줄	륜
龄	齡	líng	링	나이	령

中國語 상용한자 2500자

铝	鋁	lǚ / 려	알루미늄 려
惹	惹	rě / 러	일으키다 야
颇	頗	pō / 포	편파적이다 파
浆	漿	jiāng / 찌앙	진한(걸쭉한) 액체 장
恋	戀	liàn / 리앤	연애하다 련
融	融	róng / 룽	녹다 융
塌	塌	tā / 타	무너지다 탑
贪	貪	tān / 탄	탐내다 탐
圣	聖	shèng / 셩	성스럽다 성
叭	叭	bā / 빠	뚝, 딱(의성어) 팔
倦	倦	juàn / 쮜앤	피곤하다 권
君	君	jūn / 쭌	임금 군
盲	盲	máng / 망	눈이 멀다 맹
窃	竊	qiè / 치에	훔치다 절
耻	恥	chǐ / 츠	부끄럽다 치
竖	竪	shù / 쑤	서다 수
砖	磚	zhuān / 쭈안	벽돌 전
兼	兼	jiān / 찌앤	겸하다 겸
虾	蝦	xiā / 씨아	새우 하
傍	傍	bàng / 빵	접근하다 방

中國語 상용한자 2500자

简体	繁體	拼音	한글	뜻	음
蝇	蠅	yíng	잉	파리	승
晌	晌	shǎng	상	정오, 나절	상
诊	診	zhěn	전	진찰하다	진
宁	寧	níng, nìng	닝	편안하다, 차라리	녕
奏	奏	zòu	쪼우	연주하다	주
债	債	zhài	짜이	빚	채
丙	丙	bǐng	빙	셋째천간	병
狭	狹	xiá	시아	좁다	협
斧	斧	fǔ	푸	도끼	부
盏	盞	zhǎn	잔	잔	잔
煮	煮	zhǔ	주	삶다	
祸	禍	huò	훠	재앙	
赖	賴	lài	라이	의지하다	
拐	拐	guǎi	구아이	속이다, 방향을 바꾸다	
惧	懼	jù	쮜	겁내다	
刹	刹	chà, shā	차, 싸	절/멈추다	
鉴	鑒	jiàn	찌앤	거울	
躁	躁	zào	짜오	성급하다	
沫	沫	mò	모	거품	
泊	泊	bó	보	정박하다	

膊	膊	bó / 보 / 어깨 박
蝉	蟬	chán / 찬 / 매미 선
肖	肖	xiāo / 씨아오 / 닮다 초
窜	竄	cuàn / 촨 / 달아나다 찬
帜	幟	zhì / 쯔 / 깃발 치
乳	乳	rǔ / 루 / 낳다, 젖 유
巡	巡	xún / 쉰 / 순찰하다 순
屏	屏	píng / 핑 / 병풍 병
耍	耍	shuǎ / 수아 / 놀다, 조종하다 사
卜	卜	bǔ / 부 / 점치다 복
鸭	鴨	yā / 야 / 오리 압
兜	兜	dōu / 또우 / 호주머니 두
辱	辱	rǔ / 루 / 치욕 욕
巷	巷	xiàng / 씨앙 / 골목 항
勉	勉	miǎn / 미앤 / 힘쓰다 면
蚁	蟻	yǐ / 이 / 개미 의
屁	屁	pì / 피 / 방귀 비
诞	誕	dàn / 딴 / 태어나다 탄
驳	駁	bó / 보 / 논박하다, 반박하다 박
舰	艦	jiàn / 찌앤 / 군함 함

中國語 상용한자 2500자

儲	儲	chǔ	추	저장하다 저
遙	遙	yáo	야오	멀다 요
陡	陡	dǒu	도우	가파르다 두
燦	燦	càn	찬	찬란하다 찬
夕	夕	xī	씨	저녁때 석
焰	焰	yàn	이앤	불꽃 염
賠	賠	péi	페이	배상하다 배
膨	膨	péng	펑	팽창하다 팽
缸	缸	gāng	깡	항아리 항
諒	諒	liàng	리앙	용서하다 량

扛	扛	káng	캉	어깨에 메다
甩	甩	shuǎi	수아이	흔들다, 던지다
腹	腹	fù	푸	배
嫩	嫩	nèn	넌	부드럽다
稅	稅	shuì	쑤이	세금
納	納	nà	나	넣다, 받아 넣다
循	循	xún	쉰	따르다
遷	遷	qiān	치앤	옮기다
霞	霞	xiá	시아	노을
哧	哧	chī	츠	키득거리다

中國語 상용한자 2500자

肿	腫	zhǒng	종 붓다 종
署	署	shǔ	수 관공서 서
锈	銹	xiù	씨우 녹 수
猩	猩	xīng	씽 고릴라 성
袜	襪	wà	와 양말 말
氏	氏	shì	쓰 성 씨
涛	濤	tāo	타오 큰 파도 도
衰	衰	shuāi	쑤아이 약해지다 쇠
翠	翠	cuì	추이 청록색 취
录	碌	lù	루 평범하다/(쓸데없이)바쁘다 록

铸	鑄	zhù	쭈 주조하다 주
梢	梢	shāo	싸오 끝부분 초
酱	醬	jiàng	찌앙 된장 장
殿	殿	diàn	띠앤 높고 큰 건물 전
宏	宏	hóng	훙 넓고 크다 굉
朽	朽	xiǔ	시우 썩다 후
芒	芒	máng	망 억새, 까끄라기 망
嘱	囑	zhǔ	주 부탁하다 촉
垮	垮	kuǎ	쿠아 무너지다 과
倘	倘	tǎng	탕 만약 당

中國語 상용한자 2500자

窄	窄	zhǎi	자이
		좁다	착

吩	吩	fēn	펀
		분부하다	분

粥	粥	zhōu	쪼우
		죽	죽

螺	螺	luó	루오
		소라, 나사	라

诱	誘	yòu	요우
		이끌리다, 유혹하다	유

绒	絨	róng	롱
		솜털	융

溃	潰	kuì	쿠이
		둑이 터지다	궤

缠	纏	chán	찬
		둘둘 감다	전

颂	頌	sòng	쏭
		칭송하다	송

蝶	蝶	dié	디에
		나비	접

袍	袍	páo	파오
		두루마기	

呈	呈	chéng	청
		나타나다	

慨	慨	kǎi	카이
		분개하다	

壕	壕	háo	하오
		해자	

苏	蘇	sū	쑤
		회생하다	

丹	丹	dān	딴
		붉은색	

宵	宵	xiāo	씨아오
		밤, 야간	

皂	皂	zào	짜오
		검은색	

揉	揉	róu	로우
		비비다, 주무르다	

吆	吆	yāo	야오
		소리치다	

中國語 상용한자 2500자

潾	磷	lín / 린 — 인(화학원소) **린**
小	孫	sūn / 쑨 — 손자 **손**
覆	覆	fù / 푸 — 덮다, 뒤집어엎다 **복**
隙	隙	xì / 씨 — 틈, 구멍 **극**
甲	押	yā / 야 — 저당하다, 압송하다 **압**
弓	弓	gōng / 꽁 — 활 **궁**
占	沾	zhān / 짠 — 젖다 **첨**
沈	枕	zhěn / 전 — 베개 **침**
贸	貿	mào / 마오 — 무역 **무**
掌	撐	chēng / 청 — 버티다 **탱**

溪	溪	xī / 씨 — 시내 **계**
喽	嘍	lóu / 로우 — 시끄러울, 도둑 **루**
秩	秩	zhì / 쯔 — 순서 **질**
阁	閣	gé / 거 — 높다란 집 **각**
郊	郊	jiāo / 찌아오 — 교외 **교**
罚	罰	fá / 파 — 처벌하다 **벌**
誉	譽	yù / 위 — 명예 **예**
宴	宴	yàn / 이앤 — 잔치 **연**
棋	棋	qí / 치 — 장기, 바둑 **기**
惑	惑	huò / 훠 — 미혹시키다 **혹**

| 477 |

中國語 상용한자 2500자

邀	邀	yāo / 야오 / 초청하다 요
叮	叮	dīng / 띵 / 물다 정
膝	膝	xī / 씨 / 무릎 슬
淀	澱	diàn / 띠앤 / 찌꺼기 전
沸	沸	fèi / 페이 / 끓다 비
篷	篷	péng / 펑 / 뜸 봉
畏	畏	wèi / 웨이 / 두려워하다 외
凿	鑿	záo / 자오 / 끌, 정, 뚫다 착
膛	膛	táng / 탕 / 가슴 당
妨	妨	fáng / 팡 / 방해하다 방

筷	筷	kuài / 콰이 / 젓가락 쾌
蚂	螞	mǎ / 마 / 개미 마
劈	劈	pī / 피 / 쪼개다 벽
泄	泄	xiè / 씨에 / 배출하다 설
绸	綢	chóu / 쵸우 / 비단 주
络	絡	luò / 뤄 / 그물, 얽히다 락
膏	膏	gāo / 까오 / 기름 고
奉	奉	fèng / 펑 / 드리다 봉
悦	悦	yuè / 위애 / 즐겁다 열
询	詢	xún / 쉰 / 묻다 순

中國語 상용한자 2500자

绅	紳	shēn / 썬	僵	僵	jiāng / 찌앙
		(예복의) 큰 띠 신			뻣뻣하다 강

誓	誓	shì / 쓰	嘲	嘲	cháo / 차오
		맹세하다 서			비웃다 조

挫	挫	cuò / 춰	凸	凸	tū / 투
		좌절하다 좌			볼록하다 철

垫	墊	diàn / 띠앤	砸	砸	zá / 자
		깔다 점			찧다, 깨뜨리다 잡

敞	敞	chǎng / 창	咦	咦	yí / 이
		넓다 창			아이구! 어!(놀람) 이

笨	笨	bèn / 뻔	譬	譬	pì / 피
		어리석다 분			비유 비

轿	轎	jiào / 찌아오	趴	趴	pā / 파
		가마 교			엎드리다 팔

佩	佩	pèi / 뻬이	幽	幽	yōu / 요우
		차다, 달다 패			깊고 멀다 유

搀	攙	chān / 찬	蓄	蓄	xù / 쒸
		부축하다 참			저장하다 축

瓣	瓣	bàn / 빤	聊	聊	liáo / 리아오
		꽃잎 판			잠깐, 한담하다 료

中國語 상용한자 2500자

简	繁	拼音	한글음	뜻
绣	繡	xiù	씨우	수, 수놓다 수
崩	崩	bēng	뻥	무너지다 붕
帆	帆	fān	판	돛 범
俯	俯	fǔ	푸	구부리다 부
竿	竿	gān	깐	막대 간
慈	慈	cí	츠	자애롭다 자
渣	渣	zhā	짜	찌꺼기 사
嫌	嫌	xián	시앤	혐의, 싫어하다 혐
婴	嬰	yīng	잉	갓난아이 영
慎	慎	shèn	썬	조심하다 신
嗦	嗦	suō	쑤오	말이 많다 소
嗽	嗽	sòu	쏘우	기침하다 수
慧	慧	huì	후이	지혜롭다 혜
拧	擰	níng, nìng	닝	비틀다, 고집 세다 녕
拴	拴	shuān	쑤안	붙들어 매다 전
袱	袱	fú	푸	홑이불 복
叨	叨	dāo	따오	잔소리하다 도
哑	啞	yā, yǎ	야	벙어리/아!(감탄) 아
郁	鬱	yù	위	울창하다 욱
凄	凄	qī	치	차다, 처량하다 처

中國語 상용한자 2500자

汪	wāng / 왕 / 물이 깊고 넓다 왕
茅	máo / 마오 / 띠, 띠풀 모
饒	ráo / 라오 / 풍부하다 요
懲	chéng / 청 / 징벌하다 징
艇	tǐng / 팅 / 갸름한 작은 배 정
鵝	é / 어 / 거위 아
諸	zhū / 쭈 / 모두 제
賤	jiàn / 찌앤 / (값이)싸다, 천하다 천
壟	lǒng / 룽 / 이랑 롱
蛛	zhū / 쭈 / 거미 주

頁	yè / 예 / 쪽, 페이지 혈
繃	bēng, běng / 뻥, 벙 / 잡아당겨 메다 붕
燥	zào / 짜오 / 마르다 조
拌	bàn / 빤 / 뒤섞다 반
烤	kǎo / 카오 / 굽다 고
李	lǐ / 리 / 오얏 리
淹	yān / 이앤 / 잠기다 엄
埃	āi / 아이 / 먼지, 티끌 애
晳	xī / 씨 / 명백하다 석
癌	ái / 아이 / 암 암

| 481 |

中國語 상용한자 2500자

娶	娶	qǔ / 취 장가가다(들다) 취	毅	毅	yì / 이 굳세다
寿	壽	shòu / 쏘우 목숨 수	梳	梳	shū / 쑤 빗, 빗다
呜	嗚	wū / 우 삐익, 붕 오	汹	洶	xiōng / 씨옹 용솟음치다
鄙	鄙	bǐ / 비 비열하다 비	俘	俘	fú / 푸 포로
穴	穴	xué / 쉬에 구멍 혈	耸	聳	sǒng / 송 치솟다
谨	謹	jǐn / 진 조심하다 근	瞒	瞞	mán / 만 감추다
鹰	鷹	yīng / 잉 매 응	逮	逮	dǎi, dài / 다이, 따 붙잡다/미치다, 이르다
灶	竈	zào / 짜오 부뚜막, 부엌 조	蹬	蹬	dēng / 떵 오르다
檐	檐	yán / 이앤 처마 첨	豫	豫	yù / 위 미리
骤	驟	zhòu / 쪼우 질주하다 취	惶	惶	huáng / 후앙 당황하다

中國語 상용한자 2500자

捷	捷	jié	지에 민첩하다 첩	饲	飼	sì	쓰 기르다 사
拘	拘	jū	쮜 구금하다 구	蚊	蚊	wén	원 모기 문
橡	橡	xiàng	씨앙 고무나무, 고무 상	耽	耽	dān	딴 지연하다 탐
叙	敘	xù	쒸 서술하다 서	揪	揪	jiū	찌우 틀어쥐다 추
寡	寡	guǎ	구아 적다 과	踱	踱	duó	두오 거닐다 탁
榜	榜	bǎng	방 명단 방	垃	垃	lā	라 쓰레기 랍
萝	蘿	luó	루오 덩굴성식물 라	斑	斑	bān	빤 얼룩 반
爪	爪	zhǎo, zhuǎ	자오, 주아 손톱, (짐승)발톱 조	坯	坯	pī	피 굽지 않은 기와벽돌 배
渗	滲	shèn	썬 스며들다 삼	趋	趨	qū	취 빨리 가다 추
谊	誼	yì	이 친선 의	拟	擬	nǐ	니 계획하다 의

中國語 상용한자 2500자

简体	繁體	拼音 / 韓	뜻 / 음
坝	壩	bà / 빠	댐, 제방 파/패
遣	遣	qiǎn / 치앤	파견하다 견
陶	陶	táo / 타오	질그릇 도
亚	亞	yà / 야	다음가다 아
捣	搗	dǎo / 다오	찧다 도
蹦	蹦	bēng / 뻥	뛰어오르다 붕
逝	逝	shì / 쓰	흐르다 서
竭	竭	jié / 지에	다하다 갈
倚	倚	yǐ / 이	기대다 의
乓	乓	pīng / 핑	부딪치는 소리, 탁구 병
扒	扒	bā, pá / 빠, 파	붙잡다 팔/긁어모으다 배
诧	詫	chà / 차	속이다 타
圾	圾	jī / 찌	쓰레기 급
恭	恭	gōng / 꽁	공손하다 공
筹	籌	chóu / 쵸우	계획하다 주
奸	姦	jiān / 찌앤	간사하다 간
踪	踪	zōng / 쫑	자취 종
浩	浩	hào / 하오	광대하다 호
吁	吁	xū, yū, yù / 쒸, 위	한숨쉬다/(감탄)아! 아니! 우
缴	繳	jiāo / 지아오	납부하다 교

中國語 상용한자 2500자

雇	雇	gù 구 / 고용하다 고	蝴	蝴	hú 후 / 나비 호
柄	柄	bǐng 빙 / 손잡이 병	馒	饅	mán 만 / 만두, 찐빵 만
贼	賊	zéi 제이 / 도적 적	闺	閨	guī 꾸이 / 규방 규
嗨	嗨	hāi 하이 / 웃음소리 해	吱	吱	zhī 쯔 / 삐걱 지
烫	燙	tàng 탕 / 데다, 뜨겁다 탕	晕	暈	yūn 윈 / 어지럽다 훈
剖	剖	pōu 포우 / 쪼개다 부	熔	熔	róng 룽 / 녹이다 용
崭	嶄	zhǎn 잔 / 험준하다 참	偿	償	cháng 창 / 배상하다 상
哆	哆	duō 뚜오 / 덜덜 떨다 치	泣	泣	qì 치 / 흐느껴 울다 읍
梁	梁	liáng 리앙 / 대들보 량	谱	譜	pǔ 푸 / 기록하다, 계보 보
冈	岡	gǎng 깡 / 산언덕 강	墓	墓	mù 무 / 묘지 묘

| 485 |

中國語 상용한자 2500자

册	册	cè	책 책자 책	铲	鏟	chǎn	찬 긁어내다 산
烘	烘	hōng	홍 말리다 홍	朦	朦	méng	몽 흐리다 몽
矩	矩	jǔ	쥐 곱자, 법도 구	乃	乃	nǎi	나이 바로~이다 내
辐	輻	fú	푸 바퀴살 복	熄	熄	xī	씨 꺼지다 식
缕	縷	lǚ	뤼 실 루	甭	甭	béng	벙 필요 없다 붕
淘	淘	táo	타오 (쌀을)일다, 씻다 도	蜘	蜘	zhī	쯔 거미 지
旺	旺	wàng	왕 왕성하다 왕	寞	寞	mò	모 쓸쓸하다 막
庞	龐	páng	팡 방대하다 방	驱	驅	qū	취 몰다 구
凹	凹	āo	아오 오목하다 요	川	川	chuān	추안 하천 천
喇	喇	lā, lǎ	라 나팔/펄럭 라	羞	羞	xiū	씨우 부끄럽다 수

中國語 상용한자 2500자

| 硝 | 硝 | xiāo | 씨아오 |
| | | 초석, 초산 | 초 |

| 腺 | 腺 | xiàn | 씨앤 |
| | | 샘 | 선 |

| 峻 | 峻 | jùn | 쭌 |
| | | 가파르다 | 준 |

| 糕 | 糕 | gāo | 까오 |
| | | 찐떡 | 고 |

| 监 | 濫 | làn | 란 |
| | | 범람하다 | 람 |

| 褂 | 褂 | guà | 꾸아 |
| | | 적삼 | 괘 |

| 秃 | 禿 | tū | 투 |
| | | 대머리 | 독 |

| 卸 | 卸 | xiè | 씨에 |
| | | 짐 내리다 | 사 |

| 尸 | 尸 | shī | 쓰 |
| | | 주검 | 시 |

| 翁 | 翁 | wěng | 웡 |
| | | 늙은이 | 옹 |

| 滔 | 滔 | tāo | 타오 |
| | | 도도하다 | 도 |

| 尔 | 爾 | ěr | 얼 |
| | | 너, 그대 | 이 |

| 奠 | 奠 | diàn | 띠앤 |
| | | 다지다, 안치하다 | 전 |

| 轧 | 軋 | zhá, yà | 자, 야 |
| | | 압연하다, 깔아뭉개다 | 알 |

| 毯 | 毯 | tǎn | 탄 |
| | | 담요 | 담 |

| 乓 | 乓 | pāng | 팡 |
| | | 탕탕, 탁구 | 병 |

| 瞅 | 瞅 | chǒu | 쵸우 |
| | | 보다 | 추 |

| 亦 | 亦 | yì | 이 |
| | | 또한 | 역 |

| 赌 | 賭 | dǔ | 두 |
| | | 노름하다 | 도 |

| 尿 | 尿 | niào | 니아오 |
| | | 소변 | 뇨 |

| 487 |

中國語 상용한자 2500자

渺	渺	miǎo / 미아오 / 아득하다 묘
剿	剿	chāo / 차오 / 표절하다 초
龟	龜	guī, jūn / 꾸이, 쥔 / 거북/균열 귀
谦	謙	qiān / 치앤 / 겸손하다 겸
甸	甸	diàn / 띠앤 / 성밖 전
啾	啾	jiū / 찌우 / [의성어] 찍찍, 짹짹 추
辅	輔	fǔ / 푸 / 보좌하다 보
侮	侮	wǔ / 우 / 경멸하다 모
葫	葫	hú / 후 / 마늘, 조롱박 호
潭	潭	tán / 탄 / 깊은 못 담
辽	遼	liáo / 리아오 / 멀다 료
缚	縛	fù / 푸 / 묶다 박
怖	怖	bù / 뿌 / 겁내다 포
蔬	蔬	shū / 쑤 / 야채 소
讶	訝	yà / 야 / 놀라다 아
氢	氫	qīng / 칭 / 수소 경
酬	酬	chóu / 쵸우 / 술을 권하다, 보답하다 수
吟	吟	yín / 인 / 읊다 음
申	申	shēn / 썬 / 설명하다 신
址	址	zhǐ / 즈 / 소재지 지

中國語 상용한자 2500자

桑	桑	sāng / 쌍 / 뽕나무 상	翹	翹	qiáo / 치아오 / 발돋움하다 교
昧	昧	mèi / 메이 / 어리석다 매	堪	堪	kān / 칸 / 할만하다 감
刨	刨	bào / 빠오 / 대패, 깎다 포	虜	虜	lǔ / 루 / 생포하다 로
笛	笛	dí / 디 / 피리 적	陵	陵	líng / 링 / 언덕, 능 릉
茂	茂	mào / 마오 / 무성하다 무	蔥	蔥	cōng / 총 / 파 총
癢	癢	yǎng / 양 / 가렵다 양	吉	吉	jí / 지 / 길하다 길
渦	渦	wō / 워 / 소용돌이 와	腥	腥	xīng / 씽 / 비리다 성
攜	攜	xié / 시에 / 지니다 휴	葬	葬	zàng / 짱 / 매장하다 장
枉	枉	wǎng / 왕 / 비뚤다 왕	裙	裙	qún / 췬 / 치마 군
壘	壘	lěi / 레이 / 쌓다 루	嘶	嘶	sī / 쓰 / 울부짖다 시

中國語 상용한자 2500자

津	津	jīn / 찐 / 나루터 진
弥	彌	mí / 미 / 가득 차다 미
慕	慕	mù / 무 / 사모하다 모
佳	佳	jiā / 찌아 / 훌륭하다 가
霎	霎	shà / 싸 / 소나기, 삽시간 삽
闸	閘	zhá / 자 / 수문 갑
惭	慚	cán / 찬 / 부끄러워하다 참
巢	巢	cháo / 차오 / 둥지 소
雌	雌	cí / 츠 / 암컷 자
蔑	蔑	miè / 미에 / 멸시하다 멸
柏	柏	bǎi / 바이 / 측백나무 백
顷	頃	qǐng / 칭 / 무렵 경
氨	氨	ān / 안 / 암모니아 안
昼	晝	zhòu / 쪼우 / 대낮 주
呸	呸	pēi / 페이 / 체! 흥!(질책, 경멸) 비
陌	陌	mò / 모 / 논두렁길 맥
欸	欸	ē, é / 어 / [감탄사] 어이! 이봐! 애
胧	朧	lóng / 룽 / 눈이 어둡다 롱
莲	蓮	lián / 리앤 / 연 련
廊	廊	láng / 랑 / 복도, 회랑 랑

中國語 상용한자 2500자

汁	汁	zhī — 쯔 즙, 즙액 즙
茸	茸	róng — 룽 야들하다 용
去	怯	qiè — 치에 겁이 많다 겁
憓	穗	suì — 쑤이 이삭 수
谣	謠	yáo — 야오 노래 요
簇	簇	cù — 추 무리이루다 족
搏	搏	bó — 보 때리다 박
巫	誣	wū — 우 모함하다 무
罗	鑼	luó — 루오 징 라
钞	鈔	chāo — 차오 지폐, 베끼다 초

泌	泌	mì, bì — 미, 삐 분비하다, 졸졸 흐르다 비
驮	馱	tuó — 투오 등에 지우다 태
侍	侍	shì — 쓰 모시다 시
档	檔	dàng — 땅 선반, 문서 당
黎	黎	lí — 리 많다 려
煌	煌	huáng — 후앙 반짝이다 황
州	州	zhōu — 쪼우 주 주
冠	冠	guān, guàn — 꾸안 모자, 일등하다 관
噜	嚕	lū — 루 군소리 많다 로
娇	嬌	jiāo — 찌아오 아리땁다, 미녀 교

中國語 상용한자 2500자

| 凌 | 凌 | líng | 링 |
| | | 능가하다, 깔보다 | 릉 |

| 邦 | 邦 | bāng | 빵 |
| | | 나라 | 방 |

| 宾 | 賓 | bīn | 삔 |
| | | 손님 | 빈 |

| 灼 | 灼 | zhuó | 주오 |
| | | 그을리다 | 작 |

| 喧 | 喧 | xuān | 쒸앤 |
| | | 시끄럽다 | 훤 |

| 旷 | 曠 | kuàng | 쾅 |
| | | 널찍하다 | 광 |

| 臣 | 臣 | chén | 천 |
| | | 신하 | 신 |

| 贺 | 賀 | hè | 허 |
| | | 축하하다 | 하 |

| 豺 | 豺 | chái | 차이 |
| | | 승냥이 | 시 |

| 掘 | 掘 | jué | 쥐에 |
| | | 파다 | 굴 |

| 湾 | 灣 | wān | 완 |
| | | 물굽이 | |

| 骡 | 騾 | luó | 루오 |
| | | 노새 | |

| 砌 | 砌 | qì | 치 |
| | | (돌을)쌓다, 계단 | |

| 讽 | 諷 | fěng | 펑 |
| | | 풍자하다 | |

| 谬 | 謬 | miù | 미우 |
| | | 그릇되다 | |

| 碟 | 碟 | dié | 디에 |
| | | 접시 | |

| 磺 | 磺 | huáng | 후앙 |
| | | 유황 | |

| 溅 | 濺 | jiàn | 찌앤 |
| | | (물방울/흙탕물이) 튀다 | |

| 锄 | 鋤 | chú | 추 |
| | | 호미 | |

| 搂 | 摟 | lōu, lǒu | 로우 |
| | | 껴안다, 긁어모으다 | |

中國語 상용한자 2500자

沥	瀝	lì / 리 / 떨어지다 력
烁	爍	shuò / 쒀 / 반짝반짝 거리다 삭
鹊	鵲	què / 취에 / 까치 작
搜	艘	sōu / 쏘우 / 척 소
屿	嶼	yǔ / 위 / 작은 섬 서
兰	蘭	lán / 란 / 난초 란
仆	僕	pū / 푸 / 하인 복
栗	栗	lì / 리 / 밤, 밤나무 율
弦	弦	xián / 시앤 / 활시위 현
函	函	hán / 한 / 편지, 상자 함
啼	啼	tí / 티 / 훌쩍이다 제
咚	咚	dōng / 똥 / [의성어] 둥둥, 쿵쿵 동
链	鏈	liàn / 리앤 / 쇠사슬 련
洼	窪	wā / 와 / 지대가 낮다, 웅덩이 와
歉	歉	qiàn / 치앤 / 미안하다 겸
谎	謊	huǎng / 후앙 / 거짓말 황
磕	磕	kē / 커 / 부딪히다 개
薯	薯	shǔ / 수 / 고구마 서
涤	滌	dí / 디 / 씻다 척
盔	盔	kuī / 쿠이 / 뚝배기모양의 그릇, 투구 회

中國語 상용한자 2500자

奈	奈	nài / 나이 참다, 어떻게 **내**
乖	乖	guāi / 꾸아이 얌전하다, 어긋나다 **괴**
伺	伺	sì / 쓰 엿보다 **사**
薪	薪	xīn / 씬 땔나무 **신**
羡	羡	xiàn / 씨앤 흠모하다 **선**
赚	賺	zhuàn, zuàn / 쭈안 (남을) 속이다 **잠**
捎	捎	shāo, shào / 싸오 인편에 보내다[전하다] **소**
氛	氛	fēn / 펀 기분 **분**
褐	褐	hè / 허 거친 털옷 **갈**
囚	囚	qiú / 치우 가두다 **수**

痴	癡	chī / 츠 어리석다
叉	叉	chā, chǎ / 차 포크, 갈퀴/버티고 서다
坠	墜	zhuì / 쭈이 떨어지다
锤	錘	chuí / 추이 망치
梗	梗	gěng / 겅 식물줄기
厢	廂	xiāng / 씨앙 곁채
贩	販	fàn / 판 판매하다
挠	撓	náo / 나오 긁적거리다
缎	緞	duàn / 뚜안 비단
藤	藤	téng / 텅 등나무

中國語 상용한자 2500자

丸	丸	wán / 완 — 작고 둥근 물건 환
嵌	嵌	qiàn / 치앤 — 새겨 넣다 감
宰	宰	zǎi / 자이 — 주관하다 재
讼	訟	sòng / 쏭 — 소송하다 송
镀	鍍	dù / 뚜 — 도금하다 도
炯	炯	jiǒng / 지웅 — 밝다, 환하다 형
憾	憾	hàn / 한 — 유감 감
脯	脯	pǔ / 푸 — 말린 고기 포
旬	旬	xún / 쉰 — 열흘(간) 순
囱	囱	cōng / 총 — 굴뚝 총
讥	譏	jī / 찌 — 비방하다 기
荔	荔	lì / 리 — 여지 려
徐	徐	xú / 쉬 — 천천히 서
仁	仁	rén / 런 — 어질다 인
镶	鑲	xiāng / 씨양 — 끼워 넣다 양
巍	巍	wēi / 웨이 — 높고 큰 모양 외
捡	撿	jiǎn / 지앤 — 줍다 검
卑	卑	bēi / 뻬이 — 낮다, 나쁘다 비
纽	紐	niǔ / 니우 — 손잡이, 단추 뉴
岔	岔	chà / 차 — 갈림길 차

中國語 상용한자 2500자

弧	弧	hú / 후	나무로 만든 활, 괄호 **호**	錫	錫	xī / 씨	주석/하사하다
廉	廉	lián / 리앤	청렴하다, (값이) 싸다 **렴**	沃	沃	wò / 워	물을 대다, 비옥하다
撮	撮	cuō / 추오	긁어모으다 **촬**	醋	醋	cù / 추	식초
屠	屠	tú / 투	도살하다 **도**	漾	漾	yàng / 양	출렁대다
烙	烙	lào / 라오	다리다, (낙인을) 찍다 **락**	粘	黏	nián, zhān / 니앤, 쩐	끈끈하다, (달라)붙다
诵	誦	sòng / 쏭	낭독하다 **송**	窟	窟	kū / 쿠	굴, 동굴, 소굴
啸	嘯	xiào / 씨아오	휘파람불다 **소**	僻	僻	pì / 피	후미지다, 보기 드물다
匙	匙	chí, shi / 츠, 스	숟가락, 열쇠 **시**	簌	簌	sù / 쑤	[의성어] 바스락, 뚝뚝
杰	杰	jié / 지에	걸출하다 **걸**	酶	酶	méi / 메이	효소
躬	躬	gōng / 꽁	자신, 몸소 **궁**	寓	寓	yù / 위	거주하다, 함축하다